发展中的世界农业

Agriculture in Australia

澳大利亚农业

总主编：唐　珂

本书著者：于爱芝　孙道玮

中国农业出版社

图书在版编目（CIP）数据

澳大利亚农业 / 于爱芝，孙道玮著. —北京：中国农业出版社，2016.12
（发展中的世界农业）
ISBN 978-7-109-21355-5

Ⅰ.①澳… Ⅱ.①于… ②孙… Ⅲ.①农业经济发展—研究—澳大利亚 Ⅳ.①F361.13

中国版本图书馆 CIP 数据核字（2015）第 310270 号

中国农业出版社出版
（北京市朝阳区麦子店街 18 号楼）
（邮政编码 100125）
责任编辑 宋会兵 闫保荣 潘洪洋

北京中科印刷有限公司印刷 新华书店北京发行所发行
2016 年 12 月第 1 版 2016 年 12 月北京第 1 次印刷

开本：700mm×1000mm 1/16 印张：21.75
字数：320 千字
定价：50.00 元

《发展中的世界农业》
丛书编委会

本书著者： 于爱芝　孙道玮

序

进入21世纪以来，全球农业在粮食安全和可持续发展等方面面临着紧迫的挑战，国际交流合作成为世界各国应对农业发展全球性重大挑战的重要途径和手段。国际农业交流合作的不断加深，推动了世界农业发展的联系日益紧密，农业强国分享全球市场的空间加大、机会更多；发展中农业大国在分享国际先进技术和成功经验的同时，则日益凸现激烈的农产品市场竞争和科技创新不足等问题。党的十八大指出，要统筹国际国内两个大局，树立世界眼光，加强战略思维，充分利用两个市场、两种资源，善于从国际形势发展变化中把握发展机遇、应对风险挑战，营造良好发展环境。2013年年底召开的中央经济工作会议和中央农村工作会议提出“以我为主、立足国内、确保产能、适度进口、科技支撑”的国家粮食安全新战略，具有非常重要的意义。适当增加进口和加快农业“走出去”步伐，是我们以全球视野谋划和推动现代农业发展的题中应有之义。

国际农业科技合作在加快农业科技创新步伐的同时，正引领世界农业格局和发展方式的深刻变革。目前，发达国家把科技创新提升为国家战略，把科技投资作为战略性投资，超前部署与发展包括生物技术在内的战略新技术和农业新兴产业。与此同时，主要发达国家还调整了农业科技国际合作的战略定位，力图在科技创新资源的全球整合和有效配置中赢得先机、占据主动，抢占世界农业科技发展的制高点。

我国是世界上最大的发展中农业大国，农业的根本出路在科技。

长期以来，农业国际科技合作是我国农业科技和外交工作的重要组成部分，在提高我国农业科技水平、促进农业和农村经济可持续发展以及服务国家外交大局等方面发挥着重要作用。随着我国综合国力的不断增强、国际地位的日益提升和农业的对外开放度大幅提高，农业科技国际合作与交流面临越来越复杂的国际环境和形势，受目标国经济发展水平、技术进步程度和农业管理政策等影响更加直接。新形势下加强国际农业科技和农业资源开发合作，加大国际先进农业科学技术引进力度，推动农业“走出去”，对于我国农业发展既充满着崭新的机遇，也面临着严峻的挑战。

我国农业正由传统劳动密集型向资本和技术密集型现代农业加速转变。为进一步发挥引进国际先进农业科学技术计划（“948”计划）在我国农业科技事业发展中的导向作用，增强农业国际交流合作尤其是农业科技合作的主动性、前瞻性和针对性，加快提高我国农业走出去的能力和水平，农业部科技教育司组织相关专家学者编写了《发展中的世界农业》系列丛书。

丛书的编者大部分都有在相应国家长时间学习生活的经历，谙熟该国的农业和农业科技发展情况。丛书特点鲜明、数据翔实、语言生动。相信丛书出版对于农业管理和农业科研有关人员树立世界眼光、开拓国际视野将起到推动作用，对提升我国农业科技引进来和走出去水平、加快我国农业科技发展国际化进程提供重要参考。

唐　珂

2014年12月

前　言

为了更加全面了解世界农业发展格局，广泛借鉴发达农业国家的发展经验，探索中国特色农业现代化发展道路，2013年，农业部科技教育司组织专家着手编写《发展中的世界农业》系列丛书。

近年来，我们实施了农业科技创新引领、美丽乡村建设、新型职业农民培育三大工程，探索施行“体系工作法”，促进农业科教事业持续健康发展。我们继续组织实施引进国际先进农业技术计划（“948”计划），建立了包括农业部重点实验室“学科群”体系、现代农业产业技术体系等各类创新平台，形成了长期跟踪国际农业发展的专家团队，为丛书编写奠定了良好基础。丛书共10册，以美国、俄罗斯、日本、加拿大、法国、荷兰、以色列、巴西、南非和澳大利亚等发达农业国家为代表，重点阐述了农业发展情况、农业科技水平、农业发展道路和模式探寻，系统评估了农业自然资源、农业发展地位、农业市场环境和农业政策制度等，分析提出了发达农业国家发展农业的经验教训、战略举措和路径选择。通过结合我国实际情况进行比较研究，深化对我国农业现代化的认识和启示，为发展我国现代农业提供重要的参考和借鉴。

丛书的编写是一项艰巨而复杂的工作。对于每册图书，我们都要求全体编写人员充分掌握第一手资料，深入交流讨论，依据各项体例、标准和要求，仔细筛选，认真编辑，做到数据准确，观点鲜明，分析科学，论述有力，文从字顺，符合对象国的农业发展实际，反映独到的农业发展经验，体现世界农业发展潮流和趋势。经过全体专家一年多时间的努力，这套《发展中的世界农业》丛书终于问世了。丛书作为同类出版物中为数不多的系统介绍发达农业国家农业发展概况的书籍，可以为读者提供发达国家农业发展的鸟瞰式全面情况，可以为农业战线的广大干部和科技工作者提供学习、了解和研究世界农业及发展经验的宝贵资料，可以帮助农业管理者、农业科研人员、农业相关企业和其他行业部门的有关人员开阔视野，可以开拓我国农业对外开放的国际合作交流新思路，并为我国农业现代化建设提供新的借鉴，也可以为包括广大农业工作者在内的各方面人士做决策、研究、出访等提供有价值的参考和思路启迪。希望丛书能对推动我国现代农业发展、促进农业科技国际交流合作尽微薄之力。

丛书的编写和出版得到了中国农业科学院、东北农业大学等单位和领导的大力支持，郭翔宇、张越杰等专家在成书过程中对丛书编写大纲的拟定以及丛书的资料收集等方面给予了深入细致的指导，在此一并表示感谢。由于涉及大量的数据处理和外文翻译，书中不当之处，请各位专家和读者朋友批评指正。

编　者

2014年12月

目　录

第一章
澳大利亚概况

第一节　澳大利亚自然概况

一、澳大利亚名称由来

澳大利亚全称是澳大利亚联邦（The Commonwealth of Australia），通称“澳大利亚”或“澳洲”。澳大利亚一词，意即“南方大陆”，欧洲人在 17 世纪初叶发现这块大陆时，误以为这是一块直通南极的陆地，故取名“澳大利亚”，英文澳大利亚（Australia）是由拉丁文演变而来（新华网，2015）。澳大利亚是一个非常独特而多样的国家，澳大利亚的独特性和多样性充分体现在她的各个方面，包括地理、人口、文化、气候以及人文历史（Australian Government，2015）等。

二、澳大利亚的自然地理特征

澳大利亚位于南半球的南太平洋上，位于南太平洋和印度洋之间，由澳大利亚大陆和塔斯马尼亚岛等岛屿和海外领土组成。澳大利亚国土面积 768 万平方公里，占大洋洲的绝大部分，虽四面环水，其海岸线长达 3.67 万公里，但沙漠和半沙漠却占全国面积的 35%。澳大利亚也是与世界其他国家隔离的一个大陆岛国，同时也是全世界最小的洲，又是全世界最大的岛屿（新华网，2015）。

澳大利亚独特的自然地理环境是由地质历史时期地质演变造成的，在距今约2.2亿年以前的三叠纪时期，澳大利亚尚属于冈瓦纳古陆的一部分，当时气候温暖，各地差异也不明显，形成比较相似的植物群，同时开始出现原始的哺乳动物。中生代末期古陆开始分裂，澳大利亚大陆与其他大陆逐渐分离和漂移开来，孤立于大洋之上，动植物缓慢地、独立地向前进化。从现代自然地理环境来看，生态环境多样，发育了森林、草原和荒漠，也为各类动物提供了较为多样的生存环境。由于缺乏大型哺乳动物的竞争，进化了许多特有的动植物种类。澳大利亚的动植物，与其他大陆相比，具有明显的古老性和特有性。植物种类丰富，约有12 000多种，其中四分之三为特有种，桉树和金合欢是两个代表种类。澳大利亚的动物区系原始性明显，澳大利亚特色的动物有单孔目（如鸭嘴兽和针鼹）、有袋类（如袋鼠、树袋熊和袋熊）、咸水鳄和淡水鳄、澳大利亚肺鱼、爬行类中的鳞脚蜥、鸸鹋和笑翠鸟等（新华网，2015）。

在气候上澳大利亚北部属热带，其他大部分则属温带。年平均气温北部为27℃，南部则为14℃。澳大利亚内陆地区干旱少雨，年降水量不足200毫米，东部山区降雨丰富，年降水量为500～1 200毫米（Australian Government，2015）。澳大利亚主要河流有墨累河（Murray River），干流全长2 520公里，如以最长支流达令河（Darling River）计算，全长3 750公里，全流域总面积107.3万平方公里，径流总量227亿立方米，可开发径流量130亿立方米，地下水可开采量为60亿立方米。从长度与流域面积来看，墨累河是澳洲大陆最重要的河流，也是澳洲大陆流量最大的河流。墨累河的众多支流，其水量季节性强，干旱季节常断流。

在地形地貌上全国分为东部山地、中部平原和西部高原3个地区。澳大利亚全境平均海拔300米，超过1 000米的山地面积低于1%，低于500米者达87%，为地表起伏最和缓的大陆。西部是海拔200～500米的低高原，多分布沙漠和半沙漠；也有一些海拔1 000～1 200米的横断山脉。中部是平原，海拔在200米以下，盛长草本植物，其中埃尔湖（Lake Eyre）是最低点，湖面低于海平面12米，以此为中心的大平原为大自流盆地。东部是古老山脉所形成的高地，大部分海拔 800～1 000 米，东南部的科修斯科山（Mount Kosciusko）海拔 2 230 米，是全澳最高峰。在东北部沿海有全世界规模最大的珊瑚礁大堡礁（Great Barrier Reef）。

综合考虑澳大利亚的地理位置、地形结构、气候条件和植被类型等特点，可把澳大利亚大陆划分五个自然地理区。

（1）北部夏雨区。本区位于大陆的最北部，南界大致止于 18°～20° 南纬线处。在构造上本区属于西澳陆台的一部分，具有前寒武纪基底，除卡奔塔利亚湾（Gulf of Carpentaria）沿岸属沉陷区，地势平坦外，地形以低高原为主。本区属于热带干湿季气候，年降水量介于 600～1 500毫米，多降在夏季，约占年降水量的 80%，冬季干燥。雨季到来前的 11 月气温最高，有些地区可超过 35℃，最低气温出现在 7 月，也在 20℃以上。河流受气候制约，夏季流量大，有些河流在干季时个别地段干涸。除沿海地带多红树林外，植被以热带稀树草原为主。同时又依降水的多少，呈带状变化，由北向南，依次为热带疏林、热带干草原，较干燥地方分布着灌丛。

（2）西部荒漠区。这是澳大利亚最大的自然区。位于大陆中西部，西临印度洋，东部大致止于东经 140°。按自然条件来说，它很像非洲的撒哈拉。本区除印度洋岸有宽狭不等的沿海平原，在东部、西北部有超过 1 000 米的山地外，大部分是 600 米以下的高原。本区最突出的特点是气候干燥，绝大部分地区年降水量不足 150 毫米，仅在周围地区增加到 300 毫米，东部山地迎风坡，年降水量达 300～500 毫米。由于气候十分干旱，地表水很缺乏，仅边缘较湿润地区河床在雨后有水，大部分时间干涸。全区却散布着众多的盐湖。本区夏季炎热，是全大陆夏季高温区，冬季气温日较差大。由于降水稀少，蒸发量大，植物贫乏，以荒漠植被为主。

（3）西南部冬雨区。本区位于大陆西南部，三面临海，属夏干热、冬温雨的地中海型气候区。沿海地带年降水量可达 1 000 毫米，向北和向内陆降水量逐渐减少，有的地区还不足 500 毫米。自然植被以森林为主，由高大的桉树组成，有些地段自然植被已为人工针叶林所代替，也有的地区已辟为农田发展园艺业。由沿海向内陆，随降水量的逐渐减少而变成稀疏的桉树林和澳大利亚特有的密灌丛。

（4）中部干旱平原区。本区北部属埃尔湖内陆流域，南部是墨累—达令河流域，地形以平原为主，是澳大利亚大陆地势最低平部分。气候属大陆性，自东向西干燥性逐渐加强。埃尔湖滨年降水不足 120 毫米，由此向北、东、南外围增加到 500 毫米。全区夏季普遍高温，平均气温在 25℃以上；冬季北部为 11～15℃，南部为 9～12℃。平原区地表水不多，但地下水却十分丰富。植被依降水多少而发生变化，降水较多的北部和东部，生长着稀疏明亮的桉树林和干草原，向南是不同的灌丛，沿河是桉树带状林，愈接近埃尔湖愈干燥，形成荒漠，有些地段仅在偶然间大雨之后，植物迅速生长，其中多数是短生植物。

（5）东部湿润山地区。本区位于大陆东部，包括大分水岭和大陆的东部沿岸地带，是一南北向条带状自然区。地形以山地占绝对优势，第三纪构造运动中，古褶皱山地发生断裂、抬升，沿断裂线有玄武岩喷出，个别地段有火山活动。全区气候湿润，年降水量一般在 1 500 毫米左右，在地形有利的条件下，可超过 4 000 毫米。气温随纬度的增加而递减，北段年内温差不大；南段已属于亚热带，冬季气温较低，有时冷气团从南方侵入，气温可降到 0℃以下。冬季高山上有积雪。河流短小（不超过 400 公里）流急，靠雨水补给。东部山地是澳大利亚主要森林分布区，北部为热带雨林，南部为亚热带潮湿森林。从海岸到海拔 1 000～1 200 米的东坡布满森林，山脉西坡降水较少，林地稀疏。山地上部生长的树木较矮小，海拔 1 600～1 900 米的地段，森林变成曲树群落和矮生灌丛。

第二节　澳大利亚社会经济概况

一、澳大利亚政区

澳大利亚是位于南半球大洋洲的一个大陆，主要领土包括澳大利亚大陆和塔斯马尼亚岛。此外，还有许多小岛也属澳大利亚所有。澳大利亚共分 6 个州（State）和 2 个地区（Territory），6 个州分别是新南威尔士州（New South Wales）、维多利亚州（Victoria）、昆士兰州（Queensland）、南澳大利亚州（South Australia）、西澳大利亚州（Western Australia）、塔斯马尼亚州（Tasmania）；2 个地区是北领地（North Territory）和首都地区（Australian Capital Territory）。澳大利亚的政区分布见图 1-1。

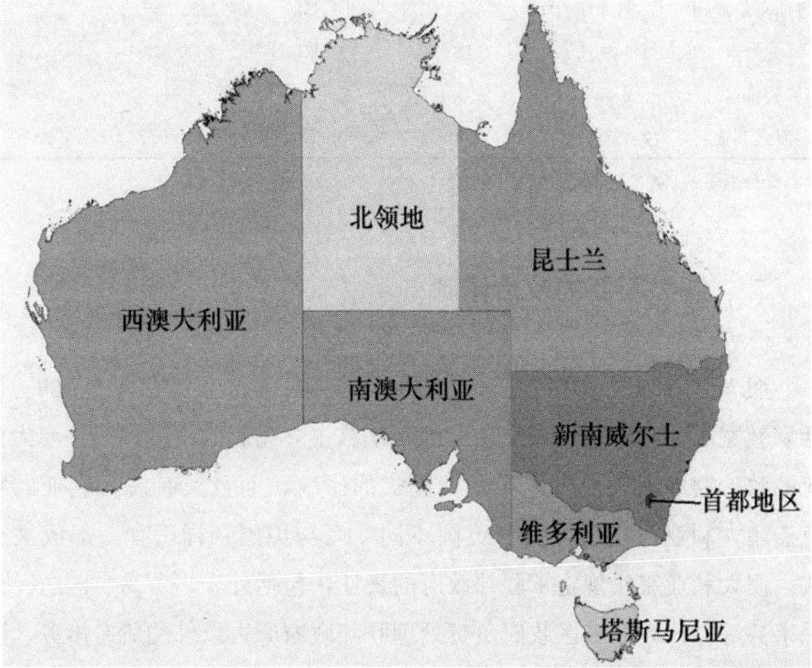

图 1-1　澳大利亚地图

由于澳大利亚四面环水，所以其海岸线很长，可达 3.67 万公里，除了首都直辖区，各州均有海岸线。澳大利亚各州和地区的面积规模、海岸线长度以及领海面积见表 1-1。

表 1-1 澳大利亚各州和地区面积、海岸线及领海面积

州（地区）名称	面积（平方公里）	占国土比例（%）	海岸线（公里）	领海面积（平方公里）	占领海比例（%）
新南威尔士州	800 642	10	2 137	8 802	2.1
维多利亚州	227 416	3	2 512	10 213	2.5
昆士兰州	1 730 648	23	13 347	121 994	29.7
南澳大利亚州	983 482	13	5 067	60 032	14.6
西澳大利亚州	2 529 875	33	20 781	115 740	28.2
塔斯马尼亚州	68 401	1	4 882	22 357	5.4
北岭区	1 349 129	18	10 953	71 839	17.5
首都区	2 431	<0.1	—	—	—
澳大利亚	7 692 024	100	59 736	410 977	100

资料来源：《澳大利亚统计年鉴 2012》。

二、澳大利亚的政治体制

澳大利亚的政治体制是建立在西方的“自由民主”传统之上的，包括宗教宽容、言论自由和交往自由，是君主立宪制的民主国家。澳大利亚的政治制度不仅受英国和北美模式的影响，而且具有澳大利亚的特色。澳大利亚在宪法方面与英国不同，而与美国一样，有一部成文宪法。澳大利亚宪法规定了联邦政府的责任，包括外交、贸易、国防、移民事务等。州政府和区政府负责处理联邦政府职责以外的所有事务。澳大利亚的政治体制由三部分组成，即议会、政府和法院（新华网，2015）。

澳联邦议会成立于 1901 年，由女王伊丽莎白二世（由澳大利亚总督代表）、众议院和参议院组成。议会实行普选，议会分众议院和参议院。女王伊丽莎白二世是英国和其他英联邦王国国家的共同元首。2013 年 9 月，澳举行联邦大选，产生新一届众议院。众院有 150 名议员，按人口比例选举产生，任期 3 年。参院有 76 名议员，6 个州每州 12 名，两个地区各 2 名。各州参议员任期 6 年，每 3 年改选一半，各地区参议员任期 3 年（新华网，2015）。

澳大利亚联邦政府由众议院多数党或政党联盟组成，该党领袖任总理，各部部长由总理任命。政府一般任期 3 年。2013 年 9 月，自由党—国家党联盟在联邦大选中以较大优势战胜原执政党工党组建新政府（新华网，2015）。2016 年 7 月执政党在大选中获得连任。

联邦高等法院是澳大利亚最高司法机构，对其他各级法院具有上诉管辖权，并对涉及宪法解释的案件做出决定，由 1 名首席大法官和 6 名大法官组成。各州设最高法院、区法院和地方法院。首都地区和北领地区只设最高法院和地方法院（新华网，2015）。

澳大利亚有大小政党几十个，主要政党有：

（1）澳大利亚工党（Australian Labor Party）：成立于 1891 年，为澳最大政党，同工会关系密切，工会会员多为其集体党员。

（2）自由党（Liberal Party）：1944 年成立，前身是 1931 年成立的澳大利亚联合党。主要代表工商业主利益，曾多次执政。从 2013 年 9 月开始，为目前执政党。

（3）国家党（National Party）：成立于 1918 年，原称乡村党，后称国家乡村党，1982 年改用现名。其势力范围主要在农村地区，代表农场主利益，1996 年至 2007 年与自由党联合执政，2013 年与自由党再度联合执政。

三、澳大利亚人口

截至 2014 年的 6 月 30 日，澳大利亚人口已经达到 2 350 万（ABS①，2014）。澳大利亚各州和地区的人口分布见表 1－2（ABS，2014）。澳大利亚的人口多集中在城市，特别是以各州（地区）首府为中心的城市周围，表 1－2 也列出了澳大利亚各州和地区的人口分布及各州地区首府辖区人口数量。

① 澳大利亚联邦统计局（Australian Bureau of Statistics）的简称。

表 1-2 澳大利亚各州和地区的人口分布

州（地区）名称	人口数量（千人）	首府人口数量（千人）	首府人口占州人口比例（%）
新南威尔士州	7 518.5	4 757.1	63.3
维多利亚州	5 841.7	4 348.0	74.4
昆士兰州	4 722.4	2 238.4	47.4
南澳大利亚州	1 685.7	1 291.7	76.6
西澳大利亚州	2 573.4	1 972.4	76.6
塔斯马尼亚州	514.8	218.0	42.3
北岭地	245.1	136.2	55.6
首都区	386.0	381.5	98.8
澳大利亚	23 490.7	15 343.2	65.3

资料来源：5220.0-ABS. Australian National Accounts：State Accounts，2013—2014.

澳大利亚确实是地广人稀，2013 年 6 月统计数据表明全国范围的平均人口密度仅为 3 人/平方公里。各州和地区之间的人口密度差异巨大，人口密度最高的首都地区高达 160 人/平方公里，维多利亚州的人口密度为 25 人/平方公里，新南威尔士州的人口密度为 9.3 人/平方公里，塔斯马尼亚州的人口密度为 7.5 人/平方公里。其余的各州和地区的人口低于全国的平均人口密度，人口密度最低的是北领地地区、人口密度仅为 0.2 人/平方公里（ABS，2014）。

在人口种族的构成上，英国及爱尔兰后裔占 74%，亚裔占 5%，土著人占 2.7%，其他民族占 18.3%。官方语言为英语。约 69.3%的居民信仰基督教，5.9%的居民信仰佛教、伊斯兰教、印度教等其他宗教，无宗教信仰或宗教信仰不明人口占 30.2%（新华网，2015）。

四、澳大利亚的经济发展概况

澳大利亚是一个后起的工业化国家，农牧业发达，自然资源丰富，盛产羊、牛、小麦和蔗糖，同时也是世界重要的矿产品生产和出口国。农牧业、采矿业为澳传统产业。近年来，制造业和高科技产业发展迅速，服务业已成为国民经济主导产业。20 世纪 70 年代以来，进行了一系列经济改革，大力发展对外贸易，经济保持较快增长，自 1990 年以来澳大利亚的 GDP 增长情况见表 1-3。2008 年之前的 17 年，澳大利亚经济年均增长率为 3.5%，在经合组织国家（OECD）中名列前茅（新华网，2015）。受国际金融危机影响，2009 年经济增幅有所放缓。但由于澳大利亚金融体系稳健，监管严格，宏观经济政策调整空间大，是在金融危机中受冲击相对小的西方国家（新华网，2015）。近期统计数据显示，从 2005 年到 2014 年的 10 年间内，澳大利亚的平均经济增长率（GDP）为 2.8%，而 2014—2015 经济年度其 GDP 增长率额仅为 2.3%（ABS，2014）。

表 1-3　1990—2014 年澳大利亚 GDP 增长状况

年份	GDP（现值澳元）		GDP（链式权重为基础澳元）	
	GDP 总额（百万澳元）	增长率（%）	GDP 总额（百万澳元）	增长率（%）
2014	1 599 042	3.10	1 578 518	2.7
2013	1 551 643	3.30	1 536 897	2.0
2012	1 502 213	3.30	1 506 136	3.7
2011	1 454 730	7.10	1 452 741	2.6
2010	1 357 842	8.00	1 415 474	2.3
2009	1 257 165	1.70	1 383 219	1.6
2008	1 235 757	9.10	1 361 207	2.5
2007	1 132 501	9.10	1 327 719	4.5
2006	1 038 372	7.90	1 270 262	2.7
2005	962 311	7.90	1 237 006	3.2
2004	892 252	7.70	1 198 160	4.0
2003	828 603	6.20	1 152 551	3.0
2002	780 294	7.20	1 118 915	4.0
2001	728 225	6.30	1 076 224	2.6
2000	685 251	7.60	1 048 815	3.4
1999	636 786	5.40	1 014 493	4.0
1998	603 884	5.40	975 211	5.1
1997	573 206	5.50	927 530	3.8
1996	543 525	6.10	893 483	3.9

（续）

年份	GDP（现值澳元）		GDP（链式权重为基础澳元）	
	GDP 总额（百万澳元）	增长率（%）	GDP 总额（百万澳元）	增长率（%）
1995	512 229	6.20	860 011	3.6
1994	482 519	6.00	830 505	4.6
1993	455 262	5.40	793 841	4.1
1992	431 985	3.80	762 323	3.0
1991	416 233	0.70	740 374	−1.3
1990	413 213	6.50	750 473	1.4

资料来源：亚太经济数据中心，2015 年 6 月更新。

澳大利亚为南半球经济最发达的国家，亦是世界经济最发达的国家之一。2014 年澳大利亚 GDP 达到了 15 250 亿美元，居全球第十二位；人均国内生产总值高达 65 000 美元，居全球第六位（The World Bank，2015），远高于同是英语国家的美国、英国和加拿大；人类发展指数雄踞世界第二名，仅次于挪威（Malik，2014）。

澳大利亚的经济构成中以农业、矿业和能源生产闻名，因此常被外界称作“骑在羊背上的、坐在矿车上的、手持麦穗的国家”。同时澳大利亚又是世界上最为开放的经济体之一，经济构成多样，劳动力普遍受教育水平较高，服务业发达（Australian Government，2014）。在澳大利亚国民经济中发挥重要作用的产业包括：矿业与能源、农业、工业、服务业、旅游业、教育业。

作为矿业和能源生产大国，澳大利亚矿产资源丰富，铝矾土、铅、镍、银、铀、锌、钽矿的探明经济储量居世界首位。澳大利亚是世界上最大的铝矾土、氧化铝、钻石、铅、钽生产国，黄金、铁矿石、煤、锂、锰矿石、镍、银、铀、锌等的产量也居世界前列。澳大利亚还是世界上最大的烟煤、铝矾土、氧化铝、铅、钻石、锌及精矿出口国，第二大氧化铝、铁矿石、铀矿出口国，第三大铝和黄金出口国。已探明的有经济开采价值的矿产蕴藏量：铝矾土约 53 亿吨，铁矿砂 146 亿吨，黑煤 403 亿吨，褐煤 300 亿吨，铅 2 290 万吨，镍 2 260 万吨，银 4.14 万吨，钽 4.10 万吨，锌 4 100 万吨，黄金 5 570 吨。澳大利亚原油储量

2 270亿升，天然气储量 2.2 万亿立方米（Australian Government，2014；新华网，2015）。尽管矿业在澳大利亚具有极为重要的地位，但是矿业对 GDP 的贡献率大约为 10%（Colebatch，2012）。

澳大利亚的服务业也极为发达，事实上服务业对澳大利亚 GDP 的贡献率一直保持在 70%左右（Colebatch，2012）。发达的澳大利亚服务业，是与其他产业共生的，可以说澳大利亚服务业根植于矿业、农业和制造业等产业，是这些产业价值链的延伸。比如出口的铝材中，已经包含了服务业的投入，其中电力供应和交通运输成本在澳大利亚就计为服务业，为各种企业服务的通讯、交通运输、仓储、法律服务、金融服务等都是服务业的重要组成部分。服务业的重要性不仅仅是很多其他产业的直接投入，给所涉及产业带来效益，同时高度发达的服务业也提升澳大利亚各产业的综合竞争力（Australia Government，2009）。

澳大利亚的旅游业在全球范围内也颇具影响，2005—2014 年间，旅游业对 GDP 的贡献率保持在 2.5%～2.8%之间，并为社会提供了 4.5%左右的就业岗位（ABS，2012；ABS，2015）。受国际经济环境的影响，2013—2014 年度澳大利亚旅游业相对低迷，对 GDP 的贡献率仅为 2.5%，与前些年相比贡献率有所下降，但是从绝对数量上，旅游业对 GDP 的贡献达到了 434.43 亿澳元，并为 54 万人提供了就业岗位（ABS，2015）。

澳大利亚的教育业也非常发达，澳大利亚的教育质量具有世界一流水准，全国有 38 所大学及 230 多所专科技术学院。这些大学和专科技术学院几乎都是政府运作的公立学校（两所私立大学除外），其教育体制由所在州政府管辖，尽管行政体系各州略有差别，但基本上教育质量是由澳大利亚联邦政府控制管理，所以各校都能保持平均但同时又较高的教育质量。各学校的学历文凭，是被各州相互认同且在全国通行的。澳大利亚的学历资格被世界各国包括我国所广泛承认。教育业也是澳大利亚服务业中对出口贡献最大的产业，澳大利亚完善的教育体系吸引大量国际学生在澳大利亚学习和生活，在过去的 5 年里澳大利亚的高等教育年出口额约为 150 亿澳元（Australian Government，2014）。2013 年国际学生在澳大利亚人数达到了 41 万人，在过去的几年里国际学生对澳大利亚的高等教育需求持续增长。目前澳大利亚是国际上第三大留学市场，国际学生占到全球数量的7%（GO8，2014）。

五、澳大利亚的社会文化

教育是澳大利亚文化的重要组成部分，澳大利亚的初等教育体系分为小学、中学共12年级，各州有自主确定小学和中学的年限，小学一般为6～7年，中学为5～6年，中学毕业后的学生既可以接受高等教育，也可以接受职业教育。澳大利亚的职业教育为社会培训具有熟练技能的技术工人。澳大利亚的大学在科研和教育水平上处于世界领先的地位，特别是澳大利亚的八所研究性大学在国际上具有很高的声望，每年吸引大量国际留学生前去深造（Australian Government，2014）。

澳大利亚的创新文化。澳大利亚人极具创新精神，很多现代创新发明在国际具有深远影响，比如飞机上的“黑匣子”、谷歌地图、无线宽带技术、仿生耳蜗以及宫颈癌疫苗都是由澳大利亚发明的。迄今为止澳大利亚已经先后有14位诺贝尔奖获得者（Australian Government，2014）。

澳大利亚人崇尚体育及户外运动，政府倡导全民健身运动，为每个社区配备了运动设施。政府关注精英运动员的发现与培养，并积极主办国际知名赛事，同时也鼓励平民参与各项运动活动（Australian Government，2014）。

澳大利亚的多元文化。澳大利亚作为典型的移民国家，拥有历史悠久的原住民文化，欧洲移民又带来了典型的西方文化，近两个世纪随着移民的多样化，亚洲文化和拉美文化也得到充分发展，形成了极具特色的多元文化，澳大利亚人以多元文化而自豪。

澳大利亚的医疗卫生事业发达，形成了覆盖全国的完善的医疗保健体系。目前澳大利亚人的平均寿命为女人83岁，男人84岁。应该说发达的医疗体系，在保障国民健康方面起到了至关重要的作用（Australian Government，2014）。

第三节　农业资源概况

澳大利亚是一个农牧业非常发达的国家，有“骑在羊背上的国家”和“手持麦穗的国家”之称。澳大利亚农业资源丰富，农牧业发达，英语中甚至用“幸运的国家”（The Lucky Country）来代指澳大利亚，意思是说澳大利亚的气候、历史、生活方式各方面都比较幸运，国民不需要太辛苦劳动，只要让牛羊随便吃草，土地上随便撒上种子就可过高水平的生活。澳大利亚长期出口羊、牛、小麦、蔗糖和海产品等农产品资源赚取大量收入。事实上，早期澳大利亚的经济发展也确实是主要依靠其丰富的农业资源、开拓者的智慧和艰苦奋斗的创业精神，发展建立了发达农牧业体系。

一、土地资源

澳大利亚国土面积为 768 万平方公里，属于世界上幅员辽阔的国家之一，但是广袤的国土资源其质量并不高，其中有 70%属于干旱或者半干旱的沙漠地带，中部和西部地区也不太适合人类居住。澳大利亚共有 11 个大沙漠，约占澳大利亚国土面积的 20%，如果再加上沙丘，那么沙漠面积能达到国土面积的 44%。耕地面积只有 48.76 万平方公里，仅占总土地面积的 6.3%。澳大利亚的这种地形和气候特点决定了澳大利亚有很大部分的地区不适合种植农作物，也正是这种原因，澳大利亚大部分的农作物生产都集中在其东南部和西南部地区。各个州农业用地面积相比较，塔斯马尼亚州的农业用地面积最低，仅仅占该州的 24%，而昆士兰州的农业用地面积比率最高，可达 79%。在 2011 年，澳大利亚总农业用地约有 4.1 亿公顷，约占澳大利亚国土面积的 53.3%。在这 4.1 亿公顷的农业用地中，大约 84%（3.6 亿公顷）的土地用于放牧，8.9%（0.24 亿公顷）用于农作物种植，3.4%则用于休耕，另外的 3.2%则用于植树。

二、气候资源

澳大利亚终年气候温和宜人，但因为国土幅员辽阔，各地区气候就有所差异。北部地区为热带草原气候，通常天气较为炎热，内陆地区为热带沙漠气候，南方各州为温带，在冬季较为凉爽，东西沿海地区为亚热带海洋性气候。澳大利亚也是地球上最干燥的地区之一，年平均降水量不到600毫米。澳大利亚和所有位于南半球的国家一样，有着和北半球截然相反的季节变化。12月到次年2月为夏季，3月到5月为秋季，6月到8月为冬季，9月到11月为春季。澳大利亚的气候类型在地域上的分布见图1-2。以下为澳大利亚各州及其首府的气候状况：

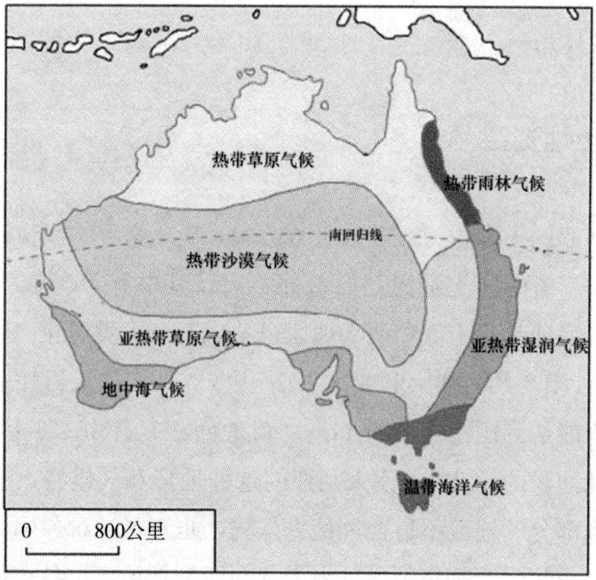

图1-2　澳大利亚气候图

新南威尔士州（New South Wales）位居澳大利亚南部，气候属于温带气候。该州东部的大分水岭（Great Dividing Range）对其气候产生很大影响，将本州划分为四个不同区域，分别是海带线、高地、西面山坡，以及西边较平坦的区域。该州首府悉尼（Sydney）的气候终年温和宜人，一年有340天可见阳光。夏季时，悉尼的平均最高温度为

26℃，此时的天气较为潮湿，平均湿度达65%。冬季的平均最高温度为16℃。秋季则是悉尼降水量最高的时期。

维多利亚州（Victoria）的气候划分为不同气候区，包括西北方的干热地区和东北方的高山雪区。部分地区的年平均降水量少于250毫米，但在某些山区却超过1 800毫米。首府墨尔本（Melbourne）的天气多变，则是众人皆知。市区通常气候温和，夏季则稍感温热。春秋两季气候宜人，冬季则气候凉爽。夏季均温为25℃，冬季均温为14℃。5月到10月是此地降水量最高的时期。

首都堪培拉（Canberra）是典型的大陆性气候，最为干旱，夏季炎热，冬季凉爽。平均降水量为629毫米。最多雨的季节为10月，最干燥的季节在6月。冬季时，在附近的澳大利亚山岭（Australian Alps）则会降雪。1月是最炎热的月份，最高月均温28℃。7月为最冷的季节，均温11℃，夜间温度会降至零度以下。

昆士兰州（Queensland）的布里斯班（Brisbane）和黄金海岸（Gold Coast）拥有舒适宜人的亚热带气候，一年四季都适合享受户外活动。黄金海岸一年平均有245天是晴朗且阳光普照的好天气，年平均降水量约为1 400毫米，降雨大部分集中在夏秋季。海岸的白天温度通常为28℃上下。海岸夏季较为凉爽，而冬季的最高平均气温约为21℃。在冬季，清澈的天空与干燥的空气造就了凉爽的夜晚。

南澳大利亚（South Australia）的气候各区不同，内陆炎热干燥，南部和东南沿海的天气则较为温和潮湿。首府阿得莱德（Adelaide）的冬季通常温和潮湿，夏季则炎热干燥，这里是澳大利亚所有首府城市中最干燥的一个。1月和2月的平均降水量为20毫米，但数月无雨的状况也很常见。6月是整年中最潮湿的月份，平均降水量为80毫米。夏季平均最高气温为29℃，冬季平均最高气温为15～16℃。

西澳大利亚（Western Australia）幅员辽阔，因此有多个气候区。西北方多雨，夏季因此成为“湿季”。内陆地区则是夏季高温，几乎干燥无雨。在西南方，冬季温和潮湿，夏季则炎热干燥。5月至9月是降水量最高的时期。2月通常是全年最热的月份，均温为31℃。从西南吹来，名为“弗里曼特尔医生（The Fremantle Doctor）”的海风，舒缓了此时的炎热气候。冬季相对凉爽潮湿，均温为18℃。

北领地（Northern Territory）的气候与澳大利亚南部截然不同，北部的顶端地带（Top End）和南部末端的气候也差异极大。顶端地带和首都达尔文所在区域具有明显的湿季和干季，终年酷热。而南部末端则夏季炎热，冬季寒冷，夜间温度可能降至零度以下。此处的年降水量变化万千，但年平均为286毫米。夏季白天温度通常超过35℃，夜晚则干燥凉爽。春季则有暴风雨、冰雹和沙尘暴。

塔斯马尼亚州（Tasmania）是座岛屿，各地离海最远距离不到115公里，气候为典型的温带海洋气候。夏季气候温和，终年降雨分布平均，但冬季月份是最为多雨的时期。因为其纬度的关系，塔斯曼尼亚的季节比起澳大利亚其他地区更为分明。首府霍巴特（Hobart）四季分明。1月和2月是最温暖也是最干燥的月份，平均温度约为21℃。虽然会有来自南极的南风，但是因为威灵顿山（Mount Wellington）的屏障，霍巴特的天气也不至于太差。

总之，澳大利亚由于其幅员辽阔，从而呈现出不同的气候区。另外，澳大利亚的气候还受洋流的影响和季节性的热带低气压所导致的台风的影响。这样会造成极端的天气情况，例如高温、洪涝、旱灾和狂风暴雨等。澳大利亚主要省会城市的温度与降水状况见表1-4。

表1-4　澳大利亚主要城市气候状况统计表

城市	年平均降水量（毫米）	1月最高气温（℃）	年平均气温（℃）	7月最低气温（℃）
悉尼	1 276.5	26.1	19.4	17.2
墨尔本	654.4	25.8	15.4	13.9
布里斯班	1 194.0	29.2	21.2	20.6
阿德莱德	563.0	28.7	16.8	15.2
珀斯	745.3	31.9	17.2	17.9
霍巴特	576.4	21.8	12.5	12.2
堪培拉	630.0	27.7	13.3	11.5

资料来源：《澳大利亚统计年鉴2012》（统计时间为1971—2000年）。

三、河流和湖泊

澳大利亚的河流大致可以分为两类，一类是靠近海岸的河流，这类河流有一定的落差，另一类是在中部平原上的河流，这类河流一般没有落差。澳大利亚最大的河流水系是墨累—达令河（The Murray-Darling River），流经昆士兰州的部分地区，新南威尔士州和维多利亚州的大部分地区以及南澳大利亚州的一小部分地区，最终流入亚历山郡娜湖（Lake Alexandrina）。墨累—达令河流域构成了墨累河谷，这是澳大利亚最重要的农业经济区，农业产值的40%出自这里。澳大利亚许多河流都流至热带或亚热带的海岸，并且很大一部分的河流相当长。所有这些河流都属于季节性河，在旱季和雨季，其流量差异很大。

澳大利亚有多种类型的湖泊，最大的要数那些内陆咸水湖。由于气候干旱，蒸发强烈，大部分时间这些咸水湖处于干涸状态，并裸露湖底盐床，只有当雨季径流注入湖泊后，才是有水的湖。最大的几个咸水湖分别是艾尔湖（Lake Eyre），面积为 9 500 平方公里，托伦斯湖（Lake Torrens），面积为 5 745 平方公里，盖得纳湖（Lake Gairdner），面积为 4 351 平方公里。

其他类型的天然湖，包括沿海湖泊，如维多利亚州的维多利亚湖（Lake Victoria）；火山湖，如澳大利亚州的蓝湖（Blue Lake），火山湖在昆士兰州和维多利亚州都有分布；冰川湖，主要在塔斯马尼亚州。这些类型的湖泊大部分都是常年有水的，也有季节性湖泊，例如新南威尔士州的乔治湖（Lake George），在旱季的时候则没有水。事实上，澳大利亚并没有天然的、常年有水的并大于 100 平方公里的淡水湖。澳大利亚各个州和领地都有许多的人工湖或人工扩建的湖。这些人工湖中最大的是塔斯马尼亚州的高登—佩德湖（Lake Gordon-Pedder），库区面积为 513 平方公里，库容为 113 亿升。其他较大的人工湖有西澳大利亚的阿吉尔湖（Lake Argyle），其库容为 57.2 亿升，和位于雪山地区的尤坎本湖（Lake Eucumbene），其库容为 48.7 亿升。

四、水资源

水是维持生命系统和生态系统健康运行的关键。和其他国家一样水资源对于澳大利亚经济，尤其是农业发展，起着至关重要的作用。

在澳大利亚，水的主要来源是雨水，但年平均降水量在澳大利亚有很大的差别。全国的年平均降水量范围为600～1 500毫米，这大约与北美和欧洲的降水量相当。但是，在澳大利亚，大约一半的国土面积的年平均降水量不超过300毫米。另外，澳大利亚有世界上最大的地下水系之一——大自流盆地。大自流盆地的含水量约8 700万亿升，并且每年为澳大利亚提供5 700亿升水。

澳大利亚农业用水占到全国用水量的三分之二左右，是全国各产业中的用水大户，澳大利亚政府重视农业节水措施应用，普遍实施农业企业用水配额，但是由于受气候波动导致地表水资源量的变化和农业产业结构的调整，近十年的农业用水量波动幅度仍非常大（ABS，2015）。农业灌溉用水在2013—2014年间为11.561万亿升，比前一经济年度降低了8%。在所有的农业用水中，90%都用于灌溉农作物和牧场，剩余的10%则是用于农产品的加工、清理养殖设施等。澳大利亚近年来的农业灌溉用水量见图1-3，2012年各州和地区农业用水的分布情况见表1-5。

表1-5　2012年澳大利亚各州和地区农业用水分布表

单位：兆升（1兆升=1 000 000升）

	AUSTRALIA	NSW	Vic.	Qld	SA	WA	Tas.	NT	ACT
苗圃和花卉生产	47 275	15 094	8 566	10 269	4 148	7 777	747	582	93
蘑菇和蔬菜种植	364 142	65 583	64 597	84 127	75 417	52 891	17 012	4 496	20
水果和坚果树种植	882 473	193 608	272 914	121 859	232 337	45 120	6 464	10 140	31
羊，牛养殖和粮食种植	3 067 203	1 677 656	285 056	595 966	232 364	134 503	105 408	36 004	246
其他农作物种植	1 783 644	738 304	9 930	996 946	15 289	19 640	3 290	145	100

（续）

	AUST-RALIA	NSW	Vic.	Qld	SA	WA	Tas.	NT	ACT
奶牛养殖	930 988	134 682	573 209	43 378	76 498	52 441	50 423	353	3
家禽养殖	22 032	8 169	6 479	3 633	2 078	1 448	205	0	19
鹿养殖	1 806	410	1 118	188	15	45	29	0	0
其他畜牧业	75 842	27 284	12 413	22 088	7 891	4 922	1 128	109	6
总数	7 175 406	2 860 791	1 234 283	1 878 454	646 036	318 786	184 707	51 830	519

资料来源：《澳大利亚统计年鉴 2012》。

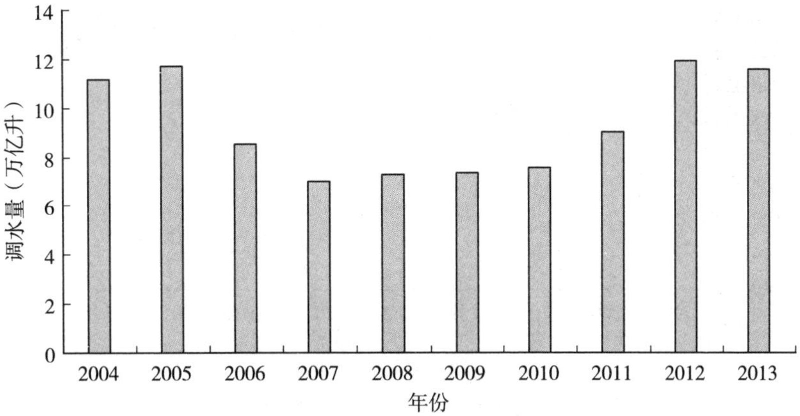

图 1－3　农业灌溉用水

资料来源：Water Use On Australian Farms（4618.0）.

五、空气

空气污染已经成为全球关注的环境问题，地球上的大气层是由氮气和氧气组成，同时也包括少量其他气体，例如臭氧，它能阻止紫外线的辐射。但是一些人类活动改变了大气层的性质，恶化了空气质量，使紫外线辐射强度增加以及温室气体浓度上升等。例如，燃烧化石燃料（如煤、石油和天然气）极大地增加了大气中的温室气体二氧化碳。澳大利亚对空气污染极为关注，特别关注温室气体的排放。图 1－4 显示了 2004—2013 年间澳大利亚二氧化碳的排放量。

澳大利亚二氧化碳排放大部分集中在燃料的燃烧，在2009年，燃料燃烧所导致的二氧化碳排放约占澳大利亚总体二氧化碳排放量的90%。在1990年到2009年间，燃料燃烧导致的二氧化碳排放增加了47%，这其中，能源产业排放的二氧化碳增加了59%，运输业增长了35%。能源产业，特别是燃煤发电厂所产生的二氧化碳约占2009年二氧化碳排放总量的60%，而在1990年，大约占到56%。运输业的二氧化碳排放占二氧化碳排放总量由1990年的24%下降到2009年的22%。

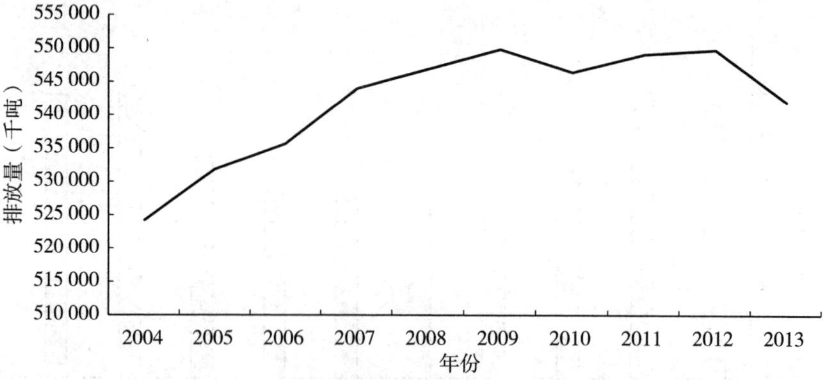

图1-4　澳大利亚二氧化碳排放

资料来源：National Greenhouse Gas Inventory，http://ageis.climatechange.gov.au/.

一国的空气质量是该国国民生活质量的一个重要指标。空气质量差会带来一系列负面影响，比如影响人们的身体健康，农作物减产等。在室外，空气中的主要污染物是一氧化碳，二氧化氮，光化学氧化剂（如臭氧），二氧化硫和颗粒物（灰尘）。一氧化碳产生于植物和化石燃料的不充分燃烧，在2009年，澳大利亚农业生产所产生的一氧化碳是其他所有一氧化碳来源的五倍（表1-6）。二氧化硫的主要来源是工业生产，例如铜、铅、锌、镍、银等的生产和加工。二氧化氮是另一个重要的空气污染物，由于它有助于形成光化学烟雾，因此它对生物的危害不可忽视。燃烧化石燃料（煤，石油和天然气）是二氧化氮的主要来源之一。

表 1-6　2009 年主要空气污染物及其来源

单位：千吨

部门	氮氧化合物	一氧化碳	二氧化硫
发电业	626.95	67.46	631.04
制造业	391.04	300.37	107.90
运输业	339.27	1 995.33	28.76
建筑业	7.79	562.88	0.48
工业	25.32	4.62	1 811.28
农业	691.81	16 238.37	—

资料来源：DCC，National Greenhouse Gas Inventory 2009，Common Reporting Tables Agriculture，Energy and Industrial Processes.

可吸入颗粒物（主要是烟尘）的测量主要是测量两种尺寸的颗粒，即直径 10 微米以下（PM10）和直径在 2.5 微米以下（PM2.5）的颗粒（表 1-7）。这些颗粒可被吸入，从而危害人类（和其他动物）的健康。另外除了危害健康，它还能通过降低能见度影响环境的美观。

表 1-7　2009—2010 年颗粒物排放

单位：吨/年

排放来源	PM10	PM2.5
燃烧	240 000	—
采矿	230 000	4 200
采煤	220 000	5 500
扬尘	190 000	—
修道路	160 000	—
发电	23 000	9 500
车辆	12 000	—
有色金属制造	9 500	1 400
其他非金属矿产采掘	8 100	160
建筑材料开采	7 400	210
糖和糖果制造	4 200	2 300
石油和天然气开采	2 200	680

资料来源：Department of Sustainability，Environment，Water，Population and Communities，National Pollution Inventory extracted 29/11/2011.

六、特色生物资源

（一）袋鼠

袋鼠科（Macropididae）生活在澳大利亚和巴布亚新几内亚的部分地区。大多数种类的袋鼠都属于澳大利亚的特产，但是有些树袋鼠则生活在新几内亚。澳大利亚的袋鼠，除了少部分在动物园外，绝大部分都生活在野外。澳大利亚的袋鼠（Kangaroo）和沙袋鼠（Wallaby）的种类有55种。袋鼠和沙袋鼠的体型和重量的差异极大，从轻至半千克到重达90千克的都有。两者的主要差异在于体型，沙袋鼠的体型较小，袋鼠的体型较大。澳大利亚袋鼠的种类主要有四种：红袋鼠（Macropus Rufus）、西部灰大袋鼠（Macropus Fuliginosus）、东部灰大袋鼠（Macropus Giganteus）以及岩大袋鼠（Macropus Fuliginosus）。这些种类的袋鼠在各州的数量见表1-8。澳大利亚不同种类的袋鼠生活在不同的自然环境下，有些袋鼠喜欢生活在凉性气候的雨林地区，而另一些袋鼠则喜欢生活在沙漠和热带地区。

表1-8　澳大利亚主要品种袋鼠数量

单位：只

地　区	红袋鼠	西部灰大袋鼠	东部灰大袋鼠	岩大袋鼠	总　数
南澳大利亚州	1 158 000	674 800	—	494 800	2 327 600
西澳大利亚州	638 185	1 177 534	—	—	1 815 719
新南威尔士州	3 972 522	496 059	5 258 104	88 430	9 815 115
昆士兰州	5 745 591	—	10 799 679	3 799 973	20 345 243
总数	11 514 298	2 348 393	16 057 783	4 383 203	34 303 677

资料来源：Department of the Environment，Australian Government（Australian Government，2016）.

据估计，澳大利亚目前有3 000万～6 000万只野生袋鼠。在2010年澳大利亚共屠宰了约150万只袋鼠，其袋鼠肉和其他衍生产品带来了将近1.72亿美元的收益。另外袋鼠皮有独特的纤维结构，是制造皮革的优良原材料，袋鼠皮的张幅有0.46～0.55平方米，呈三角形状。

（二）养蜂业

澳大利亚是一个典型的农业大国，其农牧业和农畜产品加工业非常发达。养蜂业虽然只是澳大利亚农牧业的一小部分，但蜂蜜的种类和质量却居世界前列。澳大利亚政府也非常重视养蜂业的发展，并将养蜂业作为澳大利亚现代农业中非常重要的一部分。早在1963年，澳大利亚政府便成立了国家蜂蜜管理局，并且在各个州的主要蜂蜜生产处都设有分局用于专门监督和控制蜂蜜生产与出口。澳大利亚农业部也专门设有专职人员负责管理全国的养蜂工作，记录全国所有蜂场的场主姓名、地点、蜂场规模、经济效应等情况。另外农业部还专门制定法规，规定果树和农作物使用农药的浓度、时间和范围，严禁乱用农药以保证养蜂业的健康发展。国家还鼓励多所研究院设立专门的养蜂研究室，专门研究蜜蜂生物学、遗传学、饲养技术和授粉技术等来指导全国的养蜂业。例如维多利亚农业厅养蜂研究院，专门研究蜜蜂病害、授粉和蜂蜜质量检验；昆士兰养蜂研究院主要研究蜂蜜营养和蜂蜜生产技术；阿德莱德大学养蜂研究院则主要从事蜜蜂行为和蜜蜂病害等方面的研究；新南威尔士大学的公共卫生、食品加工研究院也从事与养蜂有关的研究（陈玛琳，赵芝俊，等，2014）。

澳大利亚养蜂业之所以如此发达与其得天独厚的自然环境是分不开的。澳大利亚拥有许多泌蜜量很多的蜜源植物，如桉树、车轴草、油菜、向日葵等。澳大利亚还是桉树的原产地，拥有600多种不同品种的桉树，不同品种的桉树的开花期和泌蜜量也不相同。

澳大利亚现在所饲养的蜜蜂是在1788年由欧洲移民所引入的，先后引进了意大利蜂、卡尼鄂拉蜂、高加索蜂以及欧洲黑蜂，目前以饲养意大利蜂为主。由于不断地引入先进生产技术和澳大利亚本身所具有的一年四季都有的大宗蜜源植物，这使得澳大利亚的养蜂业发展很快，目前澳大利亚是蜂蜜的主要出口国之一。澳大利亚从事养蜂的人员有1.4万人，饲养蜂群数量达67万群，这其中有近48万群蜜蜂是由专业养蜂人员饲养，基本上每人饲养200群。澳大利亚养蜂的主要产品是蜂蜜、蜂蜡、育王、蜂花粉等，部分也生产蜂王浆。目前澳大利亚蜂蜜的年产量达到3万吨，生产的蜂蜜有近60%用于内销，剩余部分用于出口，主要出口到欧盟、新西兰和东南亚国家。由于澳大利亚生产的蜂蜜质量上乘、口感好，因此备受欧洲和东南亚国家消费者的喜爱。

新南威尔士州是澳大利亚养蜂业最大的一个州，澳大利亚生产的蜂蜜的60%都来自于该州。新南威尔士州有最适合养蜂的自然环境，气候宜人，空气清新，最重要的是没有蜂螨，因而不需要用药物来防治蜂病，所以生产出来的蜂蜜安全、风味独特，备受消费者的喜爱。新南威尔士州的蜂种为意大利蜂，主要是用来生产蜂蜜、蜂蜡以及蜂花粉，也有部分用于商业育王和繁殖蜂。主要的蜜源植物是不同品种的桉树和一些野花，不同品种的桉树会生产出不同口味的蜂蜜。

西澳大利亚州也是澳大利亚另一个蜂蜜生产大州，养蜂业也非常发达。澳大利亚商业用蜜的10%来自于西澳大利亚州。目前西澳大利亚每年约生产蜂蜜4 000吨，40%是用于出口，一般会销往东南亚国家和欧洲国家，60%用于内销。西澳大利亚每年生产的蜂蜜、蜂蜡等产品的总产值约为1 200万澳元，并且蜜蜂还为农作物和一些牧草授粉，该州养蜂业综合经济效益约9 000万澳元。

第二章
澳大利亚农业生产概况

澳大利亚地广人稀，气候以热带、亚热带和温带为主，丰富的土地资源和草场资源以及绵延的海岸线为澳大利亚农业生产创造了得天独厚的资源条件。澳大利亚的种植业、畜牧业最初起始于1788年欧洲移民登陆澳大利亚（Henzell，2007）。欧洲移民为了生产基本生活所需，开始在澳洲大陆上种植小麦和牧羊。直至19世纪末期澳大利亚的农业生产仍以羊毛和小麦为主，肉牛、奶牛和甘蔗生产还没有形成规模。直至20世纪50年代之前，农业仍然是澳大利亚的主导产业，当时农业产值占到GDP的25%，农产品出口占国家出口商品的70%～80%，特别是绵羊养殖在整个农业中占有最为重要的位置，因此澳大利亚被称为“骑在羊背上的国家”（PC，2005）。澳大利亚农业发展至今，农业产业的结构主要以肉牛产业、奶牛养殖、牧羊、谷类生产为主，很多农业企业从事多种经营的复合农业生产（ABS，2012）。以农业产值来衡量目前澳大利亚的农业产品依次为牛肉、小麦、牛奶、蔬菜和水果、羊肉和羊毛，澳大利亚的主要农业产品都以出口为主（ABS，2012）。

第一节　农业发展的历史和现状

澳大利亚官方统计显示澳大利亚的农业发展始于1788年欧洲殖民者登陆澳大利亚，以提供生活所需品为目的，开始了种植和养殖业。由于澳大利亚的极端气候条件给农业生产带来很大的挑战，在应对这些挑战的过程中产生了澳大利亚的农业发明和创造，以及生产方式的革新，20 多年的农业发展使得澳大利亚的农业生产站在了世界农业发展的前沿。

以大型农用机械为例，澳大利亚发明了联合收割机（Combine header harvester）和跃障犁（Stump-jump plough）；在育种方面培育了抗旱、抗病的小麦品系。为了使所生产的农产品具有价格竞争优势，澳大利亚的农民非常愿意接受新技术（如：大型机械，灌溉技术，谷物的加工和储存技术）（ABS，2012）。不断采用新技术使得澳大利亚的农业生产效率迅速提高，以澳大利亚的奶牛养殖业为例，在 1966—1967 年，每头奶牛的产奶量大约为 2 380 升，到 2010—2011 年间每头奶牛的平均产奶量为 5 675 升，在不到 50 年的时间内生产效率提高到了 2.38 倍之多（ABS，2012）。

农业生产效率的提高促进了澳大利亚农业的综合快速发展，在这个发展过程中科学技术的进步特别是农业科技的发展起到了至关重要的作用。澳大利亚农业科技进步充分体现在畜禽品种培育、农作物育种、田间管理、农场管理、土地资源管理、水资源的高效利用和病虫害的综合防治等诸多方面（PC，2005）。澳大利亚的各类农场广泛采用大型农业自动化机械和信息技术于农业生产管理中，大幅提高了劳动生产率，因此规模高达数千公顷的农场仅靠三两个家庭成员来管理的状况极为普遍。

澳大利亚农业在激烈的国际竞争中始终保持强劲的竞争优势，这与澳大利亚在科学研究、实验与开发的投资规模密切相关。最近的统计数据表明，在 2009—2010 年间，大约有 32%的农业企业积极地参与农业新技术推广实践活动。在此期间农业企业大力支持并向农业科学研究和各种农业试验投资，该经济年度澳大利亚非政府投资农业科研与试验研究的经费为 1.02 亿澳元，其中的 9 800 万澳元直接来自农业企业。在 2000—2011 的十个经济年度期间，农业的平均劳动生产率年平均增产速度为 5.3%。这个增长速度在澳洲的所有产业中居于首位（ABS，2012）。

一、农业在国民经济中的地位

2011—2012 经济年度，澳大利亚农业生产对于国民生产总值（GDP）的贡献率为 2.4%（Australian Government，2013）。澳大利亚的农业生产对 GDP 的贡献率基本上呈逐年下降趋势。这主要是因为在过去的几十年里服务业和矿业发展迅速，尽管农业的发展也相当迅速，但是相对于服务业和矿业而言农业的发展相对缓慢，进而造成了其在国民经济中的比重越来越小。2011—2012 年度，澳大利亚 GDP 的构成见图 2-1。

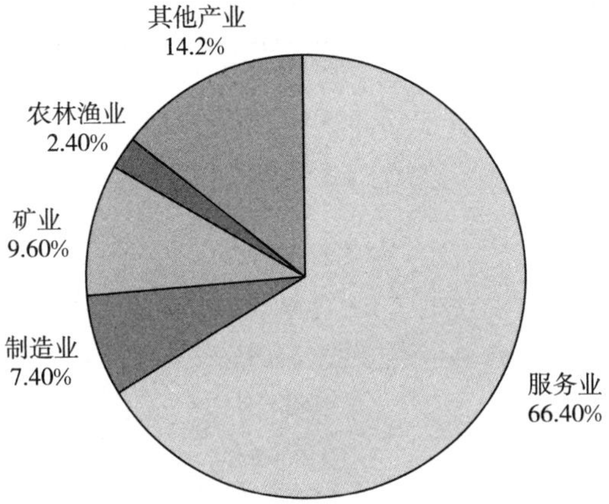

图 2-1 各产业对 GDP 的贡献率

资料来源：Australian Government，2013.

澳大利亚农业生产效率的提高主要得益于农业生产新技术的成功推广，以及大型自动化农业机械的广泛应用。澳大利亚的农产品主要销往国际市场，在农产品价格总体趋势走低的情况下，澳大利亚的农业企业或主动或被动地通过使用农业生产新技术来提高生产效率、降低生产成本，以增强其在国际农产品市场的竞争优势（Nossal，Zhao，et al，2009）。

二、澳大利亚农业产业构成

澳大利亚农业生产活动多样化，农业企业的类型和数量初步反映了澳大利亚的农业产业结构。表 2-1 列出截至 2015 年 6 月 30 日澳大利亚农业企业的主要类型和数量。表 2-2 列出了澳大利亚农业用地、牲畜数量及年产值。表 2-3 列出了澳大利亚各州、地区 2011—2012 年间农业生产现状。

表 2-1 澳大利亚主要农业企业类型数量统计

（截至 2015 年 6 月 30 日）

农业企业类型	占地面积（公顷）	企业数量（个）
总计	384 557 865	123 091
苗圃业	4 660	1 395
草坪生产	6 137	235
花卉生产	4 138	690
作物种植总计	23 909 915	34 157
小麦	12 383 673	20 734
燕麦	854 417	10 358
大麦	4 078 041	15 353
高粱	732 473	2 437
玉米	59 558	635
水稻	69 664	566
黑小麦	81 515	988
其他谷物作物	196 524	1 234
棉花	198 239	553
花生	4 823	120
油菜籽	2 896 951	9 568
甘蔗	417 842	3 583
蔬菜种植总计	114 158	4 527
橙子	6 976 437（棵）	1 129
杏仁	6 578 547（棵）	152
澳洲坚果	5 572 946（棵）	867

资料来源：ABS—71210DO003 _ 201415 Agricultural Commodities，Australia - 2014 - 15（ABS，2016）.

表 2-2　最近十多年澳大利亚农业主要用地面积、牲畜数量及农业总产值

年份	农业用地面积（百万公顷）			主要牲畜头数（百万头）			农业总产值（百万澳元）
	小麦	其他农作物	农业用地	肉牛	奶牛	绵羊	
1999	12.2	9.9	455.5	24.45	3.14	118.55	30 773
2000	12.1	10.4	455.7	24.50	3.22	110.93	34 778
2001	11.5	10.5	447.0	24.74	3.13	106.17	39 875
2002	11.2	10.1	439.5	23.62	3.05	99.25	33 225
2003	13.1	10.7	440.1	24.41	3.05	101.29	37 330
2004	13.4	11.0	445.1	24.73	3.06	101.12	36 512
2005	12.4	10.4	434.9	25.61	2.79	91.03	38 711
2006	11.8	9.9	425.4	25.37	2.66	85.71	36 622
2007	12.6	11.2	417.3	24.78	2.54	76.94	43 738
2008	13.5	11.1	409.0	25.29	2.61	72.74	41 929
2009	13.9	10.4	398.6	24.01	2.54	68.09	39 666
2010	13.5	10.9	409.7	25.94	2.57	73.10	46 981
2011	13.9	10.9	405.5	25.69	2.73	74.72	48 049
2012	13.0	11.4	396.6	26.50	2.88	75.50	47 892
2013	12.6	10.5	350.8	26.30	2.80	72.60	51 193
2014	13.8	10.5	—	24.20	2.80	70.30	53 491

资料来源：Agricultural commodity statistics 2015（ABARE，2015）.

表 2-3　澳大利亚各州、地区 2011—2012 年间农业生产状况

单位：百万澳元

州（地区）名	新南威尔士	维多利亚	昆士兰	南澳大利亚	西澳大利亚	塔斯马尼亚	北领地	澳大利亚
农业总计	12 125.0	13 143.6	11 938.6	6 215.2	7 921.9	1 437.7	834.9	53 624.8
农作物总计	6 259.9	5 013.5	5 389.8	3 812.0	5 678.9	514.3	87.6	26 758.2
牧草生产								
苜蓿草收割	137.3	92.6	56.3	32.2	1.3	5.8	0.8	325.7
其他牧草收割	41.0	246.2	22.0	22.3	40.1	—	7.3	425.1
谷物作为牧草收割	113.9	168.1	24.4	117.4	108.9	1.0	—	533.5
其他作物作为牧草生产	21.8	53.2	25.7	4.2	8.3	0.9	4.0	118.2

（续）

州（地区）名	新南威尔士	维多利亚	昆士兰	南澳大利亚	西澳大利亚	塔斯马尼亚	北领地	澳大利亚
谷物生产								
小麦	1 964.0	781.7	328.6	1 320.8	2 716.3	12.6	0	7 124.1
燕麦	85.1	49.9	4.2	23.2	135.5	1.8	0	299.7
大麦	564.3	369.5	79.1	509.4	889.6	4.9	0	2 416.7
高粱	178.7	0.1	485.8	0	1.1	0	0.8	665.8
玉米	78.7	19.6	63.1	0	1.8	0.1	0.4	163.4
大米	271.6	0.9	0	0	0.1	0	0.1	272.7
小黑麦	16.8	8.4	0.6	4.6	5.9	0.3	0	36.7
其他谷物	11.2	6.1	14.5	8.1	9.6	0.3	0	49.8
豆类作物								
豆类总计	181.7	133.5	159.0	248.7	183.1	0.2	0	906.2
油料作物								
油菜籽	488.5	263.6	0.2	162.7	866.2	1.2	0	1 782.4
其他油料作物	32.0	4.5	15.0	0.4	3.1	0.7	0	55.8
其他农作物								
棉花	575.3	0	383.2	0	0	0	0	958.4
花生	0.3	0	15.2	0	0	0	0	15.5
甘蔗	65.5	0	1 239.1	0	0	0	0	1 304.6
其他	11.9	5.3	19.2	2.7	5.6	37.1	0	81.8
苗圃、花卉和草坪								
草坪	73.1	47.8	64.3	—	20.4	—	0.6	217.3
温室大棚苗圃	33.5	77.3	44.4	—	16.2	1.7	0.5	183.5
露天苗圃	98.4	190.9	157.0	—	49.7	—	3.6	554.6
温室大棚花卉	46.1	60.6	11.7	—	11.6	—	0	135.3
室外花卉	25.3	103.5	12.4	51.8	12.9	—	1.0	160.9
食用蔬菜生产								
豆类	0.2	29.8	88.1	0	2.0	3.9	0.3	124.4
大辣椒	3.4	9.9	71.3	14.1	13.6	2.3	0	114.8
胡萝卜	4.0	47.5	17.3	22.2	38.3	15.3	0.1	144.7
生菜	6.7	—	36.0	13.4	—	—	42.2	168.0

（续）

州（地区）名	新南威尔士	维多利亚	昆士兰	南澳大利亚	西澳大利亚	塔斯马尼亚	北领地	澳大利亚
瓜类	68.3	4.0	78.9	7.5	15.2	24.7	0.9	216.1
蘑菇	63.8	86.4	—	—	—	160.8	0	273.6
圆葱	3.9	19.2	28.2	143.7	19.6	3.9	6.2	240.2
土豆	59.5	119.9	62.8	179.0	36.0	—	49.9	618.0
西红柿	0.9	24.3	0.7	—	—	—	0.3	25.9
其他蔬菜	32.1	62.9	121.9	47.6	17.1	3.9	0	285.4
小计	417.7	841.1	999.2	501.9	292.7	—	49.9	3 350.3
水果及干果生产								
橘子	8.9	8.7	85.9	44.4	7.6	0	0	155.5
橙子	132.8	39.0	2.6	100.6	13.4	0	0	288.5
苹果	95.7	249.9	58.0	63.5	53.4	35.4	0	555.9
梨	0.3	106.1	0.3	11.7	5.8	1.0	0	125.2
樱桃	18.5	78.1	—	19.4	0.2	31.4	0	147.6
油桃	6.3	58.8	1.6	6.8	10.6	0	0	84.1
桃子	4.8	40.2	1.6	6.2	7.2	0.3	0	60.2
牛油果	16.0	7.1	122.8	3.5	71.6	0	38.8	221.1
芒果	0.2	0	58.4	—	5.9	0	15.5	80.1
草莓	1.0	91.8	114.2	22.5	30.8	12.2	0	272.6
香蕉	10.4	0	440.8	0	3.8	0	0	455.0
菠萝	0	0	52.8	—	—	—	0	52.8
葡萄	210.6	335.9	52.7	414.3	70.2	20.7	3.7	1 108.1
杏仁	35.0	401.6	—	78.5	—	0	0	515.1
澳大利亚坚果	84.0	—	75.7	—	0.1	—	—	159.8
畜牧、家畜肉类生产								
绵羊肉	753.6	1 352.2	66.4	556.3	478.9	87.7	—	3 296.4
牛肉	2 292.9	2 011.9	5 076.3	522.3	655.1	247.2	722.0	11 530.5
猪肉	193.8	266.2	269.9	284.8	—	—	—	1 149.0
禽肉	876.7	617.6	588.0	311.0	—	—	—	2 609.6
其他	6.9	55.7	44.5	20.9	1.0	0	25.3	154.3
小计	4 123.9	4 303.7	6 045.1	1 695.3	1 446.8	373.6	747.3	18 739.7

（续）

州（地区）名	新南威尔士	维多利亚	昆士兰	南澳大利亚	西澳大利亚	塔斯马尼亚	北领地	澳大利亚
畜禽产品								
羊毛	890.0	667.3	66.2	419.1	540.5	91.3	0	2 675.9
牛奶	611.9	3 008.6	235.8	238.0	185.4	442.4	0	4 722.1
蛋	239.3	150.6	201.7	50.8	70.2	16.1	0	728.8
小计	1 741.2	3 826.5	503.7	707.9	796.1	549.8	0	8 126.8

资料来源：75030DO002 _ 201415 Value of Agricultural Commodities Produced，Australia，2014—2015.

第二节　种 植 业

种植业在澳大利亚农业生产中产值最大，特别是谷物生产、蔗糖生产、棉花生产等在农产品国际贸易中占有极为重要的地位。澳大利亚的农业企业绝大多数也是以农户为基础，也有多个农户的联合组成的联合企业和现代公司制大型农业企业。与中国的农业企业相比，澳大利亚的农业企业规模通常都比较大。在澳大利亚的农业生产中劳动力成本非常高，农业企业多倾向于使用自动化设备和大型的农业机械以达到最大程度降低劳动力投入，同时单个农业企业的平均规模非常大也使农业机械化生产成为可能，这在客观上也加速推进了澳大利亚农业机械化和现代化的进程。

一、澳大利亚的谷物生产状况

澳大利亚的主要谷物生产包括，小麦、大麦、玉米、大米、燕麦、高粱和小黑麦。谷物分为冬季和夏季两茬，冬季茬在秋季种植，春季收割；夏季茬在春季种植，秋季收割。小麦、燕麦、大麦和黑麦多为冬季茬，通常会与苜蓿草轮作，也会与油菜籽、豆类混作。夏季茬谷物主要包括玉米、大米和高粱，夏季茬谷物与冬季茬谷物之间也轮作。值得注意的是澳大利亚的谷物种植几乎完全依靠于天然降水，因此各类谷物的种植面积和单产都直接受当季的降雨状况影响（ABS，2012）。

（一）小麦生产

小麦是澳大利亚产值最大的谷类作物，2012—2013 经济年度小麦的产值达 70 亿澳元。小麦是全世界范围的重要的粮食作物，全球大约半数的人口以小麦为主食。澳大利亚的小麦生产主要集中在澳洲大陆的大分水岭，被称作澳大利亚的“小麦种植带”，在地域上起始于中昆士兰州，贯穿新南威尔士州、维多利亚州直到南澳大利亚州，在西澳洲小麦种植带主要从西澳洲的西南部向北部延伸。澳大利亚著名的“小麦生产带”见图 2-2。

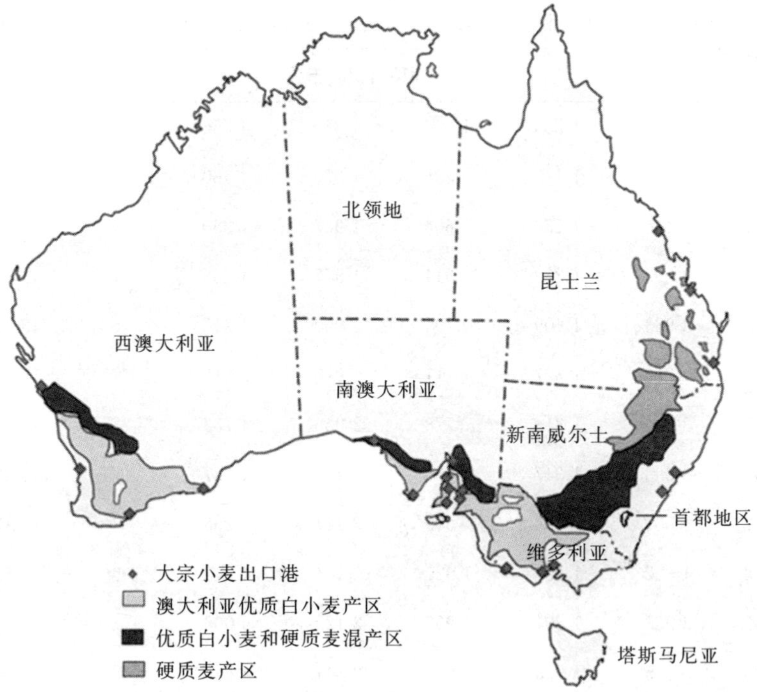

图 2-2　澳大利亚的小麦带

从 20 世纪初开始，澳大利亚的小麦种植在规模和产量方面一直保持持续增长的态势。小麦单产逐步提高，主要得益于新小麦品种的培育以及在耕作制度方面的改进。澳大利亚小麦的市场价格波动幅度非常大，影响小麦价格的主要因素包括战争、国际经济状况、气候条件和国际市场的变化，总体小麦的市场价格呈现逐步下降的趋势。在20世纪60年代以前，澳大利亚生产的小麦主要销往英国，之后则主要销往亚洲市场（ABS，2006）。

受季节降雨及其他因素的综合影响，小麦的单产在各州、地区间差异明显。近十几年来，澳大利亚的小麦主产区为西澳大利亚、新南威尔士州、南澳大利亚和维多利亚州。正是由于小麦生产不进行人工灌溉，其单产量在有的年份极低仅为0.62吨/公顷。即使是在丰收的年份，平均单产最高的塔斯马尼亚州其单产也仅为5.17吨/公顷。近十几年澳大利亚小麦在各州、地区和全国范围的种植面积见表2-4。

表2-4 澳大利亚各州小麦种植面积及产量

年份	新南威尔士	维多利亚	昆士兰	南澳大利亚	西澳大利亚	塔斯马尼亚	澳大利亚
	播种面积（千公顷）						
1999	3 425	1 235	1 096	1 850	4 556	6	12 168
2000	3 671	1 143	885	1 976	4 460	7	12 141
2001	3 446	1 136	604	1 987	4 350	6	11 529
2002	2 995	1 239	514	1 957	4 458	7	11 170
2003	3 983	1 409	790	1 960	4 917	8	13 067
2004	4 256	1 327	711	1 979	5 118	7	13 399
2005	3 554	1 315	778	2 035	4 753	8	12 443
2006	3 596	1 347	638	2 173	4 037	7	11 798
2007	4 009	1 514	669	2 121	4 258	7	12 578
2008	4 322	1 534	1 020	2 104	4 542	9	13 530
2009	3 983	1 801	962	2 122	5 006	7	13 881
2010	3 815	1 793	906	2 341	4 640	8	13 502
2011	3 868	1 669	953	2 249	5 156	7	13 902
2012	3 367	1 577	851	2 096	4 875	6	12 773
2013	3 269	1 536	758	1 927	5 115	8	12 613
2014	3 166	1 493	634	2 045	5 038	8	12 384

（续）

年份	新南威尔士	维多利亚	昆士兰	南澳大利亚	西澳大利亚	塔斯马尼亚	澳大利亚
	单产（吨/公顷）						
1999	2.51	2.14	1.74	1.40	1.98	3.14	2.03
2000	2.14	2.70	1.31	2.11	1.30	3.88	1.82
2001	2.33	2.46	1.49	2.41	1.78	4.29	2.11
2002	0.83	0.72	1.17	1.06	0.91	3.42	0.91
2003	1.83	2.23	1.41	1.78	2.25	3.39	2.00
2004	1.77	1.45	1.65	1.32	1.68	4.12	1.63
2005	2.26	2.21	1.56	1.89	1.91	4.30	2.02
2006	0.71	0.65	1.22	0.67	1.27	2.46	0.92
2007	0.62	1.32	1.43	1.08	1.37	3.77	1.08
2008	1.61	1.14	1.98	1.13	1.82	4.06	1.58
2009	1.34	1.66	1.40	1.89	1.62	3.79	1.57
2010	2.75	2.46	1.68	2.54	1.08	3.94	2.03
2011	2.19	2.36	1.98	2.01	2.14	4.87	2.15
2012	2.10	2.19	1.80	1.77	1.36	5.17	1.76
2013	2.02	2.21	1.37	2.21	1.95	5.32	2.01
2014	2.10	1.80	1.60	2.30	1.80	5.30	1.90
年份	总产量（千吨）						
1999	8 602	2 642	1 904	2 586	9 004	20	24 757
2000	7 867	3 080	1 157	4 162	5 814	26	22 108
2001	8 043	2 791	901	4 779	7 760	25	24 299
2002	2 495	890	601	2 072	4 047	25	10 132
2003	7 288	3 146	1 110	3 490	11 070	26	26 132
2004	7 537	1 927	1 170	2 621	8 619	31	21 905
2005	8 049	2 909	1 218	3 853	9 088	34	25 150
2006	2 568	879	777	1 446	5 134	18	10 822
2007	2 477	1 995	954	2 296	5 820	27	13 569
2008	6 963	1 756	2 016	2 376	8 274	35	21 420
2009	5 350	2 995	1 346	4 001	8 114	27	21 834
2010	10 488	4 412	1 524	5 949	5 005	32	27 410
2011	8 473	3 943	1 886	4 525	11 045	32	29 905

（续）

年份	新南威尔士	维多利亚	昆士兰	南澳大利亚	西澳大利亚	塔斯马尼亚	澳大利亚
	总产量（千吨）						
2012	7 081	3 460	1 528	3 715	6 645	31	22 461
2013	6 596	3 396	1 036	4 254	9 977	43	25 303
2014	6 654	2 631	987	4 602	8 824	44	23 742

资料来源：ABS，7124.0 - Historical Selected Agriculture Commodities，by State (1861 to Present)；71210DO003 _ 201415 Agricultural Commodities，Australia，2014，15.

小麦作为澳大利亚非常重要的经济作物，最近几年面向的 5 个主要国际市场包括：印度尼西亚、韩国、中国、菲律宾和苏丹，近些年来澳大利亚小麦出口量占到其产量的 60%～80%。澳大利亚国内仅消费其产量的四分之一左右，其中很大一部分为用作饲料的劣质小麦。

（二）大麦生产

大麦在澳大利亚是仅仅次于小麦的第二大谷物，大麦品种主要为双列籽粒型春麦，年产量为 700 万～1 000 万吨。澳大利亚生产的大麦以农业生产环境清洁、大麦品质优良而闻名，是麦芽糖工业、酿造业、日本清酒生产的首选原料。通常体现大麦质量的一个重要指标就是所生产的大麦中能用来生产麦芽的比例，澳大利亚大麦出口量的 40%用作麦芽生产，其余部分则用作饲料。澳大利亚的大麦生产量在全球范围内所占比重并不高，仅占到全球产量的 5%左右，但是出口的大麦中用作生产麦芽糖的量占到全球麦芽生产大麦用量的 30%，用作饲料的部分占到全球大麦贸易的 20%，澳大利亚大麦贸易在全球大麦贸易中的比重尽显其在国际重要地位。在澳大利亚国内，每年大约消费 100 万吨用于酿造，200 万吨作为饲料（Barley Australia Ltd，2013）。

澳大利亚的大麦主要出口亚洲和中东国家。中国目前为澳大利亚大麦的最大主要市场，占到澳大利亚大麦年出口量的 25%左右，其次是日本、苏丹和阿拉伯，2012 年度这三个国家从澳大利亚进口大麦的量占到其出口量的一半以上。

澳大利亚的大麦主产区和小麦产区基本一致，也是主要集中在澳大利亚南部温带地区著名的小麦生产带。在单产方面也与小麦生产一样，产量和当季的降雨是否丰沛，降雨季节分布是否均匀有直接关系，总体上澳大利亚大麦生产单产和产量的波动都比较大。近几年澳大利亚各州大麦播种面积、单产和产量见表 2 - 5。

表 2 - 5　澳大利亚各州大麦种植面积及产量

年份	新南威尔士	维多利亚	昆士兰	南澳大利亚	西澳大利亚	塔斯马尼亚	澳大利亚
	播种面积（千公顷）						
2006	902	913	81	1 193	1 083	7	4 182
2007	1 049	1 107	113	1 244	1 381	8	4 902
2008	977	1 136	92	1 240	1 559	11	5 015
2009	951	976	69	997	1 420	9	4 422
2010	878	802	94	795	1 101	11	3 681
2011	673	831	80	881	1 246	6	3 718
2012	616	844	88	860	1 210	5	3 622
2013	715	919	106	810	1 258	6	3 814
2014	640	935	100	870	1 285	6	3 836
年份	单产（吨/公顷）						
2006	0.84	0.66	0.98	0.83	1.67	2.17	1.02
2007	0.78	1.62	1.26	1.34	1.97	2.84	1.46
2008	1.48	1.29	1.88	1.51	1.93	2.69	1.59
2009	1.30	1.91	1.65	2.07	1.80	3.25	1.78
2010	2.50	2.43	1.56	2.67	1.41	3.59	2.17
2011	2.12	2.41	2.39	2.06	2.22	3.57	2.21
2012	2.16	2.31	1.84	2.08	1.83	3.20	2.06
2013	2.08	2.22	1.70	2.33	2.83	4.25	2.41
2014	1.85	1.76	1.50	2.22	2.39	3.95	2.09
年份	总产量（千吨）						
2006	753	605	79	996	1 808	16	4 257
2007	814	1 789	143	1 672	2 719	22	7 160
2008	1 449	1 461	173	1 877	3 007	29	7 997
2009	1 236	1 865	113	2 068	2 554	29	7 865

（续）

年份	新南威尔士	维多利亚	昆士兰	南澳大利亚	西澳大利亚	塔斯马尼亚	澳大利亚
	总产量（千吨）						
2010	2 194	1 945	146	2 122	1 549	39	7 995
2011	1 425	2 005	191	1 816	2 761	23	8 221
2012	1 331	1 951	162	1 791	2 214	16	7 466
2013	1 486	2 036	180	1 892	3 556	25	9 174
2014	1 184	1 650	150	1 931	3 075	24	8 014

资料来源：ABS，7124.0－Historical Selected Agriculture Commodities，by State（1861 to Present）；ABARES；Australian Bureau of Statistics（ABS），Agriculture，Australia，cat. no. 7113.0，Canberra；ABS，Agricultural commodities，Australia，cat. no. 7121.0，Canberra；ABS，Principal agricultural commodities，Australia，preliminary，cat. no. 7111.0，Canberra.

（三）燕麦生产

燕麦生产在澳大利亚属于第三大谷类作物，相对于小麦和大麦而言，燕麦种植具有双重目的，既可以作为牧草收获，也可以作为粮食收获。燕麦相对于小麦和大麦而言，具有更强的环境适应性，既抗旱又耐涝。最初澳大利亚种植燕麦是以生产牲口饲料为目的，但是随着人们对健康饮食的关注，越来越多的燕麦用于食品生产。从数量上，澳大利亚生产的燕麦仍然以饲料为主要用途，仅有一小部分高质量的燕麦作为食品在国内消费或出口国际市场。燕麦通常被加工成不同精细度的面粉，用作烘焙食品的原料，或做成麦片方便食用，由于燕麦的特有营养成分多集中在麸皮中，燕麦麸皮多用于特制面包。

澳大利亚的燕麦生产，主要集中在西澳大利亚州，维多利亚州，新南威尔士州和南澳大利亚州。受季节性气候变化、国际市场和农作物轮作的需要等多方面的影响，澳大利亚的燕麦产量变动非常大，在近几年里澳大利亚年均产量在一百多万吨。表 2－6 列出了最近几年内澳大利亚主要燕麦产区种植面积，平均单产和产量。

表 2-6　澳大利亚各州燕麦种植面积及产量

年份	新南威尔士	维多利亚	昆士兰	南澳大利亚	西澳大利亚	塔斯马尼亚	澳大利亚
	播种面积（千公顷）						
2006	390	176	24	106	299	4	1 003
2007	464	210	20	142	397	4	1 238
2008	273	191	7	100	295	4	870
2009	307	168	12	96	263	4	850
2010	321	166	14	67	255	3	826
2011	236	131	18	55	288	3	731
2012	233	113	33	60	257	4	699
2013	268	106	23	54	260	4	715
2014	250	106	20	73	230	4	683
年份	单产（吨/公顷）						
2006	0.29	0.76	0.15	0.48	1.47	0.96	0.75
2007	0.42	1.59	0.58	0.81	2.12	1.86	1.21
2008	0.95	1.24	0.96	0.81	1.93	1.73	1.33
2009	0.69	1.78	0.57	1.50	1.87	1.81	1.37
2010	1.46	1.43	0.54	1.86	1.11	2.07	1.37
2011	1.09	1.79	1.27	1.42	2.30	2.23	1.73
2012	1.11	2.05	0.27	1.42	2.04	1.75	1.60
2013	1.06	2.02	0.13	1.53	2.55	2.71	1.76
2014	1.08	1.61	0.50	1.81	2.15	2.36	1.59
年份	总产量（千吨）						
2006	115	134	4	52	441	3	748
2007	193	335	12	115	840	8	1 502
2008	261	236	7	81	568	6	1 160
2009	211	300	7	144	493	7	1 162
2010	469	237	7	125	283	7	1 128
2011	258	234	23	78	662	8	1 262
2012	258	232	9	85	523	7	1 115
2013	283	213	3	82	661	12	1 255
2014	270	170	10	132	495	10	1 087

资料来源：ABS，7124.0-Historical Selected Agriculture Commodities，by State (1861 to Present)；ABARES；Australian Bureau of Statistics (ABS)，Agriculture，Australia，cat. no. 7113.0，Canberra；ABS，Agricultural commodities，Australia，cat. no. 7121.0，Canberra；ABS，Principal agricultural commodities，Australia，preliminary，cat. no. 7111.0，Canberra.

（四）高粱生产

在澳大利亚高粱生产的主要用途为畜禽饲料，作为夏季轮作粮食作物，高粱具有抗旱、对水分条件反应敏感的特性。也正是因为高粱的抗旱特性，澳大利亚高粱生产主要集中在昆士兰州和新南威尔士州的北部。澳大利亚生产的高粱有一小部分出口日本，出口量大约为 50 万吨。近年中国酿酒业对高粱的需求开始对澳大利亚高粱的出口价格产生影响。2013 年由于中国开始大批从澳大利亚进口高粱，高粱的出口价由 2012 年的 180 澳元每吨迅速升为 300 澳元每吨。表 2－7 列出了澳大利亚各州高粱种植面积、区域单产和产量。

表 2－7　澳大利亚各州高粱种植面积及产量

年份	新南威尔士	维多利亚	昆士兰	南澳大利亚	西澳大利亚	塔斯马尼亚	澳大利亚
	播种面积（千公顷）						
2006	162	1	449	0	1	0	613
2007	279	0	661	0	1	0	942
2008	227	2	538	0	0	0	767
2009	164	0	333	0	1	0	498
2010	197	1	435	0	1	0	633
2011	221	1	436	0	1	0	659
2012	183	1	409	0	1	0	595
2013	175	0	356	0	1	0	532
2014	205	0	445	0	1	0	651
年份	单产（吨/公顷）						
2006	2.38	0.34	2.00	0	0.48	0	2.09
2007	4.55	0.61	3.81	2.00	2.04	0	4.03
2008	4.05	0.72	3.29	0	4.09	1.71	3.51
2009	3.55	0	2.78	0	0.10	0	3.03
2010	3.80	3.46	2.72	2.22	1.48	0	3.06
2011	3.68	2.46	3.25	0	2.89	—	3.40
2012	3.45	3.00	3.34	—	2.00	—	3.37
2013	2.39	2.20	2.42	0	2.78	0	2.41
2014	3.66	2.80	3.03	0	3.00	0	3.23

（续）

年份	新南威尔士	维多利亚	昆士兰	南澳大利亚	西澳大利亚	塔斯马尼亚	澳大利亚
	总产量（千吨）						
2006	385	0	896	0	1	0	1 283
2007	1 269	0	2 519	0	2	0	3 790
2008	919	1	1 771	0	1	0	2 692
2009	581	0	926	0	0	0	1 508
2010	748	2	1 183	0	1	0	1 935
2011	814	3	1 416	0	2	0	2 239
2012	632	3	1 366	1	2	0	2 005
2013	419	0	860	0	2	0	1 282
2014	750	1	1 350	0	3	0	2 104

资料来源：ABS，7124.0—Historical Selected Agriculture Commodities，by State（1861 to Present）；ABARES；Australian Bureau of Statistics（ABS），Agriculture，Australia，cat. no. 7113.0，Canberra；ABS，Agricultural commodities，Australia，cat. no. 7121.0，Canberra；ABS，Principal agricultural commodities，Australia，preliminary，cat. no. 7111.0，Canberra.

（五）水稻生产

澳大利亚水稻产区仅限于新南威尔士州和维多利亚州交界的三个灌区，即墨累河（Murray river）灌区，马兰比季河（Murrumbidgee river）灌区和克里姆宝利（Coleambally）灌区。在澳大利亚进行水稻种植首先要得到政府批准，政府在综合考虑区域水资源状况和土地土壤类型等因素的基础上，最终决定是否允许农业企业种植水稻。澳大利亚的水稻年产量在100万吨左右，大米出口到全世界的60多个国家和地区，以出口价值衡量水稻为澳大利亚第三大谷类作物（Ricegrowers' Association of Australia，2013）。在丰收年份，澳大利亚水稻产量的80%出口国际市场，年出口金额达到8亿澳元，占国际大米贸易总量的2%，却占中圆粒大米（Medium Grain Rice）国际贸易额的20%（Ricegrowers' Association of Australia，2013）。

澳大利亚水稻种植在节水方面处于世界领先地位，通过培育水稻新品种和开发农业生产节水技术，澳大利亚的水稻单位产量用水量仅为世界平均值的50%（Ricegrowers' Association of Australia，2013）。澳大利亚水稻种植面积，平均单产和产量见表 2-8。

表 2-8 澳大利亚水稻种植面积及产量

年份	播种面积（千公顷）	单产（吨/公顷）	总产量（千吨）
2000	177.0	9.3	1 643.0
2001	144.0	8.3	1 192.0
2002	47.0	9.3	438.0
2003	66.0	8.4	553.0
2004	51.0	6.6	339.0
2005	102.0	9.8	1 003.0
2006	20.0	8.2	163.0
2007	2.1	8.5	17.6
2008	7.2	8.5	60.9
2009	18.9	10.4	196.7
2010	75.8	9.5	723.3
2011	103.1	8.9	918.7
2012	113.9	10.2	1 166.3
2013	74.9	10.9	819.3

资料来源：ABARES；Australian Bureau of Statistics (ABS)，Agricultural Commodities，Australia，cat. no. 7121.0，Canberra；ABS，Apparent Consumption of Foodstuffs，Australia，cat. no. 4306.0，Canberra；ABS，International Trade，Australia，cat. no. 5465.0，Canberra；ABS，Value of Australian Commodities Produced，cat. no. 7503.0，Canberra；Ricegrowers Limited，Annual Report，Leeton；Rice Marketing Board for the State of New South Wales，Annual Report，Leeton.

（六）玉米生产

澳大利亚的玉米产业规模很小，种植区域主要分布在昆士兰州和新南威尔士州，年产量在 40 万吨左右。澳大利亚的玉米生产主要用于国内消费，只有很少一部分出口，最近几年澳大利亚的玉米出口量呈持续增长态势。玉米在澳大利亚的用途广泛，既用于食品生产，也用于饲料生产，还用于淀粉生产。在澳大利亚的牧区，不少奶牛养殖场和肉牛育肥场种植玉米，将整株玉米加工成青贮饲料（Maize Association of Australia，2013）。

最近几年澳大利亚各州、地区玉米种植面积，平均单产和产量见表2-9。

表 2-9　澳大利亚各州玉米种植面积及产量

年份	新南威尔士	维多利亚	昆士兰	南澳大利亚	西澳大利亚	塔斯马尼亚	澳大利亚
	播种面积（千公顷）						
2006	20	0	27	0	1	0	49
2007	20	1	45	0	2	0	68
2008	14	0	49	0	0	0	65
2009	20	1	37	0	1	0	59
2010	23	2	37	0	0	0	62
2011	21	4	43	1	0	0	70
2012	30	2	48	0	1	0	81
2013	22	3	26	0	1	0	52
2014	22	3	41	0	1	0	67
年份	单产（吨/公顷）						
2006	7.03	7.78	3.40	0	1.71	0	4.91
2007	8.80	7.00	4.40	0	3.00	0	5.69
2008	7.98	6.67	5.17	0	7.39	5.11	5.82
2009	8.60	6.31	3.95	0	4.00	5.71	5.56
2010	7.38	7.43	4.63	6.17	6.98	—	5.74
2011	9.81	5.00	5.06	2.35	7.44	—	6.47
2012	8.70	7.50	4.50	—	4.41	—	6.13
2013	9.44	11.11	5.25	—	9.77	—	7.45
2014	8.18	7.55	4.29	—	7.00	—	5.77
年份	总产量（千吨）						
2006	143	3	92	0	1	0	240
2007	176	7	198	0	6	0	387
2008	115	3	255	0	2	1	376
2009	172	6	146	0	4	0	328
2010	171	12	171	1	2	0	357

（续）

年份	新南威尔士	维多利亚	昆士兰	南澳大利亚	西澳大利亚	塔斯马尼亚	澳大利亚
	总产量（千吨）						
2011	207	21	217	2	2	0	451
2012	261	15	216	0	4	0	496
2013	209	38	137	0	5	0	390
2014	180	26	176	0	7	0	389

资料来源：ABARES；Australian Bureau of Statistics（ABS），Agriculture，Australia，cat. no. 7113.0，Canberra；ABS，Agricultural commodities，Australia，cat. no. 7121.0，Canberra；ABS，Principal agricultural commodities，Australia，preliminary，cat. no. 7111.0，Canberra.

（七）小黑麦生产

小黑麦种植在澳大利亚东南部非常受畜牧生产企业青睐，因为秋季和冬季小黑麦苗是非常不错的牧草，可以在田间实施放牧，而第二年春天仍可以进行收割。小黑麦的作为牧草和谷物生产的双重功能就大大降低了农业生产的风险，即使第二年小黑麦收成不太理想，农业企业也已经通过牧业取得了一定的收益。澳大利亚的小黑麦生产主要集中在新南威尔士州、维多利亚州和南澳洲。

最近几年澳大利亚小黑麦种植面积，平均单产和产量见表 2－10。

表 2－10 澳大利亚各州、地区小黑麦种植面积及产量

年份	新南威尔士	维多利亚	昆士兰	南澳大利亚	西澳大利亚	塔斯马尼亚	澳大利亚
	播种面积（千公顷）						
2006	166	94	1	71	35	2	369
2007	125	111	1	86	34	2	360
2008	109	91	0	68	53	2	323
2009	122	108	1	84	33	2	350
2010	72	38	1	52	24	1	187
2011	52	36	1	32	23	1	145
2012	107	60	0	69	20	2	258
2013	28	16	0	21	14	1	80
2014	50	15	1	40	19	1	126

（续）

年份	新南威尔士	维多利亚	昆士兰	南澳大利亚	西澳大利亚	塔斯马尼亚	澳大利亚
	单产（吨/公顷）						
2006	0.41	0.56	1.33	0.55	1.03	2.15	0.54
2007	1.47	1.33	0.72	0.86	1.12	2.69	1.25
2008	1.39	0.98	0	0.70	1.33	2.04	1.12
2009	1.83	1.66	0.90	1.07	1.40	3.35	1.56
2010	2.44	1.90	2.25	1.66	0.77	2.74	1.90
2011	2.49	2.10	2.16	1.28	1.54	2.60	1.97
2012	2.10	1.29	—	1.38	1.25	3.31	1.66
2013	1.91	2.01	0	0.95	1.24	2.85	1.57
2014	2.10	1.60	1.40	1.67	1.37	3.40	1.79
年份	总产量（千吨）						
2006	67	53	1	39	36	3	199
2007	184	147	1	74	38	6	450
2008	152	89	0	48	70	5	363
2009	223	179	1	90	47	7	545
2010	175	73	1	86	19	2	355
2011	129	75	2	41	36	1	285
2012	225	70	0	95	25	7	429
2013	55	32	0	20	17	2	126
2014	105	25	1	67	26	2	225

资料来源：ABARES；Australian Bureau of Statistics（ABS），Agriculture，Australia，cat. no. 7113.0，Canberra；ABS，Agricultural commodities，Australia，cat. no. 7121.0，Canberra；ABS，Principal agricultural commodities，Australia，preliminary，cat. no. 7111.0，Canberra.

二、豆类作物

本节所涉及的豆类多用于直接食用或作为饲料，不包括用于油料生产的豆类。澳大利亚生产很多豆类，产量比较多主要包括鹰嘴豆（Chickpeas）、羽扇豆（Lupins）、紫花豌豆（Field pea）、蚕豆（Faba beans）和绿豆（Mung beans）。

（一）鹰嘴豆

鹰嘴豆富含蛋白质（20%～25%），在很多国家和地区是非常传统的食粮。随着饮食结构多样化，以及对食品营养成分的逐步重视，鹰嘴豆在西方国家的消费量正逐步提高。就澳大利亚而言，国内仅消费鹰嘴豆产量的1%，其余的则全部出口国际市场，印度为澳大利亚鹰嘴豆的最大市场（DAFF of Queensland，2013）。

鹰嘴豆作为豆科植物，在澳大利亚为冬季作物，可以与很多谷物进行更替轮作。鹰嘴豆与谷类作物轮作在提高土壤肥力和消除病虫害、抑制杂草方面作用明显，因此广受农业企业欢迎，最近几年的种植面积也呈逐步增长趋势。相比其他冬季作物，鹰嘴豆种植在收益上相对稳定，随着对新品种的培育，澳大利亚鹰嘴豆生产规模有望进一步提高（DAFF of Queensland，2013）。

鹰嘴豆的主要产区为昆士兰州的东南部和新南威尔士州的北部。最近几年澳大利亚鹰嘴豆的种植面积，平均单产和产量见表2-11。

表2-11　澳大利亚各州、地区鹰嘴豆种植面积及产量

年份	新南威尔士	维多利亚	昆士兰	南澳大利亚	西澳大利亚	澳大利亚
	播种面积（千公顷）					
2006	176.1	42.4	60.4	3.4	1.7	284.1
2007	214.5	17.0	66.0	7.7	0.8	306.0
2008	199.3	44.0	85.5	6.1	3.3	338.2
2009	252.3	38.7	124.9	9.8	3.3	429.0
2010	403.6	35.8	199.2	8.1	6.4	653.1
2011	243.5	47.9	148.9	11.0	4.7	456.1
2012	280.3	49.0	218.0	20.3	6.0	573.6
2013	219.8	48.0	216.0	19.0	5.0	507.8
2014	209.3	26.4	165.0	21.1	3.0	424.8

（续）

年份	新南威尔士	维多利亚	昆士兰	南澳大利亚	西澳大利亚	澳大利亚
	单产（吨/公顷）					
2006	0.91	0.13	1.00	0.33	0.89	0.81
2007	0.94	1.12	1.26	1.20	0.25	1.02
2008	1.46	0.38	1.47	0.65	1.18	1.31
2009	1.20	0.65	1.17	0.96	0.90	1.14
2010	0.76	1.40	0.70	1.74	0.51	0.79
2011	1.48	1.49	1.48	1.28	1.23	1.48
2012	1.35	1.07	1.64	1.06	0.67	1.42
2013	1.14	1.03	1.37	1.42	1.20	1.24
2014	1.35	1.98	1.22	0.76	1.33	1.31
年份	总产量（千吨）					
2006	160.5	5.5	60.6	1.1	1.5	229.2
2007	201.5	19.0	83.0	9.3	0.2	313.0
2008	291.8	16.9	126.0	3.9	4.0	442.5
2009	303.8	25.2	145.8	9.4	2.9	487.0
2010	307.0	50.1	138.9	14.1	3.3	513.4
2011	361.1	71.6	220.9	14.0	5.8	673.4
2012	379.0	52.2	356.6	21.5	4.0	813.3
2013	250.6	49.5	296.3	27.0	6.0	629.4
2014	282.2	52.2	201.0	16.0	4.0	555.4

资料来源：ABARES；Australian Bureau of Statistics（ABS），Agriculture，Australia，cat. no. 7113.0，Canberra；ABS，Agricultural Commodities，Australia，cat no. 7121.0，Canberra；ABS，Crops and Pastures，Queensland，cat. no. 7321.3，Brisbane；ABS，Principal Agricultural Commodities，Australia，Preliminary，cat. no. 7111.0，Canberra；ABS，Summary of Crops，Australia，cat. no. 7330.0，Canberra；Pulse Australia.

（二）羽扇豆

澳大利亚的羽扇豆主产区为西澳州，发展成为独具特色的羽扇豆—小麦轮作生产体系。经四十多年的发展，西澳大利亚已经成为世界上最大的羽扇豆生产地，2005 年全球 80%左右的羽扇豆产自西澳大利亚。澳大利亚羽扇豆的主要品种甜羽扇豆，为西澳大利亚本地所培育品种，也称作窄叶羽扇豆，占到种植品种的95%。从2005年开始，新南威尔士州、南澳大利亚和维多利亚州种植羽扇豆的面积也逐步提高（Government of Western Australia，2013），目前西澳大利亚羽扇豆产量仍遥遥领先于其他州和地区。

羽扇豆的蛋白质含量高达32%，脂肪含量为5%，因此营养成分极高，是国际上公认的上等饲料，由于羽扇豆营养极为丰富也被加工成各类食品供食用（Pulse Australia，2013）。最近几年澳大利亚羽扇豆的种植面积、平均单产和总产量见表2-12。

表2-12 澳大利亚各州、地区羽扇豆种植面积及产量

年份	新南威尔士	维多利亚	昆士兰	南澳大利亚	西澳大利亚	澳大利亚
	播种面积（千公顷）					
2006	73.6	43.3	0	89.3	529.8	736.4
2007	80.2	48.3	0.8	76.5	546.1	752.2
2008	44.3	35.9	0.1	52.6	444.4	577.3
2009	102.1	36.2	0.2	53.1	500.1	691.8
2010	127.8	42.1	0.1	63.7	522.1	755.8
2011	78.6	45.7	0.5	63.2	500.9	689.1
2012	57.7	29.2	0	60.5	302.8	450.2
2013	57.2	28.2	0	56.0	246.0	387.4
2014	55.9	31.9	0	68.3	287.0	443.1
年份	单产（吨/公顷）					
2006	0.21	0.26	1.29	0.38	0.77	0.64
2007	0.37	0.63	1.47	0.88	0.98	0.88
2008	0.84	0.49	1.84	0.99	1.35	1.23
2009	0.82	0.91	1.96	1.40	1.26	1.19
2010	1.98	1.53	1.11	1.46	0.76	1.07
2011	1.07	0.92	1.26	1.15	1.56	1.42
2012	1.10	0.90	0	1.22	0.97	1.02
2013	0.99	1.04	—	1.39	1.88	1.62
2014	1.17	0.82	—	1.10	1.33	1.24

（续）

年份	新南威尔士	维多利亚	昆士兰	南澳大利亚	西澳大利亚	澳大利亚
	总产量（千吨）					
2006	15.5	11.2	0	34.2	409.1	470.3
2007	29.3	30.6	1.2	67.0	533.1	661.9
2008	37.3	17.8	0.2	52.0	600.5	708.0
2009	83.7	33.0	0.3	74.3	631.1	823.0
2010	252.3	64.5	0.1	93.0	397.5	807.7
2011	84.0	42.1	0.6	72.8	781.9	981.5
2012	63.2	26.3	0	74.0	295.2	458.7
2013	56.9	29.3	0	78.0	461.4	625.6
2014	65.5	26.3	0	75.0	382.3	549.1

资料来源：ABARES；Australian Bureau of Statistics（ABS），Agriculture，Australia，cat. no. 7113.0，Canberra；ABS，Agricultural Commodities，Australia，cat no. 7121.0，Canberra；ABS，Crops and Pastures，Queensland，cat. no. 7321.3，Brisbane；ABS，Principal Agricultural Commodities，Australia，Preliminary，cat. no. 7111.0，Canberra；ABS，Summary of Crops，Australia，cat. no. 7330.0，Canberra；Pulse Australia.

（三）紫花豌豆

紫花豌豆作为农作物种植具有悠久的历史，世界上很多国家和地区都种植紫花豌豆，紫花豌豆既可以供人类食用，也是重要的饲料作物。目前澳大利亚的紫花豌豆年产量为30万～40万吨，经选育，紫花豌豆的品种有的以供人类食用为主，有的则主要用作饲料生产。在营养成分上，紫花豌豆具有蛋白质含量高（18%），脂肪含量低（0.8%），纤维素含量高（19%）和碳水化合物高（40%）的特点（Pulse Australia，2013）。

澳大利亚紫花豌豆的主产区为南澳大利亚州、维多利亚州、西澳大利亚州和新南威尔士州。最近几年紫花豌豆年产量的约60%出口国际市场。表2-13列出了澳大利亚紫花豌豆主要产区的种植面积、平均单产和年产量。

表 2-13 澳大利亚各州、地区紫花豌豆种植面积及产量

年份	新南威尔士	维多利亚	昆士兰	南澳大利亚	西澳大利亚	澳大利亚
	播种面积（千公顷）					
2006	42.4	102.0	0.6	163.4	75.2	383.8
2007	45.5	67.0	0	130.0	50.0	292.5
2008	29.1	68.0	0	121.1	81.2	299.8
2009	46.1	52.0	0	127.0	60.0	285.1
2010	24.4	78.2	0.4	111.2	103.1	317.5
2011	40.5	38.0	0	110.0	60.0	248.9
2012	53.0	52.0	0	113.5	62.0	280.5
2013	50.0	51.0	0	111.5	32.0	244.5
2014	51.0	51.2	0	110.3	24.5	237.0
年份	单产（吨/公顷）					
2006	0.11	0.08	0.93	0.46	0.70	0.37
2007	0.21	0.90	0	1.10	1.10	0.91
2008	0.57	0.37	0.04	0.94	1.01	0.79
2009	0.72	1.44	0.25	1.44	1.08	1.25
2010	1.06	1.34	0.72	1.76	0.65	1.24
2011	1.53	1.58	0	1.36	1.18	1.38
2012	1.24	1.25	0	1.15	0.95	1.14
2013	1.05	1.33	—	1.65	1.16	1.40
2014	1.30	1.27	—	1.15	1.31	1.23
年份	总产量（千吨）					
2006	4.7	7.8	0.5	74.5	52.4	140.3
2007	9.5	60.0	0	143.0	55.0	267.5
2008	16.5	25.3	0	113.9	81.7	238.1
2009	33.0	75.0	0	183.0	65.0	356.0
2010	25.8	104.7	0.3	196.0	67.1	394.7
2011	61.9	60.0	0	150.0	70.6	342.5
2012	65.7	65.0	0	130.0	59.0	319.7
2013	52.6	68.0	0	184.4	37.1	342.1
2014	66.2	65.0	0	127.0	32.2	290.4

资料来源：ABARES；Australian Bureau of Statistics（ABS），Agriculture，Australia，cat. no. 7113.0，Canberra；ABS，Agricultural Commodities，Australia，cat no. 7121.0，Canberra；ABS，Crops and Pastures，Queensland，cat. no. 7321.3，Brisbane；ABS，Principal Agricultural Commodities，Australia，Preliminary，cat. no. 7111.0，Canberra；ABS，Summary of Crops，Australia，cat. no. 7330.0，Canberra；Pulse Australia.

（四）蚕豆

蚕豆在中国、地中海国家和非洲是非常重要的食粮。鉴于蚕豆的营养价值，西方国家食用蚕豆的量也在逐步增长，因此蚕豆生产的国际市场前景广阔。澳大利亚国内畜牧养殖业高度发达，考虑到蚕豆非常适合与其他作物轮作，又是高品质的饲料，所以澳大利亚蚕豆生产的规模有望进一步扩大（Pulse Australia，2013）。

南澳大利亚州、维多利亚州和新南威尔士州为澳大利亚的主要蚕豆产区，全国年产量为35万吨左右，澳大利亚的蚕豆目前主要出口中东地区。表2-14列出了澳大利亚蚕豆主要产区的种植面积、单位产量和年产量。

表2-14　澳大利亚各州、地区蚕豆种植面积及产量

年份	新南威尔士	维多利亚	昆士兰	南澳大利亚	西澳大利亚	澳大利亚
	播种面积（千公顷）					
2006	38.1	61.2	1.6	80.5	4.8	186.6
2007	9.5	34.0	0	87.0	2.0	132.5
2008	28.9	36.3	0	57.6	2.3	125.3
2009	44.5	22.0	2.0	57.0	3.5	129.0
2010	32.9	63.0	0.5	60.4	5.6	162.6
2011	42.8	49.0	2.0	55.0	2.5	151.4
2012	54.4	67.0	0	78.0	3.5	202.9
2013	28.6	58.5	0	61.0	4.0	152.1
2014	32.7	62.4	3.0	61.8	4.0	163.9
年份	单产（吨/公顷）					
2006	1.43	0.08	1.54	0.52	0.55	0.57
2007	0.89	0.94	0	1.09	1.25	1.04
2008	1.21	0.75	0	1.19	1.53	1.08
2009	1.46	1.59	1.25	1.93	1.43	1.68
2010	1.97	1.65	1.23	2.48	0.80	1.99
2011	1.57	2.02	1.63	1.73	1.40	1.77
2012	2.27	1.89	—	1.56	1.69	1.86
2013	2.47	2.16	—	1.99	2.30	2.15
2014	2.35	1.79	1.63	1.35	1.68	1.73

（续）

年份	新南威尔士	维多利亚	昆士兰	南澳大利亚	西澳大利亚	澳大利亚
	总产量（千吨）					
2006	54.3	5.0	2.4	41.8	2.6	107.0
2007	8.5	32.0	0	95.0	2.5	138.0
2008	35.1	27.1	0	68.5	3.6	134.7
2009	64.8	35.0	2.5	110.0	5.0	217.3
2010	64.7	104.2	0.6	150.1	4.5	324.4
2011	67.4	99.0	3.3	95.0	3.5	268.1
2012	123.4	126.3	0	121.6	5.9	377.2
2013	70.6	126.6	—	121.3	9.2	327.7
2014	76.8	112.0	4.9	83.4	6.7	283.8

资料来源：ABARES；Australian Bureau of Statistics（ABS），Agriculture，Australia，cat. no. 7113.0，Canberra；ABS，Agricultural Commodities，Australia，cat no. 7121.0，Canberra；ABS，Crops and Pastures，Queensland，cat. no. 7321.3，Brisbane；ABS，Principal Agricultural Commodities，Australia，Preliminary，cat. no. 7111.0，Canberra；ABS，Summary of Crops，Australia，cat. no. 7330.0，Canberra；Pulse Australia.

（五）绿豆

澳大利亚的绿豆生产主要集中在昆士兰州和新南威尔士州，年产量为3万～6万吨。绿豆目前最为广泛的用途为生产豆芽，作为一种日常蔬菜。除此之外，绿豆还被加工成面粉，用作不同食品的添加剂以平衡营养成分。澳大利亚绿豆主要产区的种植面积、单位产量和年产量见表2-15。

表2-15 澳大利亚各州、地区绿豆种植面积及产量

年份	新南威尔士	维多利亚	昆士兰	南澳大利亚	西澳大利亚	澳大利亚
	播种面积（千公顷）					
2006	3.2	26.9	13.9	0.2	0	44.3
2007	19.8	0	25.2	0	0	45.0
2008	8.5	0	36.2	0.1	0	44.8
2009	19.1	0.2	25.7	0	0	44.9
2010	31.4	0.1	54.6	0.2	0	86.4

（续）

年份	新南威尔士	维多利亚	昆士兰	南澳大利亚	西澳大利亚	澳大利亚
	播种面积（千公顷）					
2011	22.0	0	33.0	0	0	55.0
2012	10.0	0	28.0	0	0	38.0
2013	10.0	0	25.0	0	0	35.0
2014	10.0	0	25.0	0	0	35.0
年份	单位（吨/公顷）					
2006	1.14	0.62	0.59	0.25	0	0.64
2007	0.93	0	1.07	0	0	1.01
2008	1.00	0	0.85	0.89	0	0.88
2009	1.08	0	1.19	0	0	1.14
2010	0.63	0.99	0.82	1.53	0	0.76
2011	0.80	—	0.82	—	—	0.81
2012	0.96	—	0.90	—	—	0.92
2013	0.90	—	0.92	—	—	0.91
2014	0.90	—	0.92	—	—	0.91
年份	总产量（千吨）					
2006	3.7	16.6	8.2	0.1	0	28.6
2007	18.4	0	27.0	0	0	45.5
2008	8.5	0	30.8	0.1	0	39.5
2009	20.6	0	30.5	0	0	51.2
2010	19.9	0.1	44.9	0.3	0	65.2
2011	17.5	0	27.0	0	0	44.5
2012	9.6	0	25.2	0	0	34.8
2013	9.0	0	23.0	0	0	32.0
2014	9.0	0	23.0	0	0	32.0

资料来源：ABARES；Australian Bureau of Statistics（ABS），Agriculture，Australia，cat. no. 7113.0，Canberra；ABS，Agricultural Commodities，Australia，cat no. 7121.0，Canberra；ABS，Crops and Pastures，Queensland，cat. no. 7321.3，Brisbane；ABS，Principal Agricultural Commodities，Australia，Preliminary，cat. no. 7111.0，Canberra；ABS，Summary of Crops，Australia，cat. no. 7330.0，Canberra；Pulse Australia.

三、棉花生产

澳大利亚的棉花种植主要集中在靠近东海岸的内陆地区，区域上集中在昆士兰州的南部和新南威尔士州的北部，棉花种植依赖于人工灌溉，因此棉花种植基地都集中在地表水充足的地区。澳大利亚棉花生产集约化程度非常高，其播种、灌溉、收获都是依靠大型机械化设备完成。

澳大利亚是全球第二大棉花出口国，出口量仅次于美国。澳大利亚的棉花出口到全球75个国家，主要的国际市场包括：中国、印度尼西亚、泰国、孟加拉国、韩国和日本。近年来澳大利亚棉花种植面积和产量见表2-16。

表2-16　澳大利亚主要棉花产区的种植面积及产量

年份	种植面积（千公顷）			皮棉单产（吨/公顷）		
	新南威尔士	昆士兰	澳大利亚	新南威尔士	昆士兰	澳大利亚
1969	23.1	5.9	31.7	0.880	0.735	—
1979	51.4	20.0	75.0	1.243	0.965	—
1989	175.0	64.8	239.8	1.346	1.077	1.273
1999	313.0	151.3	464.3	1.574	1.638	1.595
2000	327.9	199.4	527.3	1.627	1.432	1.553
2001	289.7	119.3	409.0	1.771	1.594	1.719
2002	165.2	59.3	224.5	1.830	1.430	1.724
2003	97.2	100.8	198.1	1.849	1.680	1.763
2004	162.8	158.1	320.9	2.136	1.881	2.011
2005	214.3	121.2	335.5	1.883	1.597	1.779
2006	108.7	34.9	143.6	2.223	1.710	2.099
2007	41.2	21.4	62.7	2.252	1.864	2.120
2008	88.0	76.0	164.0	2.024	1.987	2.007
2009	123.8	84.5	208.3	2.067	1.549	1.857

（续）

年份	种植面积（千公顷）			皮棉单产（吨/公顷）		
	新南威尔士	昆士兰	澳大利亚	新南威尔士	昆士兰	澳大利亚
2010	347.7	242.5	590.2	1.689	1.396	1.569
2011	358.1	241.1	600.0	2.057	1.907	1.996
2012	283.5	158.5	442.0	2.335	2.146	2.267
2013	256.0	136.0	392.0	2.295	2.188	2.258
2014	124.0	73.0	197.0	2.565	2.562	2.563

资料来源：ABARES；Australian Bureau of Statistics（ABS），Agriculture，Australia，cat. no. 7113.0，Canberra；ABS，Crops and Pastures，Australia，cat. no. 7321.0，Canberra；ABS，Summary of Crops，Australia，cat. no. 7330.0，Canberra；Department of Agriculture and Water Resources，Canberra；Cotton Australia，Australian cotton industry statistics-Cotton Annual，Sydney.

四、油料作物

澳大利亚的主要油料作物为油菜籽和棉花籽，相比较而言澳大利亚的花生、葵花籽、藏红花籽和大豆生产的规模则很小。

（一）油菜籽

油菜籽不仅是全球范围内最为普遍的食用油原料，而且也是重要的生物能源植物。澳大利亚的油菜籽产量变化幅度非常大，在2012—2013年度澳大利亚油菜籽的产量超过了400万吨。澳大利亚作为全球重要的油菜籽产地，其出口量占到全球贸易量的20%，产品以品质优良、绿色无污染而闻名，非常受国际市场欢迎。目前的澳大利亚油菜籽的主要国际市场为欧洲和亚洲市场，欧洲市场包括荷兰、比利时、德国和法国，亚洲主要市场则包括日本、阿拉伯联合酋长国、巴基斯坦和孟加拉国等。

在澳大利亚国内，油菜籽主要用于生产食用色拉油或再深加工成人造黄油，压榨油所产生的油菜籽粕则用作牲畜的饲料或肥料。

最近几年澳大利亚油菜籽种植的面积、区域平均单产和年产量见表2-17。

表 2-17　澳大利亚油菜籽的种植面积及产量

年份	新南威尔士	维多利亚	昆士兰	南澳大利亚	西澳大利亚	塔斯马尼亚	澳大利亚
	播种面积（千公顷）						
2006	282.8	178.5	2.0	177.0	410.6	0.9	1 051.8
2007	310.3	195.7	2.3	173.0	595.1	0.8	1 277.1
2008	299.8	284.7	2.7	184.2	919.5	1.7	1 692.6
2009	297.8	231.2	2.8	180.5	981.4	1.3	1 695.0
2010	478.6	323.5	1.8	216.4	1 056.6	0.7	2 077.5
2011	729.2	477.4	1.3	283.2	969.0	0.7	2 461.0
2012	1 025.3	589.2	0.7	335.9	1 319.8	0.6	3 271.6
2013	672.9	439.4	2.3	297.3	1 307.5	1.2	2 720.8
年份	单产（吨/公顷）						
2006	0.2	0.2	0.3	0.5	1.0	0.5	0.5
2007	0.3	1.1	0.1	0.9	1.3	1.4	1.0
2008	0.8	0.8	0.8	1.1	1.3	1.2	1.1
2009	0.9	1.4	0.4	1.4	1.1	1.8	1.1
2010	1.7	1.5	1.3	1.7	0.7	1.5	1.1
2011	1.5	1.4	1.1	1.5	1.3	1.1	1.4
2012	1.5	1.5	0.9	1.2	1.0	1.5	1.3
2013	1.4	1.6	0.4	1.4	1.4	2.0	1.4
年份	总产量（千吨）						
2006	54.4	42.0	0.7	84.2	391.6	0.4	573.3
2007	78.5	220.5	0.3	161.9	752.0	1.1	1 214.4
2008	227.5	233.2	2.1	204.1	1 175.1	2.1	1 844.2
2009	281.3	331.4	1.2	259.9	1 031.3	2.2	1 907.3
2010	805.2	476.2	2.4	359.0	714.9	1.1	2 358.7
2011	1 091.9	688.6	1.4	412.8	1 231.9	0.8	3 427.3
2012	1 494.7	866.2	0.7	415.0	1 364.2	0.9	4 141.7
2013	922.4	710.0	0.9	419.4	1 776.6	2.5	3 832.0

资料来源：ABARES；Australian Bureau of Statistics（ABS），Agriculture，Australia，cat. no. 7113.0，Canberra；ABS，Agricultural Commodities，Australia，cat. no. 7121. 0，Canberra.

（二）棉籽

与世界上其他国家一样，澳大利亚的棉花主要用于生产纺织用皮棉，作为棉花生产的副产品棉籽也是重要的油料原料，棉籽皮和棉籽粕则用于喂养牲畜或作肥料。近几年澳大利亚两大棉花种植区棉花种植面积、棉籽平均产量、棉籽总产量见表2-18。

表2-18　澳大利亚主要棉籽产区生产信息

年份	新南威尔士	昆士兰	澳大利亚
	播种面积（千公顷）		
2006	108.7	34.9	143.6
2007	41.2	21.4	62.7
2008	88.0	76.0	164.0
2009	123.8	84.5	208.3
2010	347.7	242.5	590.2
2011	358.1	241.1	600.0
2012	284.0	159.0	443.0
2013	256.0	136.0	392.0
年份	单产（吨/公顷）		
2006	2.9	2.2	2.7
2007	3.2	2.6	3.0
2008	2.9	2.8	2.8
2009	2.9	2.2	2.6
2010	2.3	1.9	2.2
2011	2.9	2.7	2.8
2012	3.3	3.1	3.2
2013	3.2	3.1	3.2
年份	总产量（千吨）		
2006	311.1	76.7	387.8
2007	131.3	56.5	187.8
2008	252.0	213.6	465.5
2009	361.9	185.1	547.0

（续）

年份	新南威尔士	昆士兰	澳大利亚
	总产量（千吨）		
2010	805.2	464.2	1 269.4
2011	1 041.5	650.2	1 693.5
2012	949.0	490.0	1 439.0
2013	830.9	420.7	1 251.6

资料来源：ABARES；Australian Bureau of Statistics（ABS），Agriculture，Australia，cat. no. 7113.0，Canberra；ABS，Agricultural Commodities，Australia，cat. no. 7121.0，Canberra.

（三）其他油料作物

2012—2013 年度，澳大利亚种植向日葵约为 3 万公顷，向日葵种植主要分布在昆士兰州和新南威尔士州，葵花籽总产量约为 4.4 万吨。该年度澳大利亚花生种植面积为 1.1 万公顷，花生种植主要分布在昆士兰州，总产量约为 2.6 万吨。该年度的藏红花种植面积约为 8 000 公顷，主要作物分布在南澳大利亚州、维多利亚州和新南威尔士州，总产量达到 4 600 吨。这一年度的大豆种植面积约为 4.11 万公顷，产量达到 9.18 万吨。

五、甘蔗种植

甘蔗种植是澳大利亚农业生产的重要组成部分，澳大利亚的甘蔗种植及蔗糖生产不仅拥有世界上一流的生产技术水平，而且以重视可持续生产实践而闻名。甘蔗生长主要集中在降雨充沛的澳大利亚东部，从昆士兰北部的莫斯曼（Mossman）到新南威尔士州的格拉夫顿（Grafton）绵延 2 100 公里的沿海带。澳大利亚的甘蔗生产和加工主要集中在昆士兰州，昆士兰州甘蔗产量大约占到全澳大利亚的 95%，新南威尔士州的北部甘蔗生产占到年产量的 5%左右。自 2000 年以来，澳大利亚甘蔗种植面积、甘蔗压榨量、甘蔗出糖率及蔗糖生产量见表 2-19。

表 2-19 澳大利亚甘蔗及蔗糖生产基本信息

年份	收获面积（千公顷）	压榨量（千吨）	甘蔗单产（吨/公顷）	出糖率（%）	甘蔗产值（百万澳元）
2000	403	28 117	69.8	6.76	657
2001	426	31 424	73.8	6.30	989
2002	448	36 995	82.6	6.85	1 019
2003	448	36 993	82.6	7.33	854
2004	434	37 822	87.1	7.23	980
2005	398	37 128	93.3	7.33	1 032
2006	409	36 397	89.0	7.24	1 221
2007	381	32 621	85.6	6.85	861
2008	387	31 457	81.3	6.79	1 021
2009	369	31 235	84.6	6.98	1 382
2010	314	27 443	87.4	7.60	1 036
2011	368	27 943	75.9	7.59	1 214
2012	371	30 400	81.9	7.07	1 321
2013	375	30 500	81.3	6.99	1 226
2014	381	32 100	84.3	7.02	1 146

资料来源：ABARES；Australian Bureau of Statistics，Value of Agricultural Commodities Produced，Australia，cat. no. 7503.0，Canberra；Australian Sugar Milling Council，Annual Review，Brisbane；Rural Press Ltd，Australian Sugar Year Book，Brisbane.

澳大利亚的甘蔗种植企业多为农户或多个农户的联合体，大约4 400多农业企业种植甘蔗，平均每个农户的种植面积约为 100 公顷，少数比较大的农业企业面积超过 1 000 公顷。澳大利亚蔗糖产量的 80%出口到国际市场，目前为世界上第三大蔗糖出口国，蔗糖的年产值平均为 17 亿～20 亿澳元。

澳大利亚的蔗糖生产以使用绿色能源而闻名，澳大利亚的主要蔗糖加工厂都将蔗糖生产所产生的甘蔗渣用于发电或为糖厂直接提供气热。目前蔗糖生产实际用电量仅为甘蔗渣发电量的一半，盈余电能直接输入电网，2012 年并入电网的电能约为 4 亿千瓦时。经测算，每年仅蔗糖渣发电这一项就减少温室气体排放量 150 万吨。

第三节 畜牧业

澳大利亚的农业生产以畜牧业而闻名，澳大利亚曾一度被称为“骑在羊背上的国家”，这足以说明畜牧业在国民经济中的地位，随着市场需求和国际经济环境的变化，当今的澳大利亚畜牧业主要以肉牛、绵羊和奶牛养殖为主。

一、肉牛产业

澳大利亚的肉牛养殖为澳大利亚在地域上分布最为广泛的农业生产活动，肉牛产业分布在澳大利亚的每一个州和地区。总体上澳大利亚的肉牛养殖可以划分成两种不同的生产体系，即澳大利亚北部肉牛生产体系和澳大利亚南部肉牛生产体系。这两个体系无论在生产规模还是生产方式上都有显著的区别。北部肉牛生产系统在地域上主要包括昆士兰州、北领地和西澳州的北部，相对而言南部肉牛生产体系则指除北部肉牛生产体系以外的南部澳大利亚，在地域上包括新南威尔士州，维多利亚州，塔斯马尼亚州，首都地区和西澳州的南半部分。2012 年度澳大利亚肉牛产业的年产值为 123 亿澳元（MLA，2013）。

澳大利亚北部肉牛生产体系和南部生产体系的主要区别体现在气候、草场资源、企业规模、生产方式和经营管理方式等诸多方面。澳大利亚北部肉牛生产系统主要位于热带和亚热带，夏季炎热多雨，冬季漫长干旱。因此，饲养肉牛品种为那些适合热带极端气候的热带品种，草场牧草主要为原生自然草场，单个农场面积少则数千公顷，多则数万公顷，很多大型联合企业的面积达到几百万公顷，肉牛养殖通常作为农业企业的主业。与之相适应，肉牛生产的方式多为粗放经营，也就是说牛被放养在野外，除了定期检查饮水供应、监测牛群健康情况外，每年仅将牛集中在一起两次以便收获长成牛，并给牛犊断奶、切除其牛角、阉割公牛犊并烙印标记牛群，平时则很少人为干预牛群。由于澳大利亚北部冬季干旱漫长，长达四个月之久，在此期间牛不但不增重反而因不能获得足够营养而掉膘，这种状况一直持续到第二年春末雨季来临。这种规模生产、粗放经营和相对较低的成本投入使得北部肉牛生产企业具有相对较高的利润，也是澳大利亚未来肉牛产业继续扩大生产规模，生产潜力增长所在。

澳大利亚的南部肉牛生产系统分布于气候温和的温带地区，农场规模较小，面积多为几百公顷到几千公顷，但是牧草多经过人工改良，因而牧草营养高，单位面积牛群密度大，并实行集约化管理。由于肉牛生产规模较小，多数农业企业还从事绵羊养殖或农作物种植以充分利用土地资源并增加收入。通常认为在澳大利亚南部肉牛生产体系下的牛肉产品质量总体上要高于北部。

尽管肉牛养殖普遍存在于澳大利亚的各个州和地区，昆士兰州和新南威尔士州则是澳大利亚最重要的肉牛产地，其中昆士兰州的产量占到澳大利亚总产量的40%，新南威尔士州的产量则占到澳大利亚年产量的近30%。近十多年澳大利亚各州（地区）的肉牛产量见表2-20。

表2-20 澳大利亚各州、地区肉牛生产规模

单位：千头

年份	新南威尔士	维多利亚	昆士兰	南澳大利亚	西澳大利亚	塔斯马尼亚	北领地	首都地区	澳大利亚
2005	5 335	2 540	11 380	1 223	2 011	498	1 729	9	24 725
2006	5 862	2 646	11 354	1 161	2 275	501	1 798	9	25 606
2007	5 609	2 575	11 495	1 067	2 223	481	1 912	11	25 373
2008	5 330	2 254	11 731	966	2 013	444	2 041	6	24 784
2009	5 533	2 234	12 151	1 042	2 220	426	1 681	7	25 295
2010	5 107	2 080	11 193	904	2 206	446	2 066	6	24 008
2011	5 384	2 366	12 450	1 110	1 954	467	2 197	9	25 936
2012	5 497	2 362	11 990	1 204	1 957	472	2 195	8	25 685
2013	5 593	2 427	12 628	1 193	1 883	522	2 200	10	26 457
2014	5 325	2 428	12 755	1 110	1 973	534	2 164	6	26 296

资料来源：ABARES；Australian Bureau of Statistics（ABS），Agriculture，Australia，cat. no. 7111.0，Canberra；ABS，Agricultural Commodities，Australia，cat. no. 7121.0，Canberra.

澳大利亚牛肉主要出口北美、欧洲和亚洲市场。进口澳大利亚牛肉的主要国家包括美国、日本和韩国。近三十年澳大利亚肉牛养殖生产效率提高迅速，主要得益于肉牛品种的选育、创新牧场管理体制以及新技术和产品的应用。这使得肉牛的生产周期由原来的平均 3.5 年缩短为现在的 2.5 年，与此同时每头成牛的重量也大幅提高。近些年规模化的肉牛育肥场发展迅速，目前已经达到同时育肥 100 万头牛的能力，育肥场的运行不仅缩短了成牛的生长周期，同时也确保了牛肉肉质的一致性。

澳大利亚生产的奶牛养殖业每年也贡献一定的牛肉产量，因为几乎全部的公牛犊加上每年淘汰的成年奶牛，都被屠宰来生产牛肉。

澳大利亚的肉牛主要供应国际市场，国内每年消费牛肉占到年产量的 35%左右。2012 年肉牛产业的出口价值为 46.9 亿澳元，其中以活牛形式出口的出口量占到了出口额的 13.8%。尽管澳大利亚的肉牛养殖其绝对产量不算高，仅占全球生产量的 3%，但是由于人口基数少，牛肉出口量却占到世界牛肉贸易的 4%，是仅次于巴西的全球第二大牛肉出口国。澳大利亚的牛肉主要出口包括日本、美国、韩国、俄罗斯、中国台湾、印度尼西亚、菲律宾等国家和地区；活牛的国际市场多为伊斯兰国家，其中印度尼西亚的市场份额最大，其次是中国、以色列、土耳其、埃及、俄罗斯、菲律宾等国家。

二、绵羊养殖

澳大利亚的绵羊养殖在全球范围内负有盛名，曾一度被称为“骑在羊背上的国家”，当今澳大利亚的绵羊养殖仍在畜牧业中占有极为重要的地位，然而在最近的二十多年里澳大利亚的绵羊养殖业发生了重大的转型，也就是由过去的以生产羊毛为主要目标，发展到现今的以生产羊肉为主要目标（Rowe，2010）。

2012 年度澳大利亚羊肉生产初级产品总价值达到了 21 亿澳元，羊肉生产的总价值达到了 39 亿澳元（MLA，2013）。澳大利亚是当今国际仅次于新西兰的第二大羊肉出口国，同时也是世界第二大羔羊肉

(Lamb)出口国，但澳大利亚的成羊肉(Mutton)出口量为全球第一(MLA，2013)。2012年度澳大利亚羊肉生产中维多利亚州的贡献率最高为41.6%，新南威尔士州的贡献率为21.8%，南澳大利亚州的贡献率为17.2%，西澳大利亚州的贡献率为15.3%。

最近10多年澳大利亚各州、地区绵羊养殖的数量见表2-21。最近十多年澳大利亚羔羊肉和成羊肉的产量见表2-22。绵羊养殖的另一重要农产品就是羊毛，中国是澳大利亚羊毛的主要进口国，羊毛产量的70%出口中国。2000年以来有关澳大利亚羊毛生产的基本数据信息见表2-23。

表2-21 澳大利亚各州、地区绵羊养殖数量

单位：百万头

年份	新南威尔士	维多利亚	昆士兰	南澳大利亚	西澳大利亚	塔斯马尼亚	首都地区	澳大利亚
2001	40.887	22.272	8.660	12.585	23.129	3.284	0.110	110.928
2002	38.491	21.350	6.752	13.043	23.063	3.380	0.088	106.166
2003	33.706	20.388	4.815	13.060	23.887	3.299	0.098	99.252
2004	35.227	19.978	4.824	12.917	25.063	3.183	0.095	101.287
2005	34.341	20.575	4.949	12.476	25.592	3.105	0.087	101.125
2006	32.146	17.908	4.466	11.331	22.129	2.963	0.084	91.028
2007	28.607	17.174	4.378	11.641	21.136	2.717	0.059	85.711
2008	26.378	16.765	3.960	9.983	17.654	2.137	0.061	76.938
2009	25.546	15.082	4.285	9.955	15.719	2.092	0.061	72.740
2010	24.366	14.378	3.622	8.989	14.692	1.991	0.051	68.086
2011	26.825	15.212	3.653	11.009	14.000	2.344	0.054	73.099
2012	27.582	15.928	3.493	10.885	14.394	2.385	0.055	74.722
2013	27.808	16.067	2.940	10.821	15.465	2.400	0.046	75.548
2014	26.713	15.365	2.340	10.971	14.406	2.777	0.040	72.612

资料来源：ABARES; Australian Bureau of Statistics (ABS), Historical Selected Agriculture Commodities, by state (1861 to present), 2010-11, cat. no. 7124.0, Canberra; ABS, Agricultural Commodities, Australia, cat. no. 7121.0, Canberra.

表 2-22 澳大利亚羊肉生产基本统计信息

年份	成羊			羔羊		
	屠宰数量（千头）	平均单重（千克）	产量（千吨）	屠宰数量（千头）	平均单重（千克）	产量（千吨）
2001	15 789	20.6	325.5	17 897	19.7	352.6
2002	14 873	20.0	296.7	17 086	19.8	337.6
2003	10 522	20.3	213.7	16 430	20.1	329.8
2004	11 145	20.9	233.0	16 675	20.4	340.2
2005	11 636	20.7	241.1	18 228	20.6	374.8
2006	13 113	20.5	269.4	19 483	20.5	399.8
2007	11 661	21.0	245.2	20 971	20.8	435.6
2008	11 235	21.4	240.1	19 970	20.4	406.6
2009	9 411	21.2	199.8	20 493	20.7	424.5
2010	6 159	22.6	139.1	18 609	21.6	401.9
2011	4 933	23.2	114.4	17 793	22.1	393.0
2012	6 064	23.0	139.2	20 009	22.2	443.5
2013	9 615	22.5	216.6	21 886	21.5	469.9
2014	10 086	23.2	234.0	22 251	21.9	486.5

资料来源：ABARES；Australian Bureau of Statistics，Livestock and Meat，Australia，cat. no. 7218.0.55.001，Canberra；Department of Agriculture and Water Resources，Export Statistics，Canberra.

表 2-23 澳大利亚羊毛生产基本统计信息

年份	绵羊数量（百万头）	原羊毛裁剪量（千吨）	原羊毛总量（千吨）	净羊毛产率（%）	平均价格（澳分/千克）	总价值（百万澳元）
2000	110.9	589.9	645.1	65.8	764.0	3 243.1
2001	106.2	536.9	587.2	66.1	841.0	3 264.5
2002	99.3	503.0	551.1	64.8	1 049.0	3 746.2
2003	101.3	467.6	509.5	64.4	820.0	2 690.4
2004	101.1	465.7	519.7	64.2	766.6	2 557.5
2005	91.0	472.5	519.9	64.1	713.3	2 377.3
2006	85.7	450.2	502.3	62.9	864.1	2 730.3
2007	76.9	407.9	458.7	61.2	945.0	2 653.1
2008	72.7	370.6	420.3	61.5	793.8	2 051.7

（续）

年份	绵羊数量（百万头）	原羊毛裁剪量（千吨）	原羊毛总量（千吨）	净羊毛产率（%）	平均价格（澳分/千克）	总价值（百万澳元）
2009	68.1	352.7	422.5	61.7	871.7	2 272.5
2010	73.1	368.3	429.1	63.0	1 131.5	3 058.7
2011	74.7	362.1	410.8	65.5	1 202.9	3 236.3
2012	73.8	360.5	435.1	65.1	1 034.6	2 930.7
2013	72.6	340.6	419.1	64.9	1 069.9	2 910.1
2014	70.3	346.8	428.0	65.4	1 101.5	3 083.2

资料来源：Australian Bureau of Statistics（ABS），Historical Selected Agricultural Commodities，by State（1861-present），Australia，cat. no. 7124.0，Canberra；ABS，Livestock Products，Australia，cat. no. 7215.0，Canberra；Australian Wool Exchange，Melbourne；Australian Wool Innovation Wool Production Forecasting Committee；Australian Wool Testing Authority，Key Test Data Summary，Melbourne；National Council of Wool Selling Brokers of Australia，Statistics，Melbourne.

三、奶牛养殖业

奶牛养殖是澳大利亚畜牧业的重要产业，每年仅初级产品的价值就达 40 亿澳元。全国范围内直接从事奶牛养殖的农场大约为 6 700 家，每年生产牛奶的总量约为 95 亿升，与奶牛养殖相关的从业人员高达 14 万人。这主要是因为奶牛养殖业具有很好的产业带动作用，通常认为在澳大利亚奶牛养殖业的产业拉动效应为 2.5，因此奶牛养殖相关产业总价值高达 130 亿澳元（Dairy Australia，2013）。

澳大利亚的奶牛养殖业生产效率持续提高，这充分体现在每头牛的年产奶量上。20 世纪 70 年代每头奶牛的平均年产奶量仅为 2 400 多升，发展到目前每年每头牛产奶量高达五千多升，经过 30 多年间的发展奶牛产业的生产效率提高到原来的两倍多。奶牛业生产效率大幅提高，主要源于农业科技创新技术在奶牛养殖业中普遍推广，具体体现在提高牧草质量、改善喂养制度和提高农场管理水平等诸多方面（Dairy Australia，2013）。

澳大利亚奶牛养殖企业主要分布在温带和次亚热带地区，维多利亚州的奶牛养殖业最为发达，奶牛数量占到全澳洲的 60%以上。2012 年奶牛数量在各州、地区的分布见图 2-3。

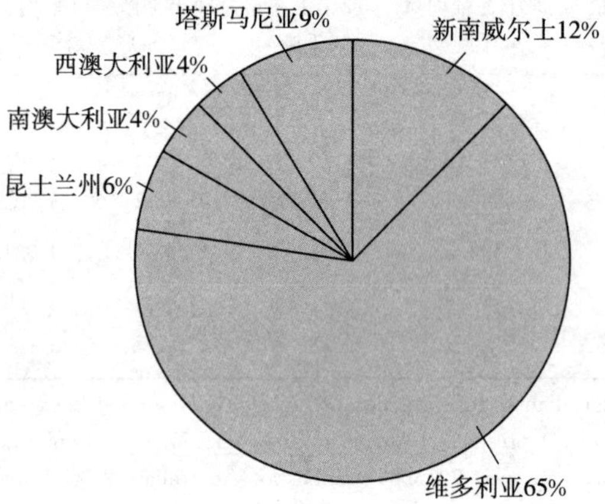

图 2-3 澳大利亚各州、地区奶牛养殖分布

澳大利亚不同年份的奶牛数量，平均产奶量以及主要产品统计见表 2-24。

表 2-24 澳大利奶牛养殖业规模及主要产品产量

年份	奶牛数量（千头）	平均单牛产奶量（升）	牛奶总产量（百万升）	奶油生产量（千吨）	奶酪生产量（千吨）
1969	2 829	2 659	7 523	223	76
1979	1 869	2 905	5 430	84	151
1989	1 698	3 688	6 262	104	175
1999	2 171	4 996	10 847	182	373
2000	2 176	4 847	10 547	172	376
2001	2 123	5 309	11 271	178	412
2002	2 050	5 038	10 328	164	379
2003	2 038	4 944	10 076	149	384
2004	1 942	5 215	10 127	147	388
2005	1 880	5 367	10 089	146	373
2006	1 796	5 336	9 583	133	364
2007	1 640	5 624	9 223	128	361
2008	1 676	5 602	9 388	148	343
2009	1 596	5 653	9 023	128	350
2010	1 589	5 727	9 100	122	339

（续）

年份	奶牛数量（千头）	平均单牛产奶量（升）	牛奶总产量（百万升）	奶油生产量（千吨）	奶酪生产量（千吨）
2011	1 700	5 577	9 480	120	347
2012	1 688	5 519	9 317	118	338
2013	1 647	5 691	9 372	116	311
2014	1 740	5 593	9 732	119	344

资料来源：ABARES；Australian Bureau of Statistics（ABS），Agricultural Commodities，Australia，cat. no. 7121.0，Canberra；ABS，International Trade，Australia，cat. no. 5465.0，Canberra；ABS，Principal Agricultural Commodities，Australia，Preliminary，cat. no. 7111.0，Canberra；Dairy Australia，Web statistics，Melbourne.

澳大利亚生产的牛奶在供应国内鲜奶市场的同时，其余则被加工成其他奶制品，如黄油、奶酪、奶粉等出口国际市场。澳大利亚奶产品的一半以上出口国际市场，亚洲和中东地区是澳大利亚奶制品的主要国际市场。中国和日本逐渐发展成为澳大利亚奶产品最重要国际市场。

第四节　渔　　业

澳大利亚为世界上第三大渔业区，但是鱼类资源并不丰富所以产量并不高，其产量仅在全球排名 50 多位。澳大利亚渔业的特点是渔业生产集中在价值非常高的龙虾、虾、金枪鱼、三文鱼和鲍鱼等品种上。澳大利亚渔业的年产值约为 20 多亿澳元，从业人员达到 11 600 人。

澳大利亚非常重视渔业资源的保护和可持续利用，从联邦政府到各州政府定期咨询科研、专业机构制定渔业捕捞配额，并严格制定执行各种鱼类的可捕捞尺寸。澳大利亚也发展渔业养殖，养殖鱼类品种也仅限于价值非常高的种类。水产养殖的产值占到整个渔业产值的一半左右。澳大利亚的渔业捕捞和水产养殖密切联系，比如捕捞的金枪鱼有很大一部分作为鱼苗再于水产养殖场养进一步育肥。在澳大利亚的各个州中，南澳大利亚州和塔斯马尼亚州的渔业产量和产值最高。

近几年内澳大利亚的渔业的产值和产量见表 2－25。

表 2-25　澳大利亚近年渔业生产状况

品　种	2006	2007	2008	2009	2010	2011	2012
	渔业产值（百万澳元）						
鱼类							
金枪鱼	161.0	210.0	187.1	125.3	139.0	172.3	175.3
鲑鱼类	290.7	302.3	326.2	369.5	427.5	512.6	523.9
其他鱼种	415.0	431.3	463.4	464.5	428.2	456.3	449.7
鱼类小计	866.7	943.6	976.7	959.2	994.7	1 141.2	1 148.9
虾蟹类							
虾	267.5	272.3	290.0	324.7	306.3	266.2	308.9
龙虾	461.2	426.0	414.8	381.3	389.9	384.1	424.0
螃蟹	54.5	56.3	57.8	57.0	56.3	59.0	—
其他虾蟹	8.6	7.1	8.2	8.1	8.6	19.3	—
虾蟹类小计	791.8	761.8	770.8	771.2	761.1	728.7	—
软体类							
鲍鱼	217.0	188.8	188.6	173.4	178.4	170.1	175.5
扇贝	29.3	33.0	26.2	23.4	22.0	7.8	9.3
牡蛎	91.1	89.1	93.0	100.9	97.3	107.4	106.5
鱿鱼	11.4	7.2	8.0	9.1	9.9	12.7	—
其他	157.4	136.9	114.2	126.4	140.2	123.4	—
软体类小计	506.2	455.1	429.9	433.3	447.8	421.4	—
其他未统计鱼类	52.1	46.6	36.9	27.5	37.4	25.0	—
总价值	2 216.7	2 207.1	2 214.3	2 191.1	2 241.0	2 316.3	—
品　种	渔业产量（千吨）						
鱼类							
金枪鱼	13.1	14.6	13.7	11.0	9.1	10.1	10.5
鲑鱼类	25.6	25.9	30.0	32.0	36.8	44.0	44.8
其他鱼种	121.1	118.2	115.7	120.7	112.0	112.6	113.7
鱼类小计	159.8	158.7	159.5	163.6	157.9	166.7	169.0
虾蟹类							
虾	20.8	22.8	24.2	27.3	27.0	22.5	24.0
龙虾	14.3	14.3	12.2	10.1	9.9	8.7	9.4

（续）

品　种	2006	2007	2008	2009	2010	2011	2012
	渔业产量（千吨）						
螃蟹	6.0	6.0	5.3	5.3	5.7	5.1	—
其他虾蟹	0.5	0.4	0.4	0.5	0.5	0.9	—
虾蟹类小计	41.6	43.5	42.1	43.2	43.0	37.2	—
软体类							
鲍鱼	5.5	5.3	5.6	5.0	5.2	5.0	4.9
扇贝	10.5	10.3	7.6	7.6	6.2	2.3	2.9
牡蛎	15.4	13.5	14.2	14.9	13.9	15.7	—
鱿鱼	3.6	1.8	1.9	1.7	2.1	2.9	—
其他	5.7	5.1	4.7	4.8	4.4	4.6	—
软体类小计	40.7	36.0	34.0	33.9	31.9	30.6	—
其他未统计鱼类	2.3	2.3	1.9	2.6	4.1	3.1	—
总产量	244.3	240.4	237.6	243.3	237.1	237.5	—

资料来源：ABARES，Australian fisheries and aquaculture statistics 2013，Canberra.

第五节　园 林 业

园林业也是澳大利亚农业生产的重要组成部分，园林业的主要农产品包括蔬菜、水果和坚果，园林业的绝大多数农业产品以供给国内市场为目标，仅有少数水果和坚果出口国际市场，通常出口量占生产量的比重也不高。在澳大利亚的园林业中具有国际影响，在国际贸易中具有重要地位的是澳大利亚的葡萄种植及葡萄酒生产。园林业主要产品产量及产值见表 2－26。

表 2－26　澳大利亚园林业主要产品产量及产值

年份	水果、坚果产值（百万澳元）	蔬菜产值（百万澳元）	酿造用葡萄量（千吨）	葡萄干制作或作为水果（千吨）	葡萄总产量（千吨）
2000	2 253	2 183	1 391.1	154.9	1 546.0
2001	2 333	2 269	1 514.5	239.4	1 753.9

（续）

年份	水果、坚果产值（百万澳元）	蔬菜产值（百万澳元）	酿造用葡萄量（千吨）	葡萄干制作或作为水果（千吨）	葡萄总产量（千吨）
2002	2 408	2 258	1 329.6	167.3	1 496.9
2003	2 350	2 380	1 816.6	198.4	2 015.0
2004	2 767	2 315	1 818.4	208.1	2 026.5
2005	2 833	2 833	1 781.7	199.5	1 981.2
2006	3 739	3 165	1 370.7	159.7	1 530.4
2007	2 959	3 363	1 837.0	119.8	1 956.8
2008	3 157	3 012	1 683.6	172.4	1 856.1
2009	3 223	3 023	1 533.2	151.1	1 684.3
2010	3 320	3 338	1 597.7	160.0	1 757.7
2011	3 358	3 339	1 582.0	74.6	1 656.6
2012	3 966	3 770	1 641.7	120.9	1 762.6
2013	3 518	3 510	1 438.0	119.4	1 557.4
2014	—	—	1 608.2	—	—

资料来源：ABARES；Australian Bureau of Statistics（ABS），Agricultural Commodities，Australia，cat. no. 7121.0，Canberra；ABS，International Trade，Australia，cat. no. 5465.0，Canberra；ABS，Value of Principal Agricultural Commodities Produced，Australia，cat. no. 7501.0，Canberra；ABS，Value of Agricultural Commodities Produced，Australia，cat. no. 7503.0，Canberra.

一、澳大利亚的葡萄酒生产

当今的澳大利亚为世界十大葡萄酒生产国家之一，是全球极少数生产所有主要类型葡萄酒的国家。令澳大利亚葡萄酒业自豪的是目前澳洲拥有世界上树龄最高的葡萄树，这主要是因为欧洲的此类葡萄树都因病虫害而未能存活。澳大利亚主要葡萄酒产区集中在澳大利亚南部和东南部的温带地区，葡萄酒产区的数量高达 60 多个。但是比较著名葡萄酒产区的主要分布在南澳大利亚、新南威尔士州和维多利亚州。南澳大利亚首府阿德莱德最近被联邦政府赋予“澳大利亚酒都”的称号，因其周边地区葡萄酒的产量占到全国的一半以上，而且拥有数个国际知名品牌。澳大利亚的葡萄酒生产，不仅受益于适宜的气候和土壤类型，更受益于国际领先的专门的葡萄酒研究机构。

澳大利亚的葡萄酒年产量为12亿升，其中的60%多出口国际市场，年出口额约为20亿澳元。表2-27列出了用于葡萄酒生产的葡萄产量。表2-28列出了2012年澳大利亚各州葡萄酒生产状况。

表2-27　澳大利亚葡萄种植面积与产量

年份	收获面积（千公顷）	红葡萄（千吨）	白葡萄（千吨）	葡萄总量（千吨）	压榨葡萄量（千吨）
2000	130.6	772.8	618.3	1 391.1	1 424.0
2001	143.4	847.7	666.8	1 514.5	1 605.8
2002	142.8	772.5	557.1	1 329.6	1 398.5
2003	150.6	1 063.1	753.5	1 816.6	1 917.2
2004	153.2	1 010.0	808.4	1 818.4	1 925.5
2005	158.2	980.2	801.5	1 781.7	1 901.6
2006	164.0	669.0	701.6	1 370.7	1 397.4
2007	166.2	984.1	852.9	1 837.0	1 831.5
2008	157.3	888.0	795.6	1 683.6	1 732.5
2009	151.8	845.3	687.9	1 533.2	1 603.0
2010	154.0	—	—	1 597.7	1 602.4
2011	145.4	805.8	776.3	1 582.0	1 620.5
2012	133.4	—	—	1 641.7	1 748.4
2013	126.7	—	—	1 438.0	1 662.8
2014	132.4	844.3	763.9	1 608.2	1 669.6

资料来源：ABARES；Australian Bureau of Statistics (ABS)，Australian Wine and Grape Industry，cat. no. 1329，Canberra；ABS，Vineyards Estimates，Australia，cat. no. 1329.0.55.002，Canberra；Wine Australia，Australian Winegrape Price Dispersion Report，Adelaide；Winemakers' Federation of Australia，Vintage Report，Adelaide.

表2-28　2012年澳大利亚各州和地区葡萄酒生产状况

单位：千升

饮料类型 葡萄酒	新南威尔士/首都地区	维多利亚	昆士兰	南澳大利亚	西澳大利亚	塔斯马尼亚	澳大利亚
加强型	—	—	—	—	164	32	11 933
未加强型							
白酒	193 110	117 227	359	222 584	25 036	2 781	561 097

（续）

饮料类型 葡萄酒	新南威尔士/ 首都地区	维多 利亚	昆士兰	南澳 大利亚	西澳 大利亚	塔斯 马尼亚	澳大 利亚
红酒	191 278	118 496	523	326 800	18 525	2 360	657 982
小计	384 388	235 724	881	549 384	43 561	5 142	1 219 079
未加强型总产量	—	—	—	—	43 725	5 173	1 231 012
蒸馏葡萄酒产量	—	—	—	—	0	1	14 589
葡萄酒总产量	388 733	238 874	900	568 196	43 725	5 174	1 245 601
葡萄酒净产量	387 427	238 824	897	567 588	43 714	5 174	1 243 623

资料来源：ABS，1329.0 - Australian Wine and Grape Industry，2012 - 13.

二、澳大利亚的蔬菜与水果生产

表 2 - 29 列出了澳大利亚最近几年内主要水果产量及价值。

表 2 - 29 澳大利亚主要水果品种的产量和价值

单位：千吨，百万澳元

年份	橙子		柑橘		柠檬		柚子	苹果		梨		香蕉	
	产量	价值	产量	价值	产量	价值	产量	产量	价值	产量	价值	产量	价值
2006	470.7	310.8	104.4	158.7	35.9	43.1	—	270.5	484.4	134.8	105.7	213.2	860.0
2007	409.3	254.0	94.4	127.3	—	—	—	265.5	487.6	130.5	102.4	207.1	388.1
2008	347.7	255.0	90.3	120.0	30.0	60.9	10.7	295.1	542.7	120.4	116.1	270.4	427.7
2009	391.3	303.4	91.0	123.7	—	—	—	264.4	402.3	95.1	74.4	302.2	488.1
2010	291.2	198.1	97.9	137.4	30.0	69.2	9.2	299.8	595.3	123.3	174.9	202.8	316.0
2011	389.8	300.7	85.1	115.5	—	—	—	289.1	464.5	119.3	102.3	285.5	466.8
2012	400.6	345.9	91.1	137.3	—	—	—	288.9	441.4	109.2	114.9	330.0	490.7
2013	350.0	327.8	100.2	153.6	—	—	—	266.8	433.7	98.0	106.8	254.5	341.3

资料来源：Australian Bureau of Statistics（ABS），Agricultural Commodities，Australia，cat. no. 7121.0，Canberra；ABS，International Trade，Australia，cat. no. 5465.0，Canberra.

表 2 - 30 列出了澳大利亚最近几年内主要蔬菜品种的产量及价值。

表 2-30　澳大利亚主要蔬菜品种的产量和价值

单位：千吨，百万澳元

年份	土豆		西红柿		圆葱		胡萝卜		生菜		蘑菇	
	产量	价值	产量	价值	产量	价值	产量	价值	产量	价值	产量	价值
2006	1 212.0	514.4	296.0	296.0	246.5	189.9	271.5	158.4	271.3	282.9	42.7	259.5
2007	1 400.2	691.6	381.8	418.5	254.4	206.7	272.6	188.4	168.7	168.0	47.1	281.5
2008	1 178.5	557.1	440.1	341.5	283.8	224.0	263.5	182.1	164.5	187.0	43.4	249.5
2009	1 278.1	614.1	471.9	346.5	259.9	180.0	267.4	175.6	—	—	41.3	235.7
2010	1 128.2	552.9	301.7	418.1	330.8	274.0	224.6	130.7	144.6	164.0	49.7	293.4
2011	1 288.2	625.6	371.5	351.8	346.6	212.5	319.2	215.0	114.7	129.2	46.5	267.0
2012	1 273.2	690.2	455.7	438.7	301.7	199.6	272.1	192.4	—	—	—	—
2013	1 171.3	619.7	326.2	350.59	256.0	185.3	242.7	131.5	122.6	141.4	60.0	317.7

资料来源：Australian Bureau of Statistics（ABS），Agricultural Commodities，Australia，cat. no. 7121.0，Canberra；ABS，International Trade，Australia，cat. no. 5465，Canberra.

第六节　澳大利亚政府重要农业信息资源

澳大利亚政府实施产业信息公开化，政府职能部门定期将最新统计数据和报告出版或发布在政府网站。本节将与农业及农业产业相关的网站分类整理以方便信息查询。

联邦政府农业相关网站：

澳大利亚联邦政府统计局：www. abs. gov. au

澳大利亚联邦政府农业部：www. agriculture. gov. au

澳大利亚渔业管理局：www. afma. gov. au

澳大利亚农业经济和资源局：www. agriculture. gov. au/abares

澳大利亚环保部：www. environment. gov. au

澳大利亚国际农业研究中心：www. aciar. gov. au

澳大利亚农药和兽药管理局：www. apvma. gov. au

澳大利亚奶业研发公司：www. dairyaustralia. com. au

澳大利亚棉花研发公司：www. crdc. com. au

澳大利亚渔业研发公司：www. frdc. com. au

澳大利亚林业产品公司：www. fwpa. com. au

澳大利亚谷物研发公司：www. grdc. com. au

澳大利亚食品标准：www. foodstandards. gov. au

澳大利亚葡萄与葡萄酒产业研发公司：www. gwrdc. com. au

澳大利亚肉类与畜牧研发公司：www. mla. com. au

澳大利亚生产效率委员会：www. pc. gov. au

农村产业研发公司：www. rirdc. gov. au

澳大利亚蛋业公司：www. aecl. org

墨累—达令河流域管理局：www. mdba. gov. au

各州、地区农业厅：

新南威尔士州农业厅：www. dpi. nsw. gov. au/agriculture

昆士兰州农业厅：www. daf. qld. gov. au

维多利亚州农业厅：agriculture. vic. gov. au/agriculture

南澳大利亚州农业厅：www. pir. sa. gov. au

西澳大利州农业厅：https：//www. agric. wa. gov. au/

北领地地区农业厅：www. nt. gov. au/d/Primary _ Industry/

塔斯马尼亚州农业厅：dpipwe. tas. gov. au/agriculture

第三章
澳大利亚农产品贸易

丰富的耕地、草地等自然资源与机械化、专业化、集约化程度非常高的生产经营方式，成就了澳大利亚高度发达的农牧业生产体系，这也为澳大利亚农产品在国际市场竞争中奠定了坚实的基础。每年75％左右的初级农产品以及25％的加工农产品都要依靠国际市场销售，外贸依存度很高。目前，澳大利亚是仅次于欧盟、美国、加拿大、巴西和中国的世界第六大农产品出口国，也是主要的农产品净出口国之一。在优势农产品生产和出口方面，澳大利亚对国际市场的影响是举足轻重的，其羊毛出口居世界第一，牛羊肉、大麦出口居世界第二，奶制品、棉花、食糖、油菜籽出口居世界第三，小麦出口居世界第四。

第一节　澳大利亚农产品贸易总览

澳大利亚农产品出口一直很强势，2010 年种植和养殖业产品出口达 325 亿美元，分别占商品和劳务出口总额的 11.9％和商品出口总额的 12.7％①。

澳大利亚农产品出口强势体现在另外一个方面，不仅农产品出口国家分布十分广泛，而且出口商品种类也呈现出多样化。

---

① 2010 年澳大利亚渔业和林业部门出口创汇 362 亿美元，并未计算在内。

从农产品出口国家来看，澳大利亚的农产品出口市场在全球范围内分布十分广泛。其主要的农产品贸易合作国（或合作地区）及澳大利亚与该贸易合作国（或地区）的农产品贸易额占比如图 3-1 所示。

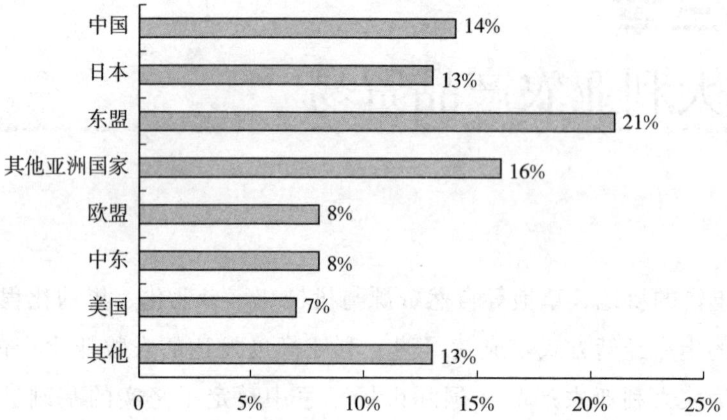

图 3-1　澳大利亚农产品主要出口市场及其市场占比

资料来源：ABARES[①].

从图 3-1 可以看出，澳大利亚农产品出口涉及国家、地区十分广泛，但其分布也呈现出一定的规律性。其农产品主要贸易合作伙伴分布在亚洲地区（在亚洲地区的农产品出口量占到了 64%），其中中国（14%）、日本（13%）、东盟国家（21%）购买其农产品最多。其次是欧盟（8%）、中东（8%）、美国（7%）与澳大利亚国家的农产品交易也有很大往来。

从出口商品的种类来看，澳大利亚农产品出口主要为两类：畜牧产品和农作物。其中畜牧产品主要包括羊毛、羊肉、牛肉、奶粉、奶酪等；农作物主要包括小麦、大麦、粗糖、苜蓿饲料、燕麦等。根据 FAOSTAT 数据库 2009 年的数据，我们做出 2009 年澳大利亚出口的畜牧产品以及农作物分别占农作物出口总量以及总产值的百分比，见图 3-2。

从图 3-2 可以看出，2009 年，澳大利亚农产品出口产量约为 29 925 984吨，其中农作物出口产量为 27 205 776 吨，占整个农产品出口产量的 91%；畜牧产品出口产量为 2 720 208 吨，占整个农产品出口

① 澳大利亚农业资源经济及科技局（Australian Bureau of Agricultural and Resource Economics and Sciences）的简称。

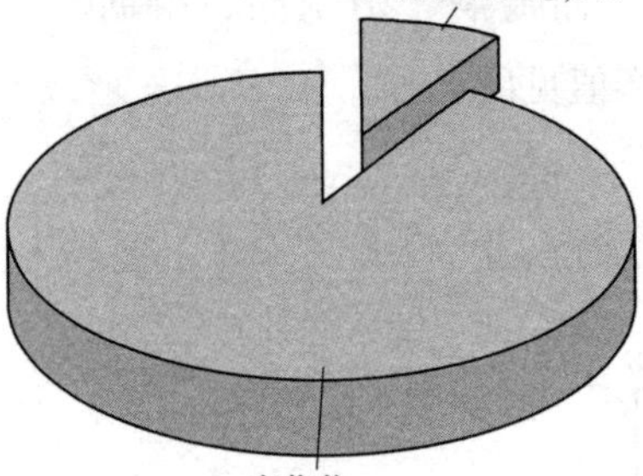

图 3-2 澳大利亚农产品出口产量及占比（2009）

资料来源：FAOSTAT.

产量的 9%。

但是由于不同农产品单价水平存在差异，单纯根据农产品的数量来决定的占比信息不够全面，因此，图 3-3 做了两类农产品的出口产值的对比。

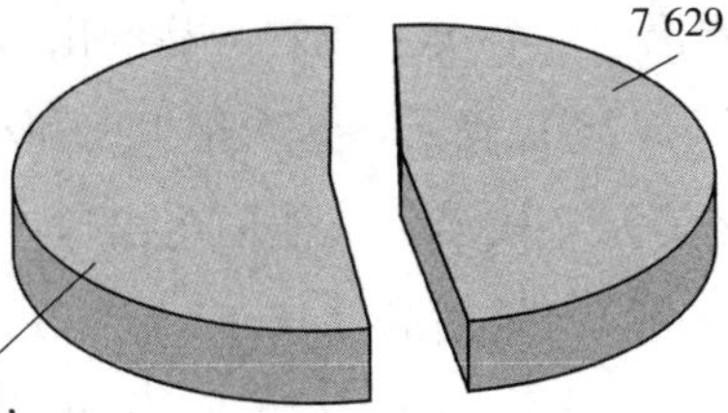

图 3-3 澳大利亚农产品出口产值及占比

资料来源：ABARES.

从图 3-3 可以看出，2009 年澳大利亚农产品出口总产值达到 16 051 652千美元，其中农作物出口产值为 8 421 735 千美元，占整个澳大利亚农产品出口总产值的 52%；畜牧产品出口产值为 7 629 917 千美元，占整个澳大利亚农产品出口总产值的 48%。

在澳大利亚的农产品出口所得中，以下八种商品对澳大利亚国家经济做出了巨大贡献，在 2010 年创造了 325 亿美元的农产品出口产值，占比超过了农产品出口总价值的60%。这八种商品分别是：小麦、牛肉和小牛肉、羊毛、葡萄酒、奶制品、粗糖、大麦、羊肉。它们在2010年创造的出口产值见图3-4。

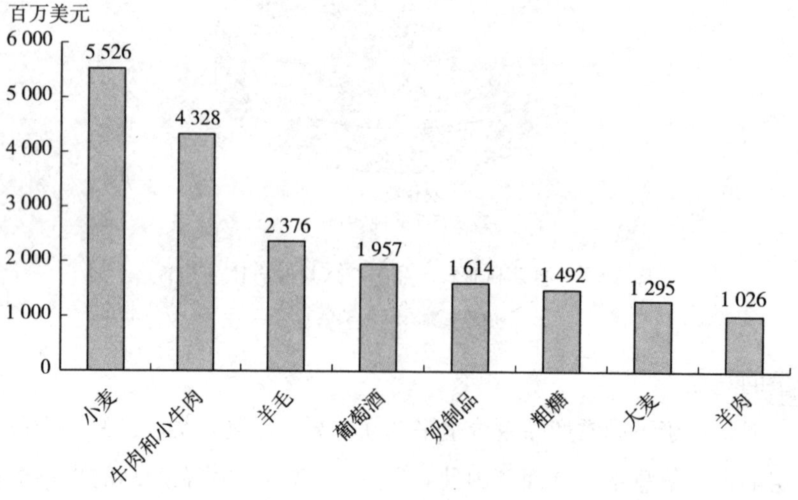

图3-4　各类主要农产品的出口产值

资料来源：ABARES.

从图3-4可以看出，在各类主要农产品的出口中，小麦出口创造的产值最多，达到了55.26亿美元，其次是牛肉和小牛肉（43.28亿美元）、羊毛（23.76亿美元）较多，其他创造出口产值较多的农产品包括葡萄酒（19.57亿美元）、奶制品（16.14亿美元）、粗糖（14.92亿美元）、大麦（12.95亿美元）、羊肉（10.26亿美元）。

澳大利亚出口农产品种类丰富，涉及部门众多，因此，有必要对农产品贸易范围做一个界定。澳大利亚农产品主要涉及农业、林业、渔业三个部门。本书主要采用了澳大利亚农业资源经济及科技局（Australian Bureau of Agricultural and Resource Economics and Sciences，简称ABARES）、澳大利亚联邦统计局（Australian Bureau of Statistics，简称ABS）所公布的统计数据。在统计口径方面，依据ABARES所做的分类。农业部门涉及的农产品主要包括谷物以及油料作物（小麦、大米、燕麦、大豆、豌豆，高粱、黑小麦、燕麦、棉花籽、油菜等），工业原料作物（粗棉、糖、酒），园艺蔬菜类（水果、坚果、蔬菜、葡萄酒、其他园艺作物)，肉及活畜（牛肉、羊肉、猪肉、小牛肉、羔羊肉、活牛、活羊、奶牛等)，禽蛋奶制品（奶酪、脱脂牛奶、黄油、牛奶、其他乳制品)，皮毛（加工羊毛、羊毛、皮革）等6大类。林业部门主要涉及原木、锯木、木制品、纸浆、废纸、包装用纸、卫生用纸等。渔业部门主要涉及对虾、龙虾、扇贝、鲍鱼、鳍鱼、金枪鱼、沙丁鱼、其他鱼类等。

第二节　澳大利亚农产品出口

一、农业出口价值

澳大利亚的农产品生产绝大多数是以出口国际市场为目的，这主要是因为澳大利亚人口基数小，自身消费非常有限，而农业资源丰富生产能力大。表3-1列出了从2000年至2013年间澳大利亚农业出口贸易额度，按照澳大利亚统计口径，农业分为农业部门（也即种植、养殖业)，林业部门和渔业部门。同时表中也列出了相应时段整个国家的出口贸易总额，以充分映衬农业在国家出口贸易中的地位。

表3-1　2000—2013年澳大利亚总出口与农业部门出口

单位：百万澳元

年份	农业部门出口				澳大利亚出口		
	种植、养殖业	林业	渔业	总计	商品价值	服务增值	出口总值
2000	29 938	1 850	2 168	33 956	120 201	35 985	156 186
2001	31 527	2 019	2 099	35 645	121 067	34 696	155 763
2002	27 090	2 092	1 844	31 026	115 895	35 619	151 514
2003	26 049	2 044	1 651	29 744	109 418	37 122	146 540
2004	27 320	2 120	1 541	30 981	127 811	38 822	166 633
2005	27 363	2 142	1 546	31 051	154 044	41 519	195 563
2006	27 241	2 356	1 494	31 091	169 620	46 557	216 177

（续）

年份	农业部门出口				澳大利亚出口		
	种植、养殖业	林业	渔业	总计	商品价值	服务增值	出口总值
2007	26 993	2 473	1 341	30 807	182 925	49 822	232 747
2008	31 099	2 346	1 529	34 973	231 615	51 846	283 461
2009	27 840	2 271	1 246	31 357	201 805	50 349	252 154
2010	31 917	2 475	1 248	35 640	247 006	51 046	298 052
2011	36 389	2 229	1 227	39 844	265 722	51 565	317 287
2012	38 017	2 037	1 175	41 228	248 917	53 487	302 404
2013	41 116	2 520	1 304	44 940	273 803	57 381	331 184

资料来源：ABARES，Australian Bureau of Statistics (ABS)，Balance of Payments，Australia，cat. nos 5302.0 and 5303.0，Canberra；ABS，International Trade，Australia，cat. no. 5465.0，Canberra.

直观数据显示，澳大利亚的农业出口值，总体上波动幅度不大，呈缓慢增长的态势。种植业、养殖业在绝对数量上增幅明显，这可能与其规模大、涉及广有关系；林业出口略有增长，但总体绝对数量变化值不大。与农业总体出口增长以及其他行业板块形成鲜明对比的是渔业，渔业的出口值多年来持续下降，降幅高达40%。

2000—2013年澳大利亚农产品出口平均值为344.49亿澳元，总出口平均值为2 289.76亿澳元。自2000年以来种植、养殖业的年平均增长为2.3%左右，林业出口年平均增长率为1.5%左右，而渔业的年平均增长率则为−4.4%。尽管农业出口额的绝对值逐年上升，但是其增长速度还是落后于国家出口贸易的增长速度，因此农业出口在国家出口贸易中的比重呈持续降低势态。澳大利亚作为世界上的一个农业大国，其农产品出口占总出口贸易的比重约为15%左右。

不仅如此，自2000年以来，农业出口、国家总出口以及农业出口占国家出口的比重也有一个明显变化趋势，图3-5具体描述了这一变化趋势。从图中可以看出，2000—2013年间，澳大利亚的农业出口值基本维持在一个相对稳定的状态，但是，国家出口总额却是从

2003年开始呈现出增长趋势，而且这一增长趋势基本一致持续到2013年。也正因为如此，所以我们可以看到农业出口值占国家出口总额的比在不断下降，从最初的2001年的最高达22%到2010年最低只有12%左右，这在一定程度上体现出澳大利亚其他非农产品出口额的增长趋势。

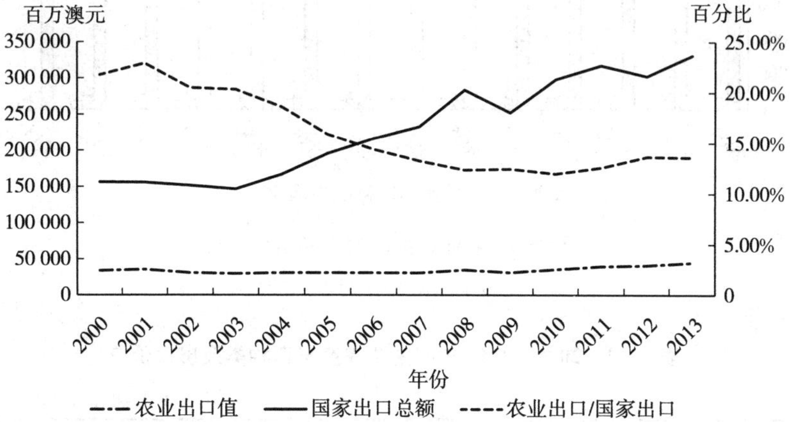

图3-5　2000—2013年间农业、国家出口贸易状况

资料来源：ABARES.

二、出口农产品结构

表3-1同时也显示了澳大利亚的农产品出口结构，为了更直观显示农业各部门出口贸易对国民经济的贡献，依据澳大利亚的常规统计将种植、养殖业，林业和渔业自2000年以来的出口额度以柱状图显示，见图3-6。从图上可以看出，种植、养殖业（对应我国狭义农业和畜牧业养殖业）在农产品出口贸易中占有绝对的优势。种植养殖业的出口额有所波动，但是总体呈缓慢增加的趋势。在三个部门的出口中，农业部门的出口商品比重最大。2000—2013年间种植、养殖业出口商品平均值占总出口平均值的89.14%，其次为林业部门，占6.42%。渔业部门最小，仅为4.44%。进一步将近几年的种植业、养殖业的农产品出口结构及价值细化后列表3-2。

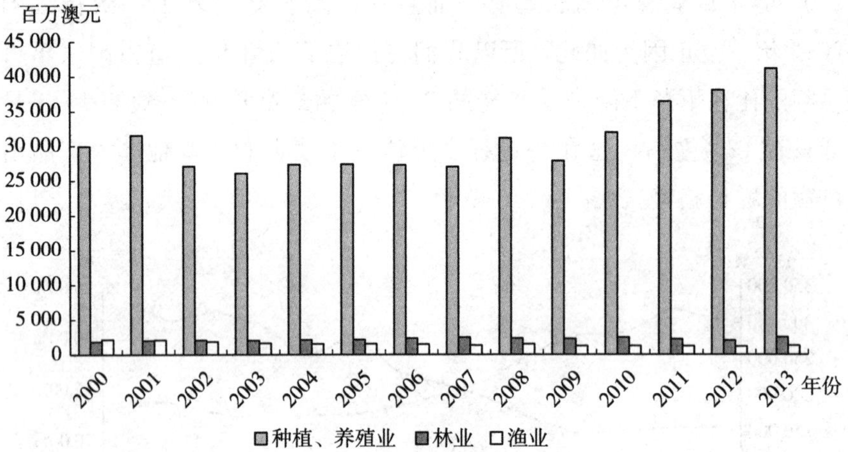

图 3-6　农业各部门农产品出口结构

资料来源：ABARES.

表 3-2　2006—2013 年间主要农产出口种类及出口价值

单位：百万澳元（FOB）

	2006	2007	2008	2009	2010	2011	2012	2013
粮食								
大麦	833	1 496	1 321	1 093	1 295	1 875	1 626	2 199
玉米（黄）	4	5	13	8	6	24	50	36
高粱	13	76	405	116	146	299	364	253
燕麦	20	37	64	53	37	47	60	53
大米	275	114	65	43	165	427	459	498
小麦	2 765	2 990	5 028	3 692	5 516	6 378	6 776	6 103
油料作物								
菜籽	108	303	595	583	866	1 344	2 094	1 929
棉花籽	31	8	19	46	85	195	219	168
其他	22	27	27	24	14	10	13	18
豆类								
鹰嘴豆	168	139	275	255	213	384	533	297
红豌豆	80	61	62	60	85	93	89	67
羽扇豆	38	31	61	115	89	86	143	143
其他豆类	163	160	206	258	311	436	418	494
粮食、油料作物、豆类总计	4 521	5 447	8 143	6 344	8 827	11 598	12 846	12 259

（续）

	2006	2007	2008	2009	2010	2011	2012	2013
经济作物								
原棉	823	466	500	755	1 367	2 736	2 695	2 352
粗糖	1 510	1 006	1 338	1 887	1 436	1 556	1 437	1 354
葡萄酒	2 894	2 700	2 493	2 188	2 009	1 910	1 867	1 847
经济作物总计	5 227	4 172	4 331	4 830	4 812	6 203	5 999	5 554
园艺品								
水果	600	586	683	585	456	505	634	724
坚果	174	181	233	212	211	240	348	610
蔬菜	273	263	281	282	296	276	260	270
苗圃	33	32	29	23	20	15	12	11
其他园艺品	283	274	280	274	293	258	224	250
园艺品总计	1 364	1 336	1 506	1 376	1 277	1 294	1 478	1 865
其他农作物及农作物制成品	1 719	1 904	2 405	2 383	2 504	2 560	2 740	3 072
总的农作物	12 830	12 859	16 384	14 933	17 420	21 654	23 062	22 750
肉类和牲畜								
牛肉和小牛肉	4 634	4 192	4 857	3 953	4 328	4 467	4 871	6 265
屠宰牛肉	436	446	538	550	499	412	339	780
种牛	61	95	108	152	161	239	251	269
羊羔	748	803	925	916	1 026	1 060	1 086	1 468
活羊	290	287	340	298	348	345	194	185
羊肉	458	443	482	433	404	362	478	751
猪肉	142	128	124	109	106	100	81	85
家禽肉	26	32	43	36	38	45	43	50
肉类和活畜总计	6 795	6 426	7 417	6 446	6 909	7 030	7 342	9 851
羊绒制品								
油脂	2 315	2 119	1 729	1 773	2 371	2 448	2 261	2 212
半成品	393	362	281	238	251	242	209	238
羊皮	356	319	312	291	426	433	398	426
总羊绒制品	3 064	2 800	2 322	2 303	3 048	3 123	2 869	2 877
日常品								
黄油	179	195	232	211	252	201	180	243
奶酪	824	968	796	715	731	751	784	765

（续）

	2006	2007	2008	2009	2010	2011	2012	2013
日常品								
酪蛋白	113	125	107	88	53	48	46	42
脱脂奶粉	479	508	553	352	504	474	467	708
全脂奶粉	275	392	475	296	402	378	312	532
其他日用品	577	582	528	434	408	442	443	435
日用品总计	2 446	2 770	2 691	2 096	2 349	2 295	2 232	2 725
其他活畜	2 105	2 138	2 284	2 059	2 190	2 287	2 512	2 876
总牲畜出口	14 411	14 135	14 715	12 904	14 496	14 735	14 954	18 329
农作物总出口	27 241	26 993	31 099	27 837	31 917	36 389	38 017	41 079

资料来源：ABARES，Australian Bureau of Statistics (ABS)，Balance of Payments，Australia，cat. nos 5302.0 and 5303.0，Canberra；ABS，International Trade，Australia，cat. no. 5465.0，Canberra.

为了更好显示澳大利亚种植、养殖业的农产品出口结构，依据澳大利亚对农产品的分类，即谷类、油料作物、豆类、工业原材料作物、林果业、其他农作产品、总肉类产品、羊毛、奶制品、其他畜牧业产品，将2006—2013年间种植、养殖业的农产品出口价值绘制成直方图，见图3-7。

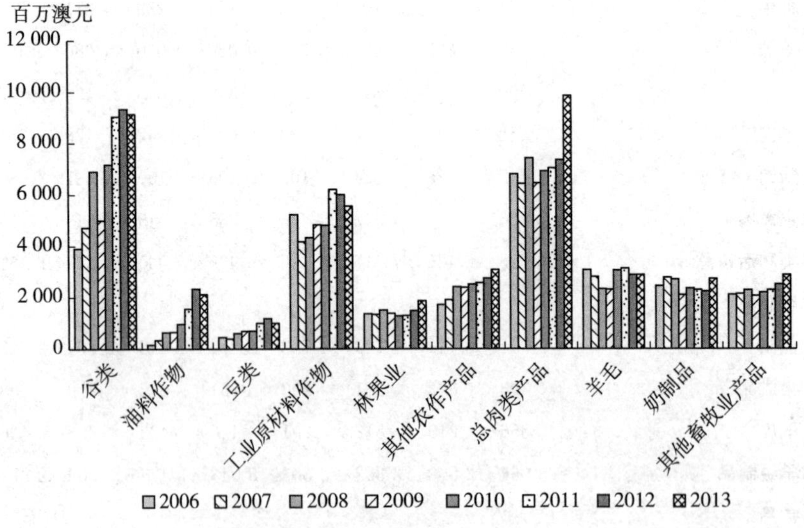

图3-7　2006—2013年间澳大利亚主要出口农产品结构

资料来源：ABARES.

从图3-7可以看出2006—2013年间，谷类作物、肉类产品和工业原料作物在澳大利亚农产品出口中占有很大的比重，三者的平均年出口价值分别为69.03亿澳元、72.77亿澳元和51.41亿澳元，且基本保持平稳增长的趋势。相较之下，油料作物对出口贡献则相对较小，2006—2013年间年平均出口值约为11亿澳元，但是值得注意的是其在这个过程中的增长速度非常迅猛，年平均增长率约为36.56%。除此之外，豆类产品出口也保持了较快速度，年平均增长率达15%。其他农产品如林果业、羊毛、奶制品以及其他畜牧产品的出口基本保持稳定，没有出现明显的波动现象。与此同时，其他农作物产品的出口增产也达到了7.3%，充分显示了澳大利亚出口农产品的生产日趋多样化。

澳大利亚的2007—2013年间的林业产品出口状况见表3-3。总体上澳大利亚的林业产品出口在最近几年保持稳定。

表3-3　澳大利亚主要出口林产品及其出口价值

单位：百万澳元

	2007	2008	2009	2010	2011	2012	2013
圆木	105.4	101	137.8	197.6	175.1	154.7	292.4
锯木							
粗锯软木	63.1	69.7	76.1	67.2	54.8	61.4	75.2
装饰软木	11.5	8.8	7	4.5	3.2	2.4	2.9
粗锯实木	37.5	37.1	32.9	33.6	23.3	19.6	22.5
装饰实木	8.3	9.2	9.5	9.6	6.9	6.4	7.2
总计	120.4	124.8	125.5	114.9	88.2	89.9	107.9
枕木	3.3	3.7	2.5	3	2.8	2.9	2.5
森林产品	57.6	54.3	60.6	66	58.6	53.6	62.7
人造板							
薄木片	18.8	36.5	44.3	52.1	50.6	24.5	29
胶合板	8.8	4.1	2.6	1.7	2.2	4.1	2.9
刨花板	3.8	6.6	3.4	2.4	1.4	1.4	1.4
硬质纤维板	0.1	1.2	1.3	2.1	1.8	2.1	2
中密度纤维板	75.7	52	44.7	39.4	26.3	18.5	25.7
软质纤维板和纤维板	1.5	0.8	0.6	0.6	0.7	0.2	0.4
总计	108.7	101.2	97	98.3	83	50.8	61.5

（续）

	2007	2008	2009	2010	2011	2012	2013
纸和纸板							
新闻纸	2.7	2	5.7	13.3	15.5	36.2	59.1
印刷与书写	132.5	128.1	142.8	88.4	119.8	117	139.3
家庭卫生	105.7	110.9	96.8	94	63.7	32.8	48.7
包装与工业	394.6	364.4	403.6	551.7	518.3	525.6	605.5
总计	635.5	605.5	648.9	747.4	717.1	711.5	852.5
纸制品	103.5	106.1	102.4	111.8	133.6	132.1	131.6
回收纸	251.7	234.8	227.9	240	240	230	241.1
纸浆	14.7	17.7	13.2	11.3	0.7	0.2	0.3
木片	1 072.2	996.8	855.5	884.4	729.3	611	767.7
总计	2 473	2 345.9	2 271.2	2 475	2 228.6	2 036.7	2 520.2

资料来源：ABARES，Australian Bureau of Statistics，International Trade，Australia，cat. no. 5465.0，Canberra.

2007 年以来澳大利亚渔业主要产品及出口额见表 3－4。澳大利亚鱼类出口以金枪鱼和三文鱼为主。澳大利亚也出口一定比例的活鱼，活鱼则包括各种品种，出口价值占到总出口额的 13%左右。金枪鱼的出口额占到了所有鱼类出口额的 55.4%，而三文鱼则占了大约 12%，两种鱼的合计占到了鱼类出口的近 70%。

表 3－4　澳大利亚的渔业出口结构与出口额

	2007	2008	2009	2010	2011	2012	2013
价值量（千澳元）							
鱼类							
活鱼	42 827	46 483	40 435	33 372	31 953	30 664	34 174
金枪鱼	206 200	176 808	118 494	131 388	162 703	162 636	135 539
鲑鱼	21 913	47 246	29 640	54 437	41 779	25 402	17 396
旗鱼	2 322	3 563	4 181	4 464	4 241	3 929	3 921
鳕鱼	2 960	3 364	3 396	4 979	2 535	1 355	189
其他鱼类	47 685	55 675	61 632	58 143	46 166	34 179	34 216
鱼类总计	323 906	333 140	257 779	286 784	289 377	258 166	225 434

（续）

	2007	2008	2009	2010	2011	2012	2013
甲壳动物和软体动物							
岩石龙虾	400 657	461 640	399 682	369 271	386 710	447 263	590 293
大虾	68 624	82 180	61 461	77 096	66 677	51 797	100 978
鲍鱼	217 218	208 185	216 373	212 036	197 255	185 996	170 043
扇贝	27 838	33 254	29 508	15 423	15 347	10 792	13 576
蟹	15 701	16 370	13 801	13 440	10 961	8 155	5 534
其他	10 582	9 729	8 477	16 296	34 391	40 171	32 491
合计	740 620	811 356	729 302	703 562	711 342	744 175	912 916
总计	1 064 526	1 144 496	987 081	990 346	1 000 719	1 002 341	1 138 350
数量（吨）							
鱼类							
活鱼	1 143	1 148	990	880	930	832	910
金枪鱼	12 574	11 522	9 547	7 809	8 888	8 901	11 000
鲑鱼	2 993	6 612	4 033	6 378	5 750	2 584	1 817
旗鱼	245	369	447	428	509	455	443
鳕鱼	1 291	1 359	1 305	1 786	892	394	62
其他鱼类	5 201	5 772	5 376	5 466	5 056	4 657	4 377
鱼类总计	23 449	26 783	21 698	22 747	22 025	17 822	18 608
甲壳动物和软体动物							
岩石龙虾	9 487	9 559	7 729	7 017	6 916	7 819	7 966
大虾	4 916	4 797	4 659	6 419	5 393	3 917	7 055
鲍鱼	3 580	3 320	3 639	3 424	3 149	2 818	2 742
扇贝	1 128	1 137	1 089	567	443	417	549
蟹	1 414	1 324	1 079	970	801	446	421
其他	1 059	1 057	1 004	1 220	1 735	2 064	1 562
合计	21 584	21 194	19 198	19 616	18 436	17 482	20 296
总计	45 032	47 977	40 896	42 363	40 461	35 304	38 904

资料来源：ABARES，Australian Bureau of Statistics (ABS)，Balance of Payments，Australia，cat. nos 5302.0 and 5303.0，Canberra；ABS，International Trade，Australia，cat. no. 5465.0，Canberra.

三、出口农产品的主要市场

澳大利亚农产品产量远远高于其国内居民消费量，因此，澳大利亚很大一部分农产品出口其他国家或地区。其海外市场涉及广泛，基本遍布全球各大洲，各地区。根据澳大利亚公布的数据将 2007 年至 2013 年期间，澳大利亚主要农产品出口按国家和地区进行汇总，见表 3－5。

表 3－5　澳大利亚农业品出口的主要市场结构

单位：百万澳元

	2007	2008	2009	2010	2011	2012	2013
非洲							
埃及	184	284	269	407	407	381	336
南非	123	160	117	113	220	188	141
其他	181	332	423	447	518	777	876
总和	488	776	809	968	1 145	1 346	1 353
美洲							
美国	2 552	3 049	2 366	2 168	2 300	2 425	3 047
加拿大	402	381	336	333	327	338	415
其他	291	279	173	206	277	221	190
总和	3 245	3 709	2 875	2 706	2 905	2 984	3 652
东北亚							
中国	3 068	3 145	3 670	4 672	6 703	7 490	9 033
日本	4 351	5 121	4 133	4 261	4 364	4 150	3 856
韩国	1 741	1 842	2 080	2 147	2 553	2 379	2 384
中国台湾	596	620	697	763	768	710	812
其他	437	584	540	538	601	657	841
总和	10 193	11 312	11 120	12 380	14 988	15 387	16 926
东南亚							
印度尼西亚	1 820	2 444	2 299	2 545	2 562	2 668	2 999
马来西亚	809	1 026	879	899	930	1 031	1 228
菲律宾	319	458	321	510	683	652	470
新加坡	686	727	705	787	857	988	1 138
泰国	520	616	608	819	982	777	824

（续）

	2007	2008	2009	2010	2011	2012	2013
东南亚							
其他	375	539	560	800	931	783	1 157
总和	4 529	5 810	5 372	6 360	6 945	6 899	7 817
南亚	702	1 026	1 414	1 495	1 436	1 833	1 511
中东	2 199	2 832	2 098	2 729	3 139	3 928	3 858
欧洲							
欧盟	2 558	2 670	1 833	2 522	2 891	2 716	2 767
俄罗斯	368	321	217	487	399	319	390
其他	102	132	74	87	80	74	93
总和	3 028	3 123	2 125	3 097	3 370	3 108	3 251
大洋洲							
新西兰	1 389	1 499	1 449	1 415	1 471	1 477	1 488
其他	313	375	473	508	540	555	580
总和	1 702	1 874	1 922	1 923	2 011	2 032	2 068
其他国家地区	907	636	103	258	451	499	681
澳大利亚总出口	26 993	31 099	27 837	31 917	36 389	38 017	41 079

资料来源：ABARES，Australian Bureau of Statistics（ABS），Balance of Payments，Australia，cat. nos 5302.0 and 5303.0，Canberra；ABS，International Trade，Australia，cat. no. 5465.0，Canberra.

从以上数据我们可以看出，近几年澳大利亚农产品的主要出口市场为亚洲。其出口亚洲的农产品的平均年产值占到了全球市场份额的71.24%，其销售领域也涉及东北亚、东南亚、南亚和中亚等亚洲全境。

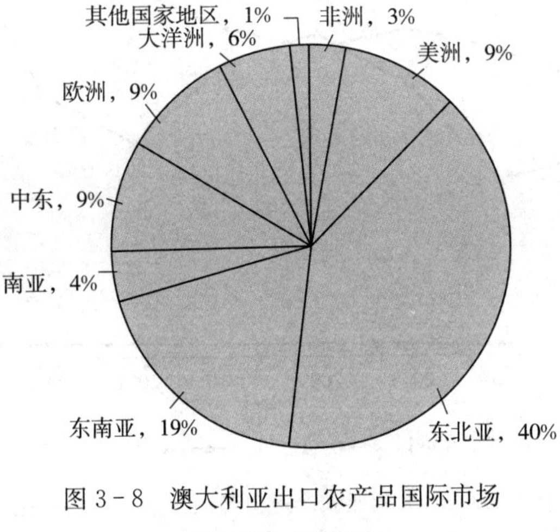

图 3-8　澳大利亚出口农产品国际市场

资料来源：ABARES.

为进一步分析，我们在下部分中将亚洲市场细分为东北亚、东南亚、南亚和中亚进行统计分析。图 3－8 为我们详细展示了澳大利亚农产品的国际市场在各大洲与地区范围的市场份额。

从图 3－8 我们可以看出，澳大利亚的农产品主要出口市场为亚洲地区，东北亚、东南亚、南亚的市场份额占到了整个澳大利亚总的市场份额的 63%，其中又以出口东北亚地区的农产品占比份额最大（63%），分析原因主要是澳大利亚农产品有很大一部分出口中国、日本、韩国。其次是出口中东、美洲和欧洲地区的农产品占比较大，三者均在 9%。再者澳大利亚农产品也有少量出口大洋洲其他国家以及世界其他地区。

第三节　澳大利亚农产品进口

由于澳大利亚自身是一个农业大国，很多农产品的生产是以出口为导向的，加上人口基数非常小，因此澳大利亚的农产品进口并不多。图 3－9 展示了 2006—2013 年间澳大利亚农产品进口与国家总进口贸易的

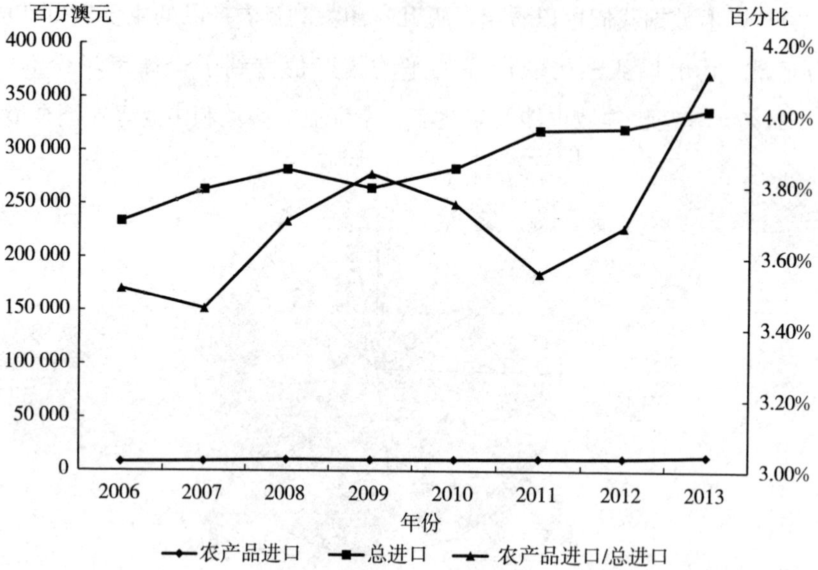

图 3－9　澳大利亚农产进口与国家进口贸易对比

资料来源：ABARES.

对比。从图 3-9 可以看出，2006—2013 年间，澳大利亚的整个农产品进口量非常小，而且基本维持在一个相对稳定的状态。由于在这期间澳大利亚的商品和服务进口总额在平稳增长中伴随着细微波动，所以导致澳大利亚的农业部门农产品年进口均值占全国农产品进口总额的比率有所波动，但基本维持在贸易总额的 3.7%左右。

为了更清晰描述各个部门的出口概况，下面按照部门分类将每个部门的产品进口状况进行统计如下。

一、农业部门产品进口状况

表 3-6 呈列了 2006—2013 年间澳大利亚农业部门农产品进口的种类和价值，从中可以看出，这期间农业部门的进口贸易额平均为 107 亿澳元。从进口农产品的品种上看，主要是蔬菜、水果以及坚果，奶制品和红酒类。

表 3-6　2006—2013 年间澳大利亚农产品进口

单位：百万澳元

	2006	2007	2008	2009	2010	2011	2012	2013
谷物，油料作物和豆类								
小麦	0	0	0	0	1	1	1	1
水稻	84	146	229	225	181	159	152	185
油菜	41	20	24	21	22	27	28	43
棉花种子	11	10	37	7	4	7	7	9
豆类	15	17	18	18	19	16	15	18
其他谷物和油籽	35	19	10	4	9	18	22	24
合计	185	212	318	275	236	228	226	281
园艺								
水果	690	777	819	772	816	934	860	1 084
坚果	199	199	218	213	245	295	287	346
蔬菜	555	660	767	674	716	846	832	912
咖啡和香料	343	366	443	419	510	601	599	688
其他园艺	64	164	151	140	67	45	98	114

（续）

	2006	2007	2008	2009	2010	2011	2012	2013
园艺								
合计	1 849	2 165	2 398	2 217	2 355	2 722	2 676	3 144
经济作物								
棉	0	0	0	0	1	0	0	0
粗糖	6	7	26	51	105	75	52	83
葡萄酒	334	454	502	477	490	554	602	678
合计	340	460	528	529	596	630	654	761
屠宰的肉和活的动物								
牛肉和小牛肉	14	10	14	14	20	21	14	14
绵羊肉	1	2	5	10	10	7	6	7
猪肉	421	362	500	468	441	460	514	500
合计	437	374	518	492	472	488	535	522
羊毛								
油脂	0	1	0	0	0	0	0	0
日常品								
黄油	36	82	54	72	84	92	67	100
奶酪	302	377	365	360	398	408	390	494
酪蛋白	15	22	15	7	9	9	8	14
全脂奶粉	18	35	35	35	42	39	33	45
其他日常品	109	141	162	142	162	206	192	270
合计	480	656	631	615	694	755	691	922
其他进口农产品	4 913	5 232	6 050	6 022	6 275	6 523	7 049	8 291
总的农产品进口	8 206	9 101	10 444	10 151	10 627	11 346	11 831	13 920

资料来源：ABARES，Australian Bureau of Statistics（ABS），Balance of Payments，Australia，cat. nos 5302.0 and 5303.0，Canberra；ABS，International Trade，Australia，cat. no. 5465.0，Canberra.

二、林业部门产品进口状况

表 3-7 列出来林业部门的进口产品的种类和价值。可以看出相比于农业部门，林业部门的产品进口数量更少，其中纸制品进口额最大，

占到整个林业部门进口额的66%。除此之外，澳大利亚同样会进口一定数量的木材和木制板材，占到林业部门进口额度的23%。

表3-7 2007—2013年间澳大利亚林业部门产品进口状况

单位：百万澳元

	2007	2008	2009	2010	2011	2012	2013
圆木	0.8	1.1	0.4	0.6	0.7	0.9	0.8
锯材							
粗锯软木	186	133.9	140.3	134.6	104.9	100.1	110.7
细锯软木	191.4	167.5	199.9	247.7	247.8	246.1	281.2
粗锯实木	56.4	48.5	39.4	40.1	44.3	41.5	45.7
细锯实木	58.4	54.9	49.6	50.3	50.8	35	30.8
合计	492.3	404.8	429.2	472.8	447.8	422.7	468.5
杂林产品	583.2	650.5	602.7	687.5	741	734.1	906.5
人造板							
单板	33.4	28.3	21.7	20.9	20.8	19.1	15.4
胶合板	152.7	145.4	137.7	170.3	182.7	183.6	209.9
刨花板	34.4	26.8	20.3	20.9	26.1	26.9	35.5
硬质纤维板	28.1	25.7	30.4	39.7	53.9	47.5	71.6
中密度纤维板	32.7	41	36.9	34.5	36.3	32.3	35.2
软质纤维板和纤维板	2.9	4	2.9	3	3.2	2.1	2.7
合计	284.2	271.2	249.9	289.3	322.9	311.5	370.3
纸和纸板							
新闻纸	184.6	173.4	158	175.7	90.6	57.9	48.9
印刷与书写	1 456.1	1 467.8	1 354.9	1 347.4	1 216.6	1 151	1 193.8
家庭卫生	137.3	154.2	163.5	185.2	186.7	244.1	208.2
包装与工业	470.4	481	498.8	515	542.8	590.1	653.8
合计	2 248.4	2 276.4	2 175.1	2 223.2	2 036.8	2 043.1	2 104.8
纸制品	513.3	590.2	562.8	556.6	486.2	446.1	536.8
废纸	2.4	0.8	0.6	0.4	0.7	0.9	2
纸浆	285.2	262.6	177.8	180.3	164.1	154.4	203.3
木片	1.8	1.7	1.2	1.8	2	2.7	3.2
总计	4 411.5	4 459.2	4 199.8	4 412.5	4 202.2	4 116.3	4 596.2

资料来源：ABARES，Australian Bureau of Statistics (ABS)，Balance of Payments，Australia，cat. nos 5302.0 and 5303.0，Canberra；ABS，International Trade，Australia，cat. no. 5465.0，Canberra.

三、渔业部门产品进口状况

澳大利亚渔业进口规模不大，而且进口的鱼类产品大部分都已经过初级加工，表 3-8 是澳大利亚渔业部门的进口价值额，表 3-9 列出了渔业部门进口种类和数量。从进口品种上看，以鳕鱼、三文鱼和虾、贝类为主。进口鱼类产品中加工过的产品占到了总进口额的 56%，数量的 49%。

表 3-8 澳大利亚渔业部门进口状况

单位：千澳元

	2007	2008	2009	2010	2011	2012	2013
鱼类							
新鲜或冷藏							
鲑鱼	6 950	5 593	6 308	9 775	3 874	7 161	7 887
鲨鱼	2 882	3 169	4 236	3 189	3 085	3 555	3 883
其他	45 131	50 152	53 648	54 925	62 129	78 557	78 758
冷冻							
鳕鱼	32 015	31 005	26 125	27 244	20 930	23 340	19 435
鲑鱼	1 069	93	1 135	3 818	4 245	14 540	33 903
其他	230 011	240 902	242 818	231 426	228 975	227 597	247 811
准备或保留的鱼	338 800	431 637	359 203	385 523	406 100	466 535	519 180
腌鱼干或熏制	45 056	49 971	45 980	42 592	48 304	54 713	74 917
其他鱼类制剂	9 381	8 605	9 993	9 230	10 972	18 008	19 123
合计	711 295	821 127	749 446	767 722	788 615	894 006	1 004 896
甲壳动物和软体动物							
冷冻							
大虾	165 732	133 860	158 448	147 683	203 266	190 089	338 699
扇贝	27 865	29 863	33 428	34 443	43 009	39 906	51 119
鱿鱼和章鱼	45 548	54 175	61 693	74 199	77 523	69 215	80 961
其他	32 129	35 739	35 458	40 967	45 764	51 140	71 173
制备或保存	129 554	187 673	190 468	191 942	197 685	166 776	217 742
其他	16 387	16 782	14 723	14 294	17 863	16 322	16 582

（续）

	2007	2008	2009	2010	2011	2012	2013
合计	417 214	458 091	494 218	503 529	585 110	533 448	776 276
总计	1 128 663	1 279 406	1 243 918	1 271 319	1 373 822	1 427 679	1 781 288

资料来源：ABARES，Australian Bureau of Statistics (ABS)，Balance of Payments，Australia，cat. nos 5302.0 and 5303.0，Canberra；ABS，International Trade，Australia，cat. no. 5465.0，Canberra.

表 3-9 澳大利亚鱼类进口的种类和数量

单位：吨

	2007	2008	2009	2010	2011	2012	2013
鱼类							
新鲜或冷藏							
鲑鱼	749	588	796	1 171	486	750	702
鲨鱼	417	454	620	468	446	507	549
其他	6 460	6 879	7 534	7 473	9 076	12 541	11 628
冷冻							
鳕鱼	6 810	5 745	5 432	6 662	5 256	6 103	4 507
鲑鱼	95	14	87	292	379	1 256	2 401
其他	47 341	43 594	47 007	46 347	47 699	50 604	48 680
准备或保留的鱼	71 001	72 290	75 104	80 949	77 149	84 264	87 401
腌鱼干或熏制	3 755	3 690	3 553	3 574	3 825	4 350	4 788
其他鱼类制剂	155	144	122	161	95	128	155
合计	136 783	133 397	140 255	147 098	144 409	160 503	160 811
甲壳动物和软体动物							
冷冻							
大虾	18 641	12 745	17 662	16 365	21 222	20 996	25 783
扇贝	2 436	2 167	2 794	2 591	2 904	3 011	3 271
鱿鱼和章鱼	15 594	16 808	15 909	15 183	15 083	15 482	17 758
其他	4 350	5 305	5 317	5 625	5 485	5 691	6 494
制备或保存	19 022	21 696	24 329	23 950	23 848	21 561	21 943
其他	1 330	1 179	1 149	962	1 285	1 126	1 440
合计	61 373	59 899	67 160	64 677	69 827	67 867	76 689
总计	198 273	193 312	207 439	211 779	214 244	228 391	237 511

资料来源：ABARES，Australian Bureau of Statistics (ABS)，Balance of Payments，Australia，cat. nos 5302.0 and 5303.0，Canberra；ABS，International Trade，Australia，cat. no. 5465.0，Canberra.

第四节　主要出口农产品

澳大利亚的主要出口农产品包括谷物、肉类、奶制品、羊毛、棉花、油料作物等，本节的主要内容则具体通过数据分析这些澳大利亚主要农产品的基本出口情况。

一、澳大利亚谷类产品出口

（一）小麦出口

小麦是澳大利亚出口的主要谷物之一，表 3 - 10 详细列出了 2006—2013 年间澳大利亚的小麦出口量以及主要出口地区。从下表可以看出，澳大利亚的小麦主要出口市场为亚洲市场，其中又以印度尼西亚、中国、日本、韩国、马来西亚为亚洲市场的主要出口国。印度作为一个粮食需求量极大的国家，曾大量进口澳大利亚小麦，但是从 2007 年开始已基本停止从澳大利亚进口小麦。与此同时，越南以及中东的一些国家对澳大利亚小麦的需求却日趋增长。

表 3 - 10　澳大利亚小麦出口

单位：千吨

	2006	2007	2008	2009	2010	2011	2012	2013
非洲								
埃及	251	284	449	501	730	618	514	275
埃塞俄比亚	0	0	5	8	0	2	0	0
南非	0	0	77	46	90	265	255	55
亚洲								
孟加拉国	3	65	337	443	1 049	259	22	53
缅甸	77	55	88	164	175	179	199	282
中国	183	2	231	745	530	1 872	1 235	1 491
印度	1 593	9	1	240	137	4	9	8

（续）

	2006	2007	2008	2009	2010	2011	2012	2013
亚洲								
印度尼西亚	2 574	1 608	2 728	2 854	3 892	4 066	4 424	3 720
日本	1 114	878	791	1 110	1 175	1 293	1 178	882
韩国	989	694	712	826	1 197	2 343	1 496	910
马来西亚	629	623	793	756	928	894	855	957
菲律宾	94	51	214	98	736	1 577	994	359
巴基斯坦	0	0	0	1	0	0	0	0
新加坡	70	75	85	83	95	92	88	119
斯里兰卡	0	5	50	99	77	47	0	1
泰国	192	255	336	442	661	1 442	475	387
越南	479	432	790	1 174	1 872	2 509	1 290	1 470
中东								
巴林	5	0	23	52	43	0	11	33
伊朗	41	0	1 577	61	0	208	1 292	849
伊拉克	362	198	531	635	906	522	1 771	959
科威特	250	233	251	338	372	320	320	436
阿曼	0	0	42	0	159	162	158	154
卡特尔	64	72	42	12	0	105	42	0
沙特阿拉伯	0	1	66	69	66	349	409	377
阿拉伯联合酋长国	99	144	256	207	353	180	182	40
也门	385	408	714	648	779	841	722	1 070
大洋洲								
斐济	146	132	123	158	149	157	184	160
新西兰	350	275	266	280	349	537	419	498
巴布亚新几内亚	148	153	135	160	190	170	182	187
总计	11 196	7 408	13 410	13 725	18 431	23 026	21 265	18 336
总价值，百万澳元	2 765	2 990	5 028	3 692	5 516	6 378	6 776	6 103

资料来源：ABARES.

（二）大麦出口

除了小麦，澳大利亚的大麦也是重要的谷物出口品，表 3－11 详细列出了澳大利亚的大麦出口国家和地区，从中我们可以看出，澳大利亚大麦的主要出口市场为亚洲市场以及中东地区，其中亚洲市场又以中国、日本、韩国为最主要出口国。

表 3－11　澳大利亚大麦出口

单位：千吨

	2006	2007	2008	2009	2010	2011	2012	2013
亚洲								
中国	964	736	611	1 284	1 267	1 686	1 712	2 401
日本	769	578	977	1 135	908	1 075	952	575
韩国	160	77	143	132	202	232	215	249
菲律宾	99	103	76	96	76	89	89	31
中国台湾	55	43	51	28	58	34	48	31
泰国	160	180	145	146	190	171	178	175
越南	163	150	131	155	133	186	174	165
中东								
科威特	27	60	41	96	259	332	141	134
沙特阿拉伯	550	1 768	1 468	722	782	1 892	1 148	1 140
阿拉伯联合酋长国	62	112	86	225	284	311	155	104
合计	3 136	4 052	3 899	4 235	4 625	6 568	5 165	7 124
总价值，百万澳元	833	1 496	1 321	1 093	1 295	1 875	1 626	2 199

资料来源：ABARES.

（三）高粱出口

高粱作为澳大利亚的一项重要谷物，其出口量在近几年也保持着相当高的量，表 3－12 详细列了澳大利亚的高粱出口国家和地区。从表中数据可以看出，相比于小麦、大麦等谷物，高粱的出口市场明显更小。其重要集中在亚洲市场如中国、日本以及新西兰等国。尤其是中国，近几年进口澳大利亚高粱都呈现出逐渐增长的趋势，尤其是 2013 年度，中国进口的澳大利亚的高粱数量占整个澳大利亚高粱出口量的 85.7%。

表 3-12　澳大利亚高粱出口

单位：千吨

	2006	2007	2008	2009	2010	2011	2012	2013
亚洲								
中国	0	0	0	14	56	15	323	601
日本	1	91	1 118	322	409	825	741	47
中国台湾	9	2	27	8	16	46	23	10
新西兰	14	114	160	103	42	72	95	23
巴布亚新几内亚	15	31	29	26	18	20	14	6
合计	46	251	1 368	487	553	1 112	1 291	701
总价值，百万澳元	13	76	405	116	146	299	364	253

资料来源：ABARES.

（四）其他谷物出口

除了上述小麦、大麦、高粱作为澳大利亚谷物类农产品大量出口海外市场之外，其他谷物类农作物诸如燕麦、水稻、玉米、黑小麦等均大量出口海外市场，且主要海外市场仍然为亚洲市场以及中东市场，其余在美洲市场和欧洲市场也有部分涉及。

二、肉类出口

除了谷物类农产品作为主要农产品出口海外市场外，澳大利亚的肉类产品也是重要的出口农产品，其中尤以牛肉、羊肉为甚。

（一）肉类出口概况

表 3-13 详细列了从 2006 年至 2013 年澳大利亚各类肉制品出口海外市场的量。从表中可以看出，澳大利亚的肉类出口呈现出 2006—2011 年基本保持不变，但是从 2012 年开始逐渐增长的趋势。在众多肉类产品的出口中，以牛肉和小牛肉出口量最多，其次是羊羔肉和羊肉的出口占比也较大，其他猪肉等也有少量出口，但整体占比不大。除此之外，澳大利亚的牲畜出口量也非常大，但近几年出口总量有所下降。

表 3-13　澳大利亚肉类出口概况

	单位	2006	2007	2008	2009	2010	2011	2012	2013
产量									
牛肉和小牛肉	千吨	974	930	968	899	937	948	1 014	1 184
羔羊	千吨	150	163	156	157	157	174	201	226
羊肉	千吨	162	158	146	111	86	89	144	181
猪肉	千吨	41	39	32	30	31	29	26	27
禽肉	千吨	28	30	37	28	31	38	32	37
活饲养/屠宰牛	千头	636	708	845	871	728	579	513	996
活羊	千头	4 140	4 070	4 067	3 060	2 916	2 562	2 000	2 020
产值（fob）									
牛肉和小牛肉	百万澳元	4 634	4 192	4 857	3 953	4 328	4 467	4 871	6 265
羔羊	百万澳元	748	803	925	916	1 026	1 060	1 086	1 468
羊肉	百万澳元	458	443	482	433	404	362	478	751
猪肉	百万澳元	142	128	124	109	106	100	81	85
禽肉	百万澳元	26	32	43	36	38	45	43	50
活饲养/屠宰牛	百万澳元	436	446	538	550	499	412	339	780
活羊	百万澳元	290	287	340	298	348	345	194	185

资料来源：ABARES.

（二）牛肉出口

在众多澳大利亚的肉类出口品当中，牛肉的出口量是最大的。表3-14列出澳大利亚牛肉的主要出口市场。从表中可以看出，澳大利亚的牛肉主要出口去往美国、日本、韩国以及欧洲等国。作为澳大利亚主要谷物类农产品出口国的中国在进口澳大利亚牛肉方面则非常少。

表 3-14　澳大利亚牛肉出口

单位：千吨

	2006	2007	2008	2009	2010	2011	2012	2013
牛肉和小牛肉								
美洲								
加拿大	46.9	45.9	54.1	36.6	30.9	46	68.3	112.9
中南部	20.4	21	74.5	24.5	59.2	135.6	90.3	72.3
美国	1 220.8	925	1 225	816.5	704	895.9	961.1	1 374.9

（续）

	2006	2007	2008	2009	2010	2011	2012	2013
亚洲								
中国	7.9	10.1	20.4	16.7	28.3	39.6	405.6	785.3
中国香港	14	23.9	33.7	44.9	36.9	59.7	34.9	52.2
印度尼西亚	60.7	97.3	136.2	168.5	169.4	156.2	132.4	245
日本	2 078.5	1 794.1	2 066.0	1 682.1	1 667.4	1 548.8	1 438.9	1 446.0
韩国	800	689.1	531.7	535.1	656.2	571.8	640.8	844.1
马来西亚	14.3	20.9	33.4	37.4	57.8	59.8	64	69.6
菲律宾	5.1	19.7	48.5	48.4	66.1	55.6	89.9	97.5
新加坡	22.5	37.6	42.3	36.3	48.5	60.5	75.1	68.4
中国台湾	—	105	142.3	139.3	149.4	201.1	201.1	224.4
欧洲								
独联体	43	182.4	160.2	103	294.5	204.8	118.9	121.5
欧盟	70.3	87.6	109	74.5	112.6	124.8	156.6	232.2
中东								
伊朗	0	0	0	0	2.1	7.2	27.8	1.6
科威特	2	3.9	4.3	7.3	13.9	14.1	18.4	24
卡特尔	6.3	7.9	12.2	10.3	12.1	17.2	16.1	22
沙特阿拉伯	2.7	6.8	13.8	11.2	18.2	13.9	83.1	170.2
阿拉伯联合酋长国	17.4	25.6	37.8	37.8	46.2	53.6	56.8	67.8
大洋洲								
新西兰	8.3	10.2	9.4	5.9	8.4	6.7	9.6	13.8
太平洋岛屿	13.1	12.4	13.3	10.8	9.1	10.4	11.4	12.2
巴布亚新几内亚	7	9.5	10.8	14.8	18.6	22.3	30.6	21
总的牛肉和小牛肉	4 633.9	4 191.7	4 857.3	3 953.2	4 327.7	4 466.6	4 871.0	6 264.8
活牛								
屠宰牛								
亚洲								
印度尼西亚	302.8	342.1	448.7	427.6	286.5	252.3	164.5	452
日本	18.5	17.9	14.3	14.9	15.5	19.7	14.6	15.1
马来西亚	29.3	15	13.7	3.7	13.2	13.5	23.1	38.1
菲律宾	9.6	10.3	6.8	7.9	9	15.2	21.5	13.5
越南	0	0	0	0	0	0.6	11.9	124

（续）

	2006	2007	2008	2009	2010	2011	2012	2013
屠宰牛								
欧洲								
土耳其	0	0	0	0.2	82.9	25.5	23.7	0
中东								
埃及	0	0	0	29.9	18.3	26.4	10.3	5.4
以色列	39.5	35.9	14.6	21.2	33	45.7	45.1	83.4
约旦	2.1	0.5	5.3	14.7	4.8	0.2	5.3	1.8
沙特阿拉伯	16.9	5.3	12.8	4.8	16	0	2.8	0
合计屠宰牛	435.8	446	537.6	549.5	499.1	411.7	338.6	779.9
育种牛								
中国	11.9	10.4	37.1	102.2	102.3	132.8	125	194.6
印度尼西亚	0	0.1	3.7	12.6	2.8	2.4	9.4	8.8
俄国	14.2	27.9	37.5	22.7	24.5	80.8	69.3	30.7
育种牛总计	61.1	94.6	108.4	151.6	160.6	239.1	250.7	269.1
全活牛	496.9	540.7	646	701.2	659.6	650.8	589.2	1 049.0

资料来源：ABARES.

（三）羊肉

羊肉也是澳大利亚肉类产品的主要出口产品，表3-15详细列了澳大利亚羊肉出口海外市场的国家或地区分布。从表中可以看出，澳大利亚羊肉出口总量近几年有所下滑，但变化基本不大。其中羊肉的主要出口地区为美国和中东地区，这在一定程度上和当地的饮食习惯有关。其次在中国、欧盟、日本等国的羊肉出口量也非常多。

表3-15　澳大利亚羊肉出口

单位：千吨

	2006	2007	2008	2009	2010	2011	2012	2013
羊羔肉								
中国	21.1	36.7	34.4	34.1	62.8	73.3	107.8	184.2
欧盟	73.1	76.8	84.8	84.8	106.8	94.5	76.4	112.4
英国	48.5	42.7	48.3	54.9	80.2	58.3	55.7	84.9
中国香港	11.3	18.6	24	41.2	21.2	21.1	16	42.9
日本	62.8	53.4	66.9	52	60.5	63.1	53.7	76.2

（续）

	2006	2007	2008	2009	2010	2011	2012	2013
羊羔肉								
中东	84.8	104.3	155.2	178.3	224.9	244.1	314.5	368.5
巴林	0.5	0.6	0.7	0.5	0.1	0.9	47.5	82.2
约旦	8.6	12.3	43	48.4	34.2	57	55.5	64.4
卡特尔	0.3	3	3.7	4.2	7.9	30.2	29	48.4
沙特阿拉伯	11.7	14.6	13.8	20.4	22.4	27	21.2	34.3
阿拉伯联合酋长国	57.3	64.3	74	79.9	87.3	80.6	85.5	108.9
其他中东国家	6.4	9.4	20	24.9	72.9	48.3	75.8	30.4
巴布亚新几内亚	20.1	21.1	26.8	27.9	32.8	39.8	41.7	40
美国	308.4	312.7	354.1	303.1	334.5	305.1	295.4	399.3
其他	166.4	179.5	179.2	194.5	182.4	219.1	180	244.5
总计	748	803.1	925.4	915.8	1 025.9	1 060	1 085.5	1 467.9
羊肉								
中国	0.4	5	9.4	13.1	12.1	13.9	101.8	209
日本	30.8	28.2	39.2	24.3	25.8	23.9	17	28.6
马来西亚	26.4	17	30	31.1	17.4	19.6	28.7	59.6
中东	140.8	143.5	167.1	188.6	199.5	179.1	174	185.2
巴林	0	0.1	0.2	17.6	36	35.2	9.1	0
科威特	13.1	16.6	20.6	17.5	16.8	23.2	23.1	17.4
沙特阿拉伯	72.5	58.8	68.4	59.5	54.9	38.2	48.7	58.7
阿拉伯联合酋长国	33.2	36	40.9	45.4	49.1	45.4	48.3	48.4
其他国家	21.9	32	37	48.6	42.7	37.1	44.8	60.7
新加坡	21.9	21.9	23.7	29.6	25.1	22.4	23.4	38.8
中国台湾	28.9	22.3	23.8	20.5	12.9	19.2	17	26.6
美国	46.6	45	35.3	31.9	38.4	21.4	33.7	48.7
其他	161.8	160.1	153.2	93.5	72.3	62.4	82.5	154.1
总计	457.6	443.1	481.8	432.6	403.5	362	478	750.7
活羊								
中东	286.3	283.5	334.6	286.4	294.9	300	183.2	175.5
巴林	37.2	42.4	65.5	55.1	52.9	54.6	7.3	9.7
约旦	34.4	18.7	22.2	39.2	23.8	44.8	30.1	30.3
科威特	58.7	64.8	69.5	85.8	135.8	113.4	57.9	61.9
阿曼	24.8	53.5	47.5	13.8	6.6	4.6	3.3	5.1

（续）

	2006	2007	2008	2009	2010	2011	2012	2013
活羊								
卡特尔	12.1	16.9	38.4	46.6	41.8	67.8	66.1	46.7
沙特阿拉伯	104.9	71.1	79.9	33.7	19.9	0	8.6	0
阿拉伯联合酋长国	13.1	12.2	11	9.1	8	6.3	3	11.3
其他国家	1	4	0.7	3.1	6.2	8.5	6.8	10.6
新加坡	0.9	0.6	0.7	1.7	1.3	1.2	0.8	1
土耳其	0	0	0	0	43.2	37	5.3	0
其他	2.4	3.1	4.8	9.7	8.7	6.8	4.7	8.2
总计	289.6	287.2	340.1	297.8	348.1	345	194	184.7

资料来源：ABARES.

（四）猪肉

澳大利亚的猪肉出口量虽然没有牛肉和羊肉多，但是也在澳大利亚肉类产品的出口中占有重要位置。表 3－16 详细列了澳大利亚猪肉出口基本概况。从表中可以看出，猪肉作为一种肉类农产品在出口的过程中主要以生猪或乳猪形式出口。

表 3－16 澳大利亚猪肉出口

项　目	单位	2007	2008	2009	2010	2011	2012	2013	2014
生猪存栏量	千头	2 605	2 412	2 302	2 289	2 285	2 138	2 098	2 308
母猪存栏量	千头	340	313	278	268	295	267	260	308
屠宰量	千头	5 327	4 796	4 500	4 617	4 663	4 728	4 777	4 812
胴体重	千克	72.2	71.9	71.9	73.4	73.8	74.4	75.3	75.3
产量	千吨	384.6	345.1	323.7	338.7	344.3	351.7	359.9	362.2
进口量	千吨	218.4	234.5	272.3	283.1	270.2	296.4	279.9	292.1
出口量	千吨	60.8	55.3	45.4	50.1	51.4	46.2	46.6	44.0
总消费	千吨	542.2	524.3	550.6	571.7	563.0	602.0	593.3	610.3
人均消费量	千克	25.8	24.4	25.2	25.8	25.0	26.3	25.5	25.8

资料来源：ABARES；Australian Bureau of Statistics（ABS），Agricultural Commodities，Australia，cat. no. 7121.0，Canberra；ABS，International Trade，Australia，cat. no. 5465.0，Canberra；ABS，Livestock and Meat，Australia，cat. no. 7218.0.55.001，Canberra；ABS，Livestock Products，Australia，cat. no. 7215.0，Canberra.

（五）鸡肉

鸡肉不是澳大利亚的主要出口肉类产品，但是也有一定的出口额。表 3－17 显示了澳大利亚鸡肉出口的基本概况。

表 3－17　澳大利亚鸡肉出口

项　目	单位	2007	2008	2009	2010	2011	2012	2013	2014
屠宰数量	百万只	458.6	462.8	468.7	512.2	546.8	559.5	572.1	587.3
平均重量	千克	1.8	1.7	1.8	1.8	1.9	1.9	1.9	1.9
产量	千吨	812.9	805.4	828.6	934.4	1 012.5	1 046.7	1 066.5	1 103.1
出口量	千吨	29.4	32.6	35.1	29.6	37.5	37.4	38.4	45.5
总消费量	千吨	783.4	772.7	793.5	904.8	975.0	1 009.3	1 028.1	1 057.6
人均消费量	千克	37.3	36.0	36.3	40.8	43.3	44.0	44.1	44.8

资料来源：ABARES；Australian Bureau of Statistics（ABS），Agricultural Commodities，Australia，cat. no. 7121.0，Canberra；ABS，International Trade，Australia，cat. no. 5465.0，Canberra；ABS，Livestock and Meat，Australia，cat. no. 7218.0.55.001，Canberra；ABS，Livestock Products，Australia，cat. no. 7215.0，Canberra.

三、奶制品出口

乳制品（牛奶和奶制品）产业是澳农业生产的重要组成部分，该产业年均产值约 30 亿澳元，占农业总产值的 9%。澳大利亚牛奶产量虽然只占全球总产量的 2%，但其乳制品出口量在全球乳制品贸易中却占据重要地位，占比达 11%，位于新西兰和欧盟之后居全球第三。澳乳制品出口的目的地主要在亚洲，特别是东亚、东南亚，高度集中于亚洲市场的原因主要是与亚洲距离较近，同时在欧洲等其他主要市场存在较高的准入限制，或者其他一些主要竞争者通过大量的出口补贴抢占了市场。另外，中东和美国也日益变成澳乳制品的重要出口市场。

表 3－18 详细列了澳大利亚奶制品的主要出口市场。从表中可以看出，澳大利亚的奶制品出口国家和地区相当广泛，主要销往日本、中国、韩国、新加坡等亚洲市场以及中东等地区。而且根据奶制品的不同其出口海外市场的国家或地区也会有所不同。

表 3-18 澳大利亚奶制品出口

单位：百万澳元

	2007	2008	2009	2010	2011	2012	2013
奶酪							
中国	18.5	14.2	22.8	30.2	36.7	44	74
印度尼西亚	20.9	14.7	21.7	19.1	18.6	18.3	18.4
日本	426.7	398.9	357.6	355.8	422.7	414.8	343.2
韩国	32.6	39.6	28	36.8	31	29.8	26.1
马来西亚	21	20.7	21.9	27	29.3	32.9	43.9
菲律宾	23.4	17.1	16.2	16.9	12	14.4	14.6
沙特阿拉伯	89.7	30.6	29.8	31.7	17.6	13.9	21.7
新加坡	19.7	24.1	20.7	26.1	29.2	34.4	32.9
英国	21.2	8.9	4.4	0.4	1.8	0	2.2
美国	37.2	59.7	19.7	12.3	3.4	11.1	8.5
其他	257.5	167.5	172.4	174.5	148.3	170.6	179.8
总计	968.4	796.1	715.3	730.8	750.7	784.3	765.3
黄油							
埃及	5	22	17.5	6.3	6.4	5.5	0.5
马来西亚	17.4	14	17.6	18.5	17.6	7.8	15
菲律宾	2.4	8.6	7.3	27.4	8.4	1	1.8
俄国	10.3	10.5	3.4	25.5	10.6	22	96.7
新加坡	26.2	20.2	21.3	27.9	22.4	17.6	30.4
泰国	13.9	10.1	9.2	14.5	15	8	16.8
其他	119.3	146.7	134.8	131.4	120.9	117.9	81.6
总计	194.6	232.1	211.1	251.6	201.3	179.7	242.8
脱脂奶粉							
中国	33.6	39.2	21.6	37.1	49.6	35.5	108
印度尼西亚	67.9	41.4	49.4	80.1	71.6	68.1	126.3
日本	9.8	21.9	3	1.6	2	5	16.5
马来西亚	63.4	49	21.7	26.8	35.1	41.6	55.3
菲律宾	64.1	99.7	49.5	31.2	33.8	33.4	38.8
新加坡	61.8	54	48.8	51.6	60.3	58.2	63.3
泰国	48.6	33.3	27.5	37.9	33.6	38.6	49.9
其他	158.9	213.7	130.4	237.4	188	186.7	249.6

（续）

	2007	2008	2009	2010	2011	2012	2013
脱脂奶粉							
总计	508.1	552.5	351.9	503.7	474.1	467.1	707.7
酪蛋白							
日本	38.4	43.6	26.4	22	21.5	16.8	20.4
美国	42.2	29.5	22.8	13.1	6.5	8.9	4.2
其他	44.2	34.4	38.6	17.5	20.3	20.6	17.6
总计	124.8	107.5	87.8	52.7	48.3	46.2	42.3
全脂奶粉							
中国	21.1	48	37.9	51.6	11.2	55.7	159.4
印度尼西亚	31.6	45.9	28.5	39.7	34	18	37.3
马来西亚	27.3	14.9	6.2	3.9	14.7	16.3	21.7
新加坡	88.9	77	53.6	58.4	62.7	45.5	85.7
中国台湾	11.8	9.3	7.2	13.6	12	15	14.9
泰国	14.7	14.6	8.2	14	6.6	7.8	14.2
其他	196.7	265.7	154.7	221.4	237.4	153.4	199.2
总计	392.2	475.3	296.3	402.5	378.5	311.8	532.4
其他							
鲜奶	83.6	102.1	91.3	96.4	113.5	128.3	150
其他鲜品	12	0.4	1.2	1.3	1.8	0.8	1.7
浓缩乳	152.4	158.9	123.6	108.2	129	120.4	133.9
其他奶粉	247.4	249.7	149.1	125	118	132.1	127.6
总值	495.4	511.1	365.3	331	362.3	381.6	413.2

资料来源：ABARES.

四、羊毛出口

澳大利亚是世界上著名的适宜养羊并生产优质美利奴羊毛的国家。羊毛产量一般年度为 60 万吨左右，是全球最大的羊毛生产和出口国。澳大利亚的羊毛出口在农产品出口中占有非常重要的地位。表 3－19 详细列了澳大利亚羊毛出口的主要海外市场。从表中可以看出，澳大利亚羊毛的主要出口市场为亚洲市场，而且中国是其羊毛的主要出口国。

表 3-19 澳大利亚羊毛出口

	2006	2007	2008	2009	2010	2011	2012	2013
产量（千吨）								
中国	384	309	323	331	325	306	341	324
欧盟								
捷克	15	18	9	11	15	13	14	15
德国	3	2	1	1	1	2	1	1
意大利	41	37	23	11	21	16	15	15
英国	1	0	1	2	2	2	2	2
其他	8	3	1	1	1	1	1	1
总计	69	61	35	26	40	34	34	35
印度	30	24	25	29	29	24	22	25
日本	8	4	4	3	5	4	4	2
韩国	7	6	8	9	7	7	8	10
马来西亚	5	0	1	3	4	5	5	7
中国台湾	11	0	3	7	9	7	4	3
泰国	5	5	3	5	6	1	1	3
土耳其	5	3	2	2	3	3	3	2
美国	5	2	1	2	2	2	2	1
其他	51	69	42	14	18	16	19	23
总计	576	483	445	428	444	405	437	428
产值（百万澳元）								
中国	2 031	1 748	1 654	1 779	2 235	2 319	2 200	2 109
欧盟								
捷克	68	97	38	57	87	91	89	104
德国	14	12	5	4	7	12	10	9
意大利	260	285	175	81	178	179	139	151
英国	7	2	3	9	9	16	10	15
其他	32	16	6	5	7	5	6	6
总计	382	412	227	155	287	303	254	285
印度	162	144	131	155	209	197	155	188
日本	42	22	17	17	33	39	30	12
韩国	28	30	37	41	36	43	44	61

（续）

	2006	2007	2008	2009	2010	2011	2012	2013
马来西亚	27	1	5	13	24	33	32	59
中国台湾	66	1	12	41	63	62	29	21
泰国	37	32	17	24	43	11	8	28
土耳其	22	14	8	10	15	24	12	11
美国	19	11	8	12	14	11	9	7
其他	272	383	209	67	110	114	128	157
总计	3 060	2 798	2 319	2 302	3 047	3 124	2 869	2 879

资料来源：ABARES.

五、棉花出口

澳大利亚是世界第三大棉花出口国，其棉花质量高，成功销往海外各个国家和地区。表 3－20 列了 2006 年至 2013 年间澳大利亚棉花的主要出口市场。从表中可以看出，澳大利亚的棉花出口市场遍布全球，但主要集中于亚洲地区，亚洲市场又尤以中国、印度尼西亚、韩国购买其棉花比较多，在其他地区市场所占比重较小。

表 3－20　澳大利亚棉花出口

单位：千吨

	2006	2007	2008	2009	2010	2011	2012	2013
亚洲	480	262.4	259.6	394.5	498.3	986.3	1 300	1 036.3
中国	163	90.5	89.7	139.8	219	685.6	882.7	664.8
印度	4.2	2.1	3	3.5	2.6	2.7	17.9	10
印度尼西亚	126.4	73.9	80.6	82.7	87.6	95.7	109.7	75.1
日本	36.3	28.8	20.3	17.8	18.1	18.6	14.4	15.4
韩国	53.8	13.8	11.8	33.7	19	38.1	56.2	60.2
巴基斯坦	6.8	3.3	0.1	4.3	14.2	1.8	30.6	18.5
菲律宾	0	0.4	0.4	0	1.1	1.4	2.7	2
中国台湾	4.4	0.8	1.1	5.3	6.5	6.6	2.3	4.9
泰国	75	43.5	44.6	75.1	75.3	70	89.6	72.8

（续）

	2006	2007	2008	2009	2010	2011	2012	2013
亚洲								
其他	10.3	5.4	8	32.2	54.9	65.9	94	112.5
欧洲	4.7	1.8	0.1	0.3	0.8	1	4.1	0.8
德国	0	0	0	0	0	0.1	0.2	0
意大利	4.4	1.8	0.1	0.3	0.8	0.7	2.3	0.8
西班牙	0	0	0	0	0	0	0	0
其他	0.3	0	0	0	0	0.2	1.6	0
美国	0	0	0	0	0	0	0	0
其他国家	1.9	2.1	0	0.6	5.5	6.7	0.9	0.2
总计	486.5	266.4	259.7	395.4	504.5	994	1 304.9	1 037.3

资料来源：ABARES.

六、油料作物出口

澳大利亚1969年开始对小麦生产实行配额征税，这间接导致了新油料作物的引进和新品种的发放推广，极大地促进了油料作物生产的发展。其植物油产量在20世纪60年代中期仅5万吨，80年代中期以来发展到40万吨左右。除了满足本国需求还有相当数量的油料出口。澳大利亚中部和西北部干旱缺水，油料作物主要分布在东部、南部和西南部沿海降水量较丰富的小麦种植带。油料作物种类包括向日葵、大豆、油菜、红花和花生等。其中油菜籽和棉花是传统的两大油料作物，至今仍占总产量的70%。

表3-21列了澳大利亚油料作物主要出口国家和地区。从表中可以看出，澳大利亚的油料作物总的出口量呈现逐年上升的趋势，其中孟加拉国进口澳大利亚油料作物最多。中国在2006年至2011年间进口澳大利亚油料作物较少，但是2012年与2013年均有大量油料作物进口。

表 3-21 澳大利亚油料作物出口

单位：千吨

	2006	2007	2008	2009	2010	2011	2012	2013
油菜籽								
孟加拉国	15.23	3.55	3.39	75.88	8.88	15.01	104.5	0
比利时	0.07	0.65	58.99	314.69	221.52	641.95	829.18	660.04
中国	3.23	0	43.54	0	0	0	382.63	946.92
日本	190.47	121.54	96.47	214.16	70.84	74.31	111.56	179.3
荷兰	0.3	111.32	441.19	0.58	856.3	998.03	604.61	119.99
巴基斯坦	25	166.78	120.55	552.61	1.87	161.93	551.57	214.43
其他	3.31	115.29	208.87	80.51	311.32	431.61	903.75	1 073.7
总计	237.6	519.14	972.98	1 238.41	1 470.74	2 322.84	3 487.8	3 194.39
棉籽								
日本	86.39	17.36	29.7	69.49	71.89	108.72	113.57	77.83
韩国	16.21	0	6.11	13.32	51.84	97.26	134.07	87.52
沙特阿拉伯	0	0	0.72	0	0	1.32	0.41	9.84
中国台湾	0.49	0	0.07	0.03	0.02	0.35	0.55	0.33
美国	0	0	0.02	22.5	0	62.5	166.37	180.83
其他	1	0.49	0.47	0.17	144.18	383.46	338.69	107.31
总计	104.08	17.84	37.09	105.51	267.94	653.61	753.64	463.66
油籽油								
中国	0.28	4.21	0.14	0.07	0.54	11.92	19.18	20.93
日本	3.1	2.01	4.17	1.84	6.5	8.37	6.76	2.56
韩国	0	8.5	25.6	31.01	33.48	21.23	21.32	37.37
马来西亚	7.8	4.5	12.8	12.85	11.4	26.53	19.67	41.89
新西兰	15.49	13.12	20.09	21.24	19.41	26.38	26.11	18.47
其他	1.66	24.49	13.53	20.12	32.92	22.91	23.12	30.47
总计	28.33	56.82	76.33	87.13	104.25	117.35	116.16	151.68
菜籽饼								
新西兰	0	1.75	1.29	6.52	13.99	11.21	7.67	42.23
中国台湾	0	0	0	3.01	1.4	0.09	2.17	0
越南	0	0	0	0	16	0.78	18.83	0
其他	0.01	0.3	0	9.49	0.12	9.5	12.51	0
总计	0.01	2.04	1.29	19.03	31.5	21.57	41.17	42.23

（续）

	2006	2007	2008	2009	2010	2011	2012	2013
棉籽饼								
韩国	7.21	8.17	10.09	10.84	20.62	23.9	7.18	13.88
新西兰	0.51	0	0.04	0.02	8.4	16.45	27.73	21.89
其他	1.28	0.97	0.6	0.64	2.74	1.74	7.66	0
总计	9	9.15	10.72	11.5	31.75	42.1	42.58	35.77

资料来源：ABARES.

七、其他豆类出口

澳大利亚豆类产品虽不是澳大利亚出口的主要农产品之一，但其在澳大利亚农产品中的地位也不可磨灭。表 3－22 对澳大利亚其他豆类产品的基本信息进行了详细分析。从表中可以看出，澳大利亚豆类产品的年产量波动较大，这可能和国家市场豆类产品价格和本地气候条件变化有关系。澳大利亚的豆类出口额在 2012 年之前呈现逐年增长的趋势，但是从 2013 年开始，其海外出口销量有所下降。

表 3－22　澳大利亚其他豆类出口

	单位	2006	2007	2008	2009	2010	2011	2012	2013
羽扇豆									
地区	千公顷	736.4	752.2	577.3	691.8	755.8	689.1	450.2	—
产量	吨/公顷	0.6	0.9	1.2	1.2	1.1	1.4	1	—
产出	千吨	470.3	661.9	708	823	807.7	981.5	458.7	—
出口	千吨	173.7	76.2	157.1	377.2	289.4	316.4	416.2	228.1
出口值	百万澳元	37.8	31.4	61.4	114.7	88.8	85.7	143.2	98.1
每单位平均值	澳元/吨	265.5	334.7	279.8	269.1	267.9	232.3	339.5	373.5
总价值	百万澳元	124.9	221.5	198.1	221.5	216.4	228	155.7	—
豌豆田									
地区	千公顷	383.8	292.5	299.8	285.1	317.5	248.9	280.5	—
产量	吨/公顷	0.4	0.9	0.8	1.2	1.2	1.4	1.1	—
产出	千吨	140.3	267.5	238.1	356	394.7	342.5	319.7	—

（续）

	单位	2006	2007	2008	2009	2010	2011	2012	2013
豌豆田									
出口	千吨	247.7	142	118.1	163	254	247.6	208.2	154.6
出口值	百万澳元	80.1	60.8	62.5	60	85.1	93.5	89.1	67.2
每单位平均值	澳元/吨	283.1	407.3	344.5	241.3	266.3	294.6	405.9	434.4
总价值	百万澳元	39.7	109	82	85.9	105.1	100.9	129.8	—
鹰嘴豆									
地区	千公顷	284.1	306	338.2	429	653.1	456.1	573.6	—
产量	吨/公顷	0.8	1	1.3	1.1	0.8	1.5	1.4	—
产出	千吨	229.2	313	442.5	487	513.4	673.4	813.3	—
出口	千吨	244.1	218.3	466.8	458.8	409.1	652.8	852.1	561.9
出口值	百万澳元	168.2	139.3	274.9	254.5	213.4	384.4	533.2	297
每单位平均值	澳元/吨	598.1	621.6	450	443.2	404	456.7	393.5	354.2
总价值	百万澳元	137.1	194.5	199.1	215.8	207.4	307.5	320.1	—
总计									
地区	千公顷	1 875.7	1 682.9	1 537.1	1 719.5	2 230.3	1 802.1	1 739.6	—
产量	吨/公顷	0.6	0.9	1.1	1.2	1.1	1.5	1.3	—
产出	千吨	1 049.8	1 588.7	1 653.9	2 143.7	2 551.3	2 633.5	2 224.2	—
出口	千吨	981	627.7	974.5	1 312.1	1 437.4	2 132.1	2 226.0	—
出口值	百万澳元	449.3	391.1	605.3	686.8	698.4	1 036.4	1 193.3	—
每单位平均值	澳元/吨	376.8	515.8	373.2	327.6	373.5	336.4	415.2	—
总价值	百万澳元	395.6	819.4	617.3	702.2	952.8	885.9	923.6	—

资料来源：ABARES.

第五节　澳大利亚农产品进出口贸易收支

一、农产品贸易总体收支

澳大利亚农产品贸易持续处于顺差之中，并且顺差的额度一直较大，据2007—2013年间的农产品综合贸易数据显示，期间澳大利亚农业年贸易顺差基本保持在155亿～244亿澳元之间。图3-10直观显示了2007—2013年澳大利亚农业贸易收支状况。

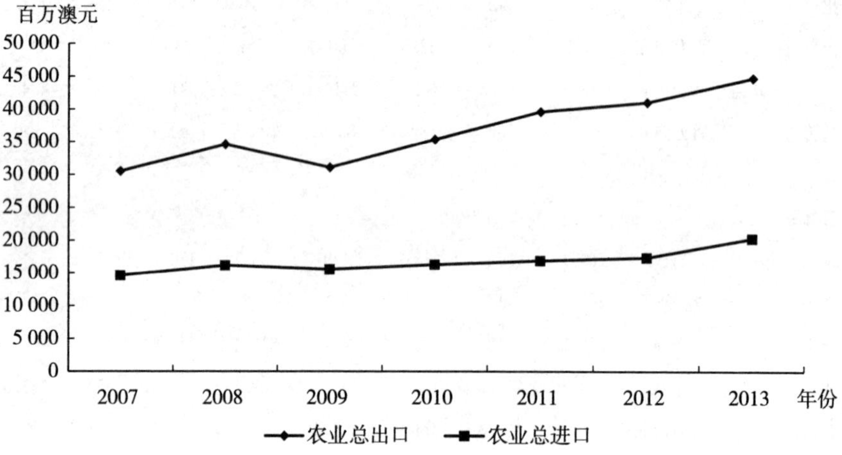

图3-10　澳大利亚农业贸易收支状况

资料来源：ABARES.

图3-10表明，2007—2013年期间：①澳大利亚农产品净出口为顺差，说明澳大利亚农产品出口值大于进口值；②澳大利亚农产品顺差幅度较大，都超过了150亿澳元；③最近几年，澳大利亚农产品顺差幅度有增强的趋势。其中，2013年澳大利亚农产品贸易顺差幅度开创历史新高，达到244亿澳元。

二、林产品贸易收支

不同于澳大利亚农产品，澳大利亚的林产品的净出口额为负，即林产品贸易为逆差。图3-11为2007—2013年澳大利亚林产品的总出口额与总进口额的趋势变化图。从图中可以看出，澳大利亚的林产品贸易为逆差，且净出口额基本维持不变，出口额和进口额的变化趋势基本保持一致。

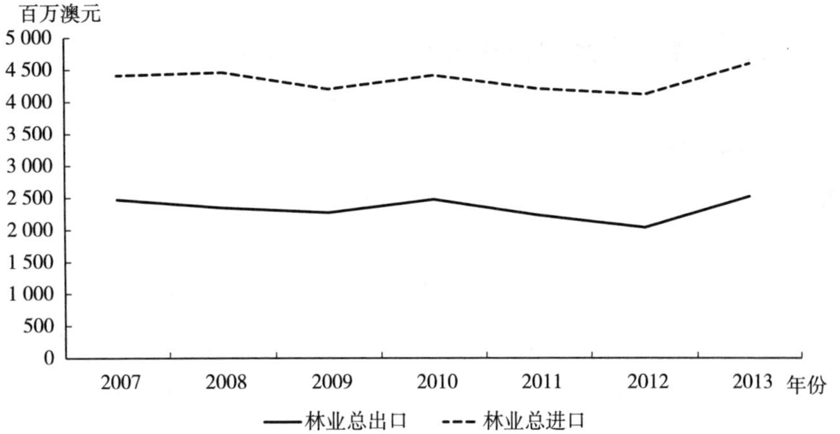

图 3-11　2007—2013 年林业部门总出口额与总进口额的趋势图

资料来源：ABARES.

三、渔业产品贸易收支

除了林产品，澳大利亚的渔业产品的净出口额也为负，即渔业产品贸易仍为逆差。图 3-12 为 2007—2013 年澳大利亚渔业产品的总出口额与总进口额的趋势变化图。从图中可以看出，澳大利亚的林产品贸易为逆差，且净出口额逐年增加，在近两年增幅尤其明显。

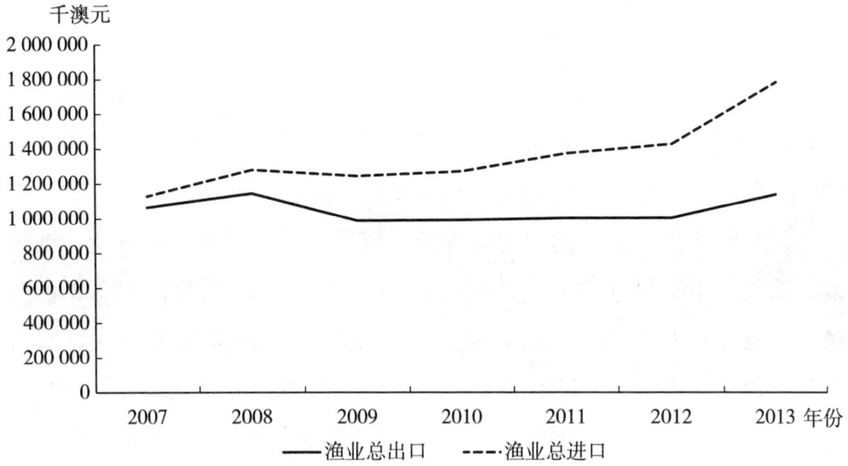

图 3-12　2007—2013 年渔业产品总出口额与总进口额的趋势图

资料来源：ABARES.

四、重点农产品的贸易收支

虽然澳大利亚农产品贸易顺差巨大，但是，并不是所有的产品出口都是处于顺差之中，以 2011 年为例，按照产品种类来看，其贸易主要呈现出以下特点：

（1）谷物油料作物类。除大米外，其余作物普遍处于贸易顺差。其中大麦、小麦、油菜籽等作物几乎不存在进口。小麦贸易顺差最大为 6 381百万澳元，其次为大麦 1 875 百万澳元。油菜籽的贸易顺差为 1 344百万澳元。澳大利亚大米作物的进口量连年攀升，在 2007 年出现 25 百万澳元的逆差，2011 年贸易顺差为 256 百万澳元。

（2）工业作物。粗棉、糖、葡萄酒三大类产品普遍处于贸易顺差。除了葡萄酒之外，其余两种产品鲜有进口。粗棉类贸易顺差为 2 736 百万澳元。糖类贸易顺差为 1 687 百万澳元。酒类贸易顺差为 1 320 百万澳元。

（3）园艺蔬菜类产品。蔬菜水果类产品有不小的进口数量。2011 年，蔬菜类产品贸易顺差为 194 百万澳元，水果类产品贸易顺差为 697 百万澳元。

（4）肉类以及牲畜类产品。除猪肉外，其余产品普遍为贸易顺差。澳大利亚猪肉进口数量从 2004 年 314 百万澳元上升到 2011 年的 460 百万澳元。2011 年，猪肉贸易逆差为 415 百万澳元。

（5）乳制品。除奶酪制品外，其余产品进口较少，因而普遍处于贸易顺差。奶酪产品进口数量从 2004 年的 248 百万澳元上升到 2011 年的 408 百万澳元。2011 年，奶酪贸易顺差为 333 百万澳元。

（6）渔业类产品。鲍鱼龙虾等处于贸易顺差，对虾、金枪鱼、沙丁鱼、鳍鱼处于贸易逆差。具体而言，2011 年，鲍鱼顺差为 197.3 百万澳元，龙虾顺差为 386.7 百万澳元。金枪鱼贸易逆差幅度最大，2011 年金枪鱼贸易逆差为 196 百万澳元。其次为鳍鱼贸易逆差 87 百万澳元。沙丁鱼贸易逆差为 86 百万澳元。对虾贸易逆差最小为 31.2 百万澳元。

（7）林业类产品。原木、废纸等产品处于贸易顺差。锯木、森林杂项、胶合板、纸张、纸浆处于贸易逆差。具体而言，原木、废纸从

2005—2011 年鲜有出口，贸易顺差额为 174 百万澳元。废纸类产品贸易顺差为 174 百万澳元。纸板类产品澳大利亚很少进口，贸易逆差最大为 1 320 百万澳元。其次为森林杂项产品，贸易逆差额为 682 百万澳元。再次为胶合板，贸易逆差量为 177。纸浆类产品澳大利亚鲜有出口，贸易逆差为 157 百万澳元。

第六节　澳大利亚与中国农产品贸易状况

本节主要使用 ABARES 中 2004—2011 年的数据分析澳大利亚与我国的农产品贸易。由于中澳两国农产品贸易量很大，本节侧重分析两国之间贸易比重较大的农产品。图 3-13～图 3-18 是澳大利亚向我国出口比重较大的前 6 种农产品。图 3-19～图 3-23 是澳大利亚从我国进口比重较大的前 5 种农产品。

一、澳大利亚主要出口中国农产品

(一) 羊毛

羊毛是澳大利亚最具优势和特色的贸易产品之一，澳大利亚羊毛占世界羊毛产量较大，是世界第一大羊毛出口国。同时，中国市场是澳大利亚羊毛第一大出口目的地。表 3-23 表明，每年有大约 1/2 的羊毛出口到中国。并且这一比例在不断攀升。2011 年，澳大利亚有 2 319 百万澳元的羊毛出口到中国，占澳大利亚羊毛出口的 75%。

表 3-23　澳大利亚向中国出口羊毛的额度及比例

单位：百万澳元

	2004	2005	2006	2007	2008	2009	2010	2011
中国进口	1 382	1 485	2 031	1 748	1 654	1 779	2 235	2 319
澳大利亚总出口	2 818	2 532	3 060	2 798	2 319	2 302	3 047	3 076
中国进口占澳总出口比重	49%	59%	66%	62%	71%	77%	73%	75%

资料来源：ABARES.

将澳大利亚向中国出口羊毛的额度及比例整理成图 3-14。

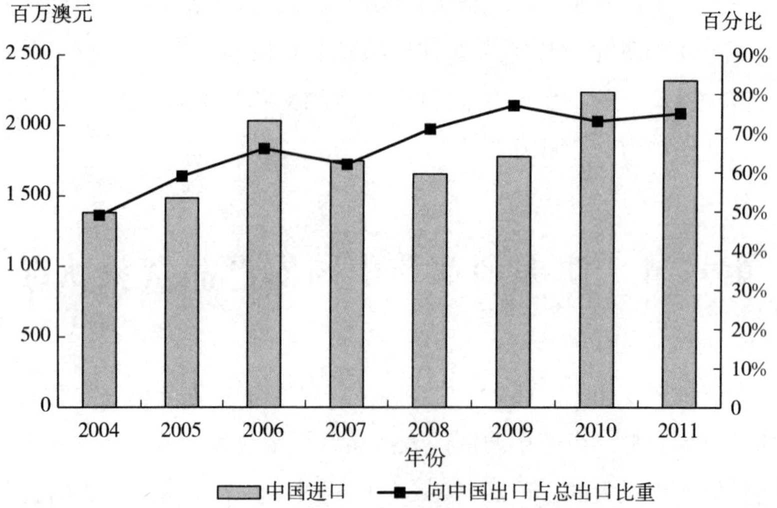

图 3-13 澳大利亚向中国出口羊毛的额度及比例

资料来源：ABARES.

从上图可以看出，澳大利亚的羊毛出口中，中国成为其最大的海外市场，购买其羊毛量年平均水平 15 亿澳元以上，占比平均超过澳方羊毛总出口量的 70%。尽管该比例随着时间的不同呈现出不同的波动情况，但是总体变化趋势不大，且占比仍然表现出不断增长的趋势。

（二）粗棉

澳大利亚粗棉的主要出口市场为中国和印度尼西亚，中国是澳大利亚粗棉的第一大出口目的地。表 3-24 显示，2004—2011 年，中国从澳大利亚进口的粗棉从 61.8kt 攀升至 685.5kt。从 2005 年起。中国已

表 3-24 澳大利亚向中国出口粗棉的数量及比例

单位：千吨

	2004	2005	2006	2007	2008	2009	2010	2011
中国进口	61.8	284.6	163	90.5	89.7	139.8	219	685.6
澳大利亚总出口	410.2	650.2	486.5	266.4	259.7	395.4	504.5	994
中国进口占澳总出口比重	15%	44%	34%	34%	35%	035%	43%	69%

资料来源：ABARES.

经超越印度尼西亚成为澳大利亚粗棉第一大进口国。其进口比例也不断攀升。2011 年。进口量占澳大利亚粗棉出口总量的 69%。

将澳大利亚向中国出口粗棉的数量及比例做成图 3－14。

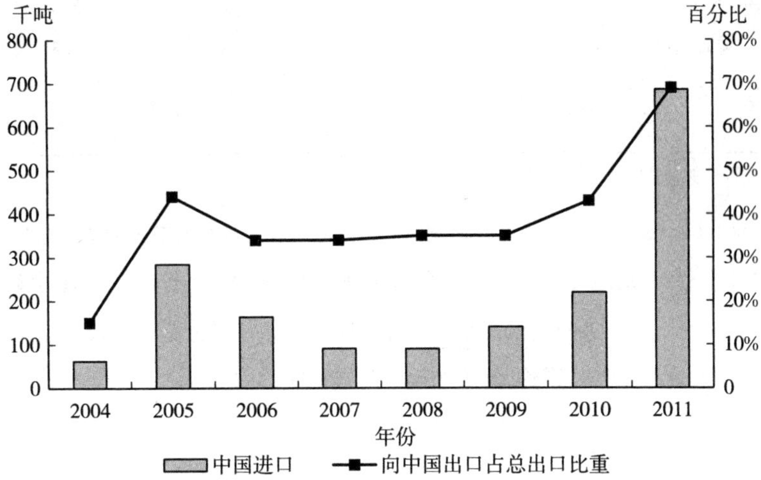

图 3－14 澳大利亚向中国出口粗棉的数量及比例

资料来源：ABARES.

从图 3－14 可以看出，中国是澳大利亚粗糖的最主要出口国，中国进口粗糖额波动较大，在 2007 年、2008 年进口额最少，但其占比保持基本增长的趋势，2009 年之前基本维持在 35%左右，从 2010 年开始，这一比例开始上升，体现了中国从澳进口粗糖额的上升，这一比例在 2011 年尤其高，达到了 69%。

（三）种牛

澳大利亚种牛的主要出口市场是中国和俄罗斯，中国是澳大利亚第一大种牛出口国。表 3－25 显示，2004—2011 年，澳大利亚向中国出口种牛额度在 10～133 百万澳元之间。波动幅度较大。其中，2004 年中国进口澳大利亚种牛最高，占澳大利亚出口总量的 88%。2007 年，澳大利亚向中国出口数量最低，仅占澳大利亚出口总量的 11%。最近几年有所回升，2011 年，中国进口澳大利亚种牛占澳大利亚出口比重的 56%。

表 3-25　澳大利亚向中国出口种牛的额度及比例

单位：百万澳元

	2004	2005	2006	2007	2008	2009	2010	2011
中国进口	114	18.3	11.9	10.4	37.1	102.2	102.3	132.8
澳大利亚总出口	128.9	62.6	61.1	94.6	108.4	151.2	160.6	239.1
中国进口占澳总出口比重	88%	29%	19%	11%	34%	68%	64%	56%

资料来源：ABARES.

从图 3-15 中可以看出，澳大利亚向中国出口种牛的额度呈现出极大的波动性，尤以 2005—2006 年间出口中国额度较小，其占比也较小。从 2008 年开始呈现上升趋势，其中国进口额占澳方总出口额的比重也从 2007 年最低的 11%逐渐增加至 60%左右。

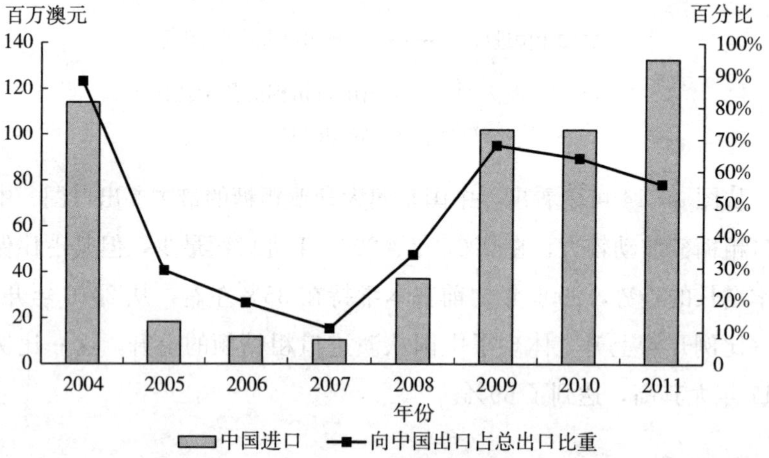

图 3-15　澳大利亚向中国出口种牛的额度及比例

资料来源：ABARES.

（四）鲜活鲍鱼

澳大利亚鲜活鲍鱼的主要出口市场是中国内地，中国香港，日本。中国香港是澳大利亚鲍鱼第一大出口目的地。中国内地是澳大利亚鲍鱼第二大出口目的地。表 3-26 表明，2005—2011 年，中国从澳大利亚鲍鱼进口维持在 5 400～36 300 千澳元之间，波动幅度较大。2007 年，中国从澳大利亚进口鲍鱼 5 447 千澳元，仅占澳大利亚鲍鱼出口 6%，为历史最低点。2010 年中国从澳大利亚进口鲍鱼为 36 262 千澳元，为澳大利亚出口数量的 41%。

表 3-26 澳大利亚向中国出口鲍鱼的额度及比例

单位：千澳元

	2005	2006	2007	2008	2009	2010	2011
中国进口	33 594	14 074	5 447	9 386	27 492	36 262	24 363
澳大利亚总出口	98 024	98 045	87 561	88 370	100 201	88 116	8 1 167
中国进口占澳总出口比重	34%	14%	6%	11%	27%	41%	30%

资料来源：ABARES.

将澳大利亚向中国出口鲍鱼的额度及比例做成图 3-16。

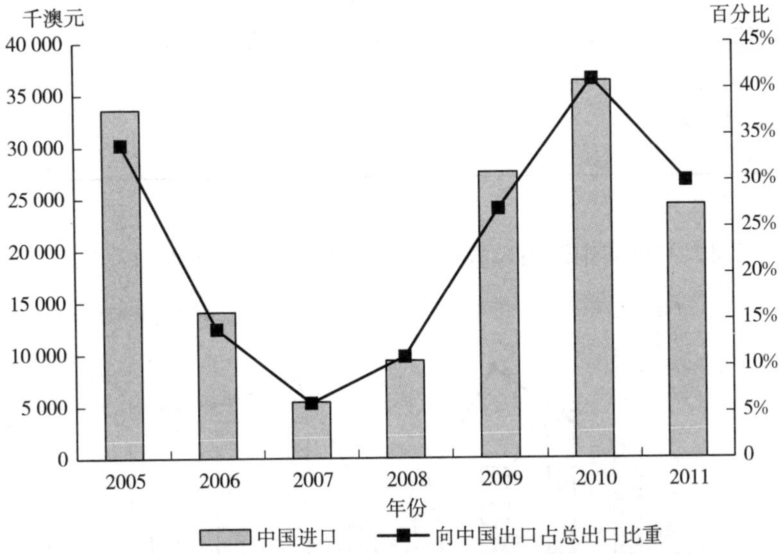

图 3-16 澳大利亚向中国出口鲜活鲍鱼的额度及比例

资料来源：ABARES.

从图 3-16 可以看出，澳大利亚向中国出口鲍鱼的量随着年份的不同呈现不同的波动，以 2007 年出口到中国的量最小，而且其占比也很小，只有 6%。2009 年至 2011 年中国进口澳大利亚鲍鱼的量有所增加，尤以 2010 年最高，达到了 41%。

（五）大麦

大麦是澳大利亚主要粗粮品种，也是澳大利亚第二大粮食作物。澳大利亚大麦出口质量好，享誉全球。澳大利亚大麦的主要出口市场是中国和日本，中国是澳大利亚大麦第一大出口目的地。如小麦生产一样，大麦生产也是靠天吃饭，故单产不高，年度波动幅度较大。2004—2011年，中国从澳大利亚进口大麦维持在700～1 700千吨之间。占澳大利亚出口大麦20%左右。2011年，中国从澳大利亚进口大麦1 707千澳元。占澳大利亚大麦出口26%，详见表3-27。

表3-27　澳大利亚向中国出口大麦的数量及比例

单位：千吨

	2004	2005	2006	2007	2008	2009	2010	2011
向中国出口	1 386	1 320	963	707	609	1 284	1 267	1 707
澳大利亚总出口	6 499	5 315	3 135	4 050	3 898	4 234	4 625	6 568
中国进口占澳总出口比重	21%	25%	31%	17%	16%	30%	27%	26%

资料来源：ABARES.

将澳大利亚向中国出口大麦的数量及比例做成图3-17。

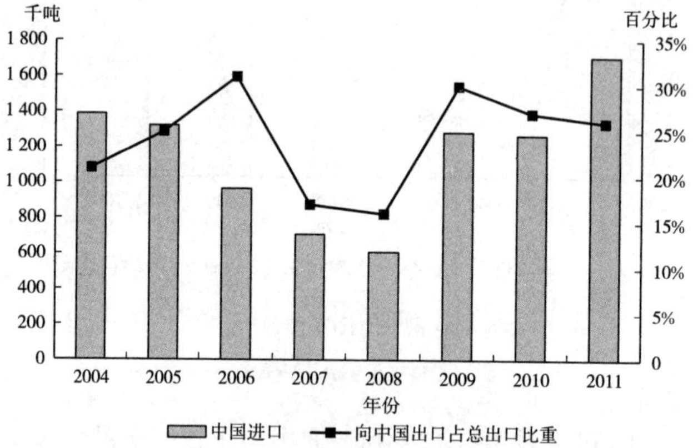

图3-17　澳大利亚向中国出口大麦的数量及比例

资料来源：ABARES.

从图3-17可以看出，中国在2004年至2011年间，进口澳大利亚大麦的量在2008年最低，只有整个澳大利亚出口总额的16%。中国进口大麦从

2009年开始呈现上升趋势，其中2011年进口量达到最近几年的最高。

（六）葡萄酒

葡萄酒产业是澳大利亚很具有特色的一项产业。澳大利亚面积广阔，气候土壤类型多样。因此，澳大利亚几乎可以生产各种类型的葡萄酒。由于其质量优良，性价比高，澳大利亚葡萄酒在国际上后来居上，为越来越多国家喜爱。澳大利亚葡萄酒的主要出口市场是英国、美国、中国，中国是澳大利亚第三大葡萄酒进口国。2005年至2011年，中国从澳大利亚进口葡萄酒不断攀升。从2005年的20.8百万澳元上升到2011年的209.4百万澳元，详见表3-28。在进口比例上，也从2005年占澳大利亚葡萄酒出口不足1%上升到2011年的11%。

表3-28　澳大利亚向中国出口葡萄酒的额度及比例

单位：百万澳元

	2005	2006	2007	2008	2009	2010	2011
向中国出口额	20.8	49	61.8	93.8	140	181.3	209.4
澳大利亚总出口额	2 799	2 989.9	2 683.2	2 428.4	2 163.9	1 957	1 858.8
中国出口占澳总出口比重	1%	2%	2%	4%	6%	9%	11%

资料来源：ABARES.

将澳大利亚向中国出口葡萄酒的额度及比例做成图3-18。

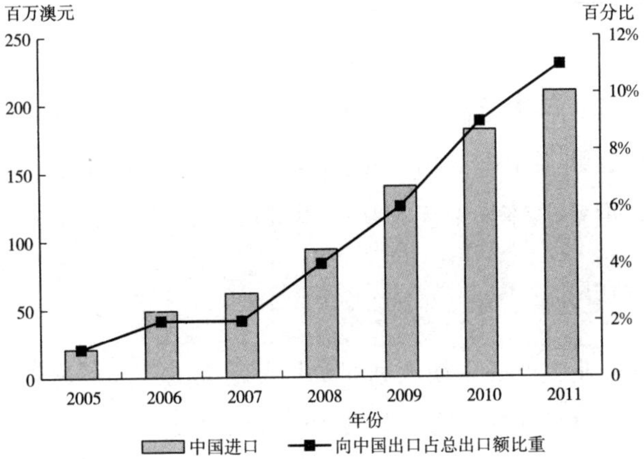

图3-18　澳大利亚向中国出口葡萄酒的额度及比例

资料来源：ABARES.

从图 3－18 可以看出，在 2005 年至 2011 年间，随时间的推进，中国进口澳大利亚葡萄酒的量是逐渐上升的。中国进口额占澳总出口额的比重也是逐年上升的，但是这一比例仍然很小，最高时也只有 11％。

二、澳大利亚主要进口中国农产品

（一）扇贝

澳大利亚扇贝主要进口市场是中国和日本。中国是澳大利亚第一大扇贝进口来源国。表 3－29 表明 2004 年至 2011 年澳大利亚从中国进口扇贝维持在 1 100 百万澳元至 1 400 百万澳元之间。波动幅度较小。在进口数量上，澳大利亚从中国进口扇贝维持在 50％左右。最近几年，这一数量有所下降。2011 年澳大利亚总共进口扇贝 2 925 吨，从中国进口为 1 361 吨，占总进口量的 47％。

表 3－29　中国向澳大利亚出口扇贝的数量及比例

单位：吨

	2004	2005	2006	2007	2008	2009	2010	2011
从中国进口	1 398	1 355	1 583	1 114	1 071	1 291	1 387	1 361
澳大利亚总进口	2 297	2 421	2 665	2 460	2 170	2 810	2 594	2 925
中国出口占澳总进口比重	61％	56％	59％	45％	49％	46％	53％	47％

资料来源：ABARES.

将澳大利亚从中国进口扇贝的数量及比例做成图 3－19。

从图 3－19 可以看出，澳大利亚无疑是中国扇贝的最主要出口市场。澳大利亚购买中国的扇贝量基本保持稳定，其占比也基本维持在 50％左右，但是总体来说澳方从中国进口扇贝的量是有下降趋势的。

（二）对虾

对虾是渔业类产品中澳大利亚贸易量最大的产品。尽管澳大利亚捕捞区域很大，但是捕捞量却不是很大。澳大利亚对虾的主要进口市场是中国，印度尼西亚，泰国和越南。中国居于泰国和越南之后，是澳大利亚第三大对虾进口来源国，如表 3－30 所示。2005 年至 2011 年。中国

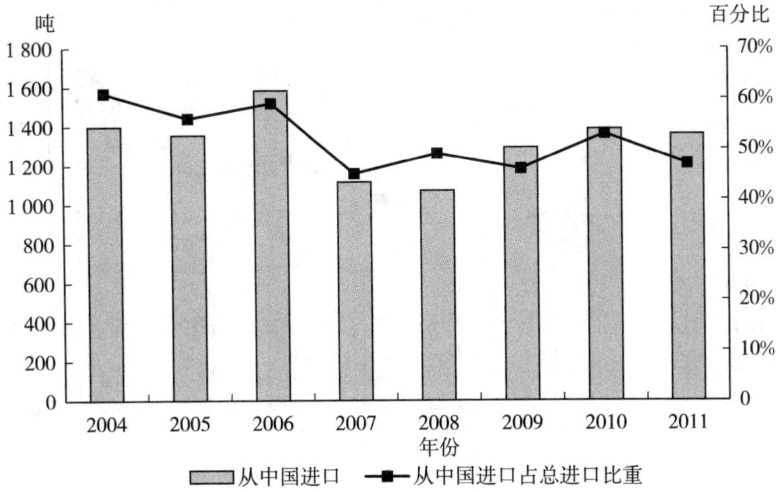

图 3-19　中国向澳大利亚出口扇贝的数量及比例

资料来源：ABARES.

向澳大利亚出口对虾数量从 2005 年的 29 417 千澳元上升到 2011 年的 84 584 千澳元。同样，澳大利亚进口对虾的比重也不断上升，已经由 2005 年的 15%上升到 2011 年的 41%。

表 3-30　中国向澳大利亚出口对虾的额度及比例

单位：千澳元

	2005	2006	2007	2008	2009	2010	2011
从中国进口	29 417	62 120	36 737	34 461	49 085	42 505	84 584
澳大利亚总进口量	200 925	246 372	166 630	134 959	159 091	148 535	204 294
中国出口占澳总进口比重	15%	25%	22%	26%	31%	29%	41%

资料来源：ABARES.

将澳大利亚从中国进口对虾的额度及比例做成图 3-20。

从图 3-20 中可以看出，澳大利亚从中国进口的对虾的量是基本维持在一个相对稳定的水平的，其进口额占中国总出口额的比例却是呈现上升趋势的，在 2011 年达到了历史最高的 41%的水平。

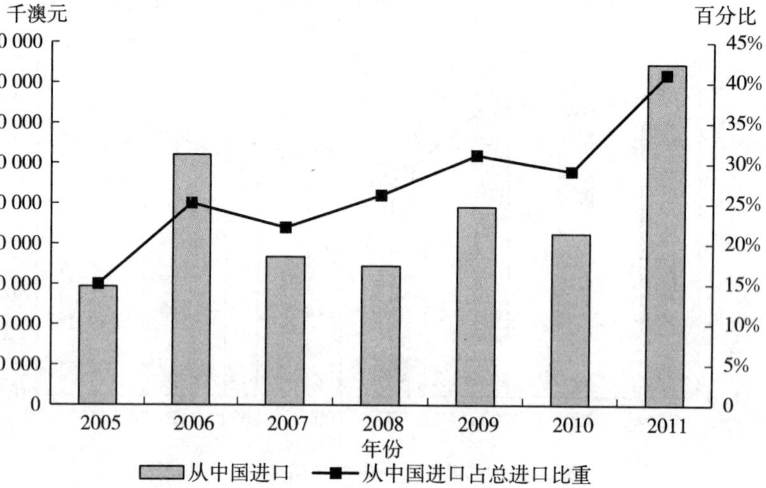

图 3-20 中国向澳大利亚出口对虾的额度及比例

资料来源：ABARES.

（三）卫生用纸

澳大利亚卫生用纸在农产品贸易中的比重不大。澳大利亚卫生用纸主要进口市场是中国和新西兰。中国是澳大利亚第一大卫生用纸进口来源国，详见表 3-31。2005 年至 2011 年之间。澳大利亚从中国进口卫生用纸在 23 千吨至 67 千吨之间。占澳大利亚进口卫生用纸 35%左右。2007 年，中国出口澳大利亚卫生用纸为历史最低值，占澳大利亚进口的 29%。2011 年，中国出口澳大利亚卫生用纸是 57%，为历年中最多的一年。

表 3-31 中国向澳大利亚出口卫生用纸的数量及比例

单位：千吨

	2005	2006	2007	2008	2009	2010	2011
从中国进口	41.7	36.5	23.3	33.3	48.6	53.5	66.2
澳大利亚总进口	87.9	101.8	81.1	82	101.1	113.8	117.1
中国出口占澳总进口比重	47%	36%	29%	41%	48%	47%	57%

资料来源：ABARES.

将澳大利亚从中国进口卫生用纸的数量及比例做成图 3-21。

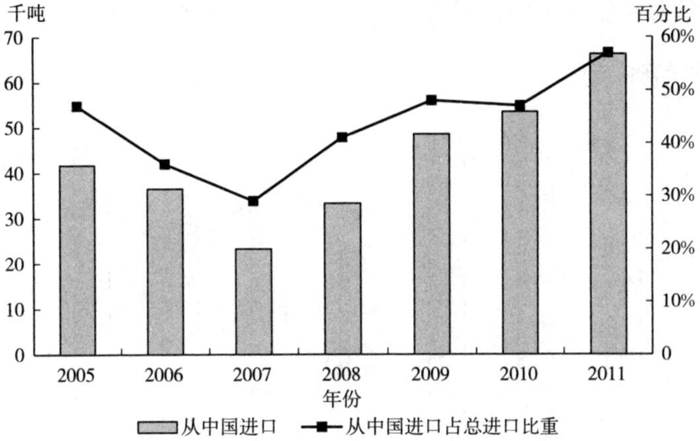

图 3-21　中国向澳大利亚出口卫生用纸的数量及比例

资料来源：ABARES.

从图 3-21 可以看出，澳大利亚从中国进口卫生用纸的量在 2007 年最少，此后呈现不断上升的趋势，在 2011 年达到了历史最高的 57%。

(四) 胶合板

澳大利亚胶合板在农产品贸易中的比重不大。澳大利亚胶合板主要进口市场是智利、中国和新西兰。中国是澳大利亚第三大胶合板进口来源国，详见表 3-32。2005 年至 2011 年之间，澳大利亚从中国进口胶合板在 35 万至 52 万立方米之间，占澳大利亚进口胶合板 20%左右。2010 年，中国出口澳大利亚胶合板为历史最低值，占澳大利亚进口的 13%。2011 年，中国出口澳大利亚胶合板上升至 51.1 万立方米，占澳大利亚进口胶合板的 17%。

表 3-32　中国向澳大利亚出口胶合板的数量及比例

单位：万立方米

	2005	2006	2007	2008	2009	2010	2011
从中国进口	35.4	50.6	51.7	32.7	40.5	36.8	51.1
澳大利亚总进口	204.8	244	236.6	199.1	227.7	277.6	296.6
中国出口占澳总进口量比重	17%	21%	22%	16%	18%	13%	17%

资料来源：ABARES.

将澳大利亚从中国进口胶合板的数量及比例做成图 3-22。

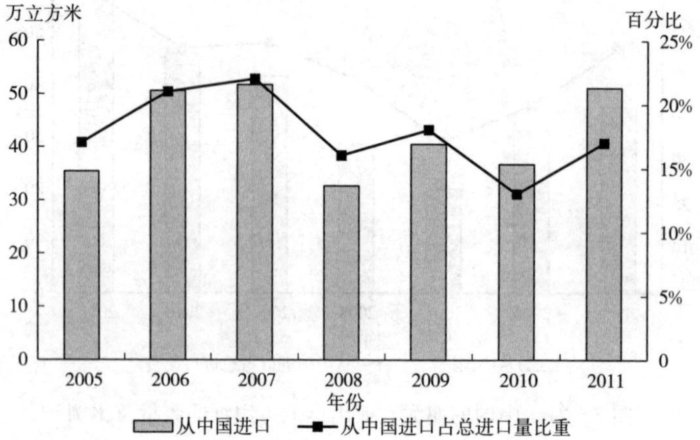

图 3-22 中国向澳大利亚出口胶合板的数量及比例

资料来源：ABARES.

从图 3-22 可以看出，澳大利亚进口中国胶合板的量有所波动，但是基本保持不变，其占整个中国出口总量的比例也不断变化，但是总体来说占比不大。

（五）包装用纸

包装用纸在澳大利亚农产品贸易中的比重不大。澳大利亚包装用纸的主要进口市场是中国、新西兰、美国。中国居于新西兰之后，是澳大利亚第二大包装用纸进口来源国，详见表 3-33。2005 年至 2011 年之间，澳大利亚从中国进口的包装用纸在 20～55 千吨之间，占澳大利亚进口数量的 10%左右，波动幅度不大。2011 年，澳大利亚从中国进口包装用纸 54.4 千吨，占澳大利亚进口总量的 16%。

表 3-33 中国向澳大利亚出口包装用纸的数量及比例

单位：千吨

	2005	2006	2007	2008	2009	2010	2011
从中国进口	20.9	26.6	29.3	26.1	34.6	41	54.4
澳大利亚总进口	190.8	258.4	303.1	254	285.4	313.8	333.1
中国出口占澳总进口比重	11%	10%	10%	10%	12%	13%	16%

资料来源：ABARES.

将澳大利亚从中国进口包装用纸的数量及比例做成图 3-23。

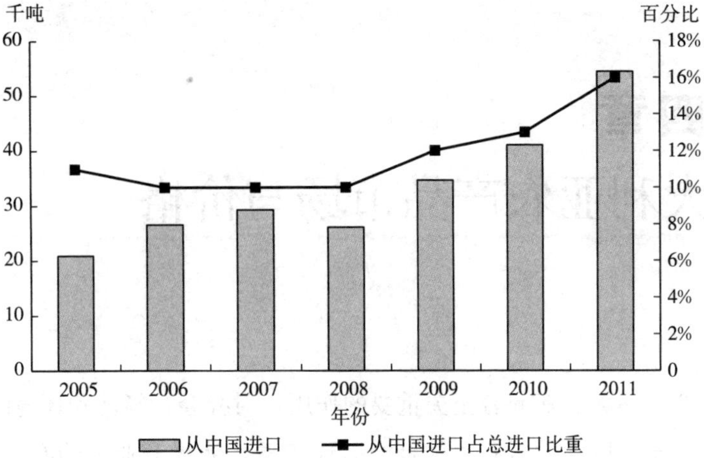

图 3-23　中国向澳大利亚出口包装用纸的数量及比例

资料来源：ABARES.

从图 3-23 可以看出，澳大利亚从中国进口包装用纸的量呈现逐年增长的趋势，其占比也是不断变化且有所增加的，基本维持在中国出口包装用纸总额的 11%左右。

第四章

澳大利亚农产品市场与价格

农业在澳大利亚起着至关重要的作用，对社会、经济和环境的可持续发展做出了巨大的贡献。从社会效应来看，澳大利亚大约有 13.4 万个农场（Farm Businesses），其中约 99%是家庭所有和经营。

在澳大利亚，每个农场主生产的食品可供养 600 人，其中国内 150 人，国外 450 人。澳大利亚农民生产食品占国内日常供给的 93%。2010 年，30.7 万人在农业部门就业，农业全产业链，包括附属的食品和纤维产业，提供了 160 多万的就业机会。从经济效应来看，澳大利亚农业部门对 GDP 的产值贡献 3%，2010 年澳大利亚农业生产总值为 487 亿澳元，这仅仅是直接贡献。如果把澳大利亚农业生产的下游关联部门，包括食品和纤维产业，上游关联部门，农业投入产业考虑进来，农业对 GDP 贡献大约在 12%左右，即 1550 亿澳元。60%的澳大利亚农产品用于出口，2010 年农产品出口创汇 325 亿，但如果从农业、渔业和林业宽口径进行统计的话，出口创汇额达到 362 亿。由于澳大利亚农产品对外依存度较高，农产品出口创汇规模，乃至澳大利亚未来农业发展在很大程度上依赖国际市场状况。当前澳大利亚农民面临贸易条件持续恶化的挑战，尽管如此，通过不断提高效率和生产率，澳大利亚农业一直保持着国际竞争力。在 1974 年到 2003 年的 30 年中，农业保持着平均 2.8%的增长速度，远远高于其他部门。但近年来澳大利亚农业的生产率已经降至年均 2.3%的增速，澳大利亚农业仍立足于满足随世界人口增长带来的对食品、纤维的需求增长，必须增加在农业领域的研发投入，以促进农业生产率的不断提高。在环境方面，澳大利亚的农场主是环境的管家，他们拥有并肩负管理和照顾澳大利亚 61%的土地面积。农场主总是最能代表澳大利亚社区进行自然资源管理的人群，调查显示，有大约 94%的农场主积极进行自然资源管理。

第一节 澳大利亚农业生产概览

澳大利亚地处太平洋西南部与印度洋之间，四面临海，是大洋洲的重要组成部分。与其他发达国家相比，澳大利亚拥有着非常鲜明的特点：世界第六大的领土面积、相对较少的人口和极为丰富的自然资源。而这些特点也造就了澳大利亚经济社会发展具有其独有的个性。正如草原之于畜牧经济，平原之于农耕经济一样，极富特点的地理环境很大程度地影响了澳大利亚农业经济发展的路线。

整体来看，澳大利亚地形是东部山地，中部平原，西部高原。东部山地北起约克岛，南到塔斯马尼亚岛；中部平原北起卡奔塔利亚湾，纵贯大陆中部，向南延伸到墨累河河口；西部高原区大部分为沙漠和半沙漠地区。澳大利亚约 70%的土地位于干旱或半干旱地带，大部分地区不适合居住，而沿海地带则是水土肥沃、植被丛生、物种多样的绿色环地带，这个绿色环地带的人口数量占全国人口数量的比例超过 80%，而在仅仅 2 000 多万的人口基数下，人均资源占有率位居世界前列。

由于较大的地理跨度，澳大利亚各州农业资源条件差异也比较明显。昆士兰州沿岸的甘蔗带、塔斯马尼亚州的苹果区、东南部的小麦带等形成了具有各州优势的特色农业。从农业地域类型细分上来看，北方是肉牛、水果、棉花、甘蔗、蔬菜的生产地。昆士兰州的甘蔗面积占全国的 90%，棉花占 50%，水果占 39%，肉牛养殖占 33%。东南沿海降雨相对较多，气候温和，是粮食、蔬菜、奶牛、羊、肉牛的主产地，如奶牛养殖，维多利亚州占 63.8%，新南威尔士州占 12.6%，昆士兰州和南澳大利亚州各占 7%，其他各州仅占不足 10%。

虽然具备着得天独厚的自然条件，澳大利亚农业的发达却并不仅仅依赖于丰富的动植物和矿产资源。农牧业是澳大利亚的基础产业，澳洲政府一直将农牧业经济的可持续发展放在重要位置上，给予了高度重视。澳大利亚政府通过多方面的举措来推动本国农业成为影响全球农产品市场的重要力量。

在政策层面上，澳大利亚政府以“面向市场、减少干预、优化服务”为基本的指导原则，以自由竞争为主要发展手段，同时通过增强政府的监督和管理来保证本国农产品的安全和质量，提升其在国际市场的竞争力。

1996 年，澳大利亚将初级产业与能源部合并为农渔林业部，统一协调对农、牧、渔、林业的综合管理，并根据国内外市场变化情况以及促进农产品出口的需要，强化和增加了农产品加工、食品安全、农产品质量标准制定和动植物检疫、农产品贸易以及资源保护和可持续发展方面的管理职能。既减少政府对农业的干预，又保护本国农业、服务好农民，努力保持农业的竞争优势，不断扩大在全球市场的销售份额。

在建立和完善农业标准体系方面，澳大利亚一直走在世界农业的前列。由于澳大利亚本身的人口红利非常缺乏，因此提升本国农产品竞争力就不会是以人口红利为基础的产品价格，而是优良的产品品质保证。为此，澳大利亚政府制定了一系列的产品品种、质量等级、生产技术规程、运输储存等方面的标准。

澳大利亚农业标准有较强的针对性和可操作性。标准中的各项技术指标力求量化，有利于准确的检验和测试。由于澳大利亚的农业是外向型农业，其出口的农产品必须达到国际市场规定的标准要求，因此，澳大利亚力求使本国的农业标准与国际标准和国外先进标准保持一致。其农业标准的实施与监督管理，由政府有关部门分工负责。

在农业技术支持方面，澳大利亚积极将最新的科学技术运用到农业生产当中，不断提高农业生产各环节的现代化水平，真正地发挥了科学技术作为第一生产力的作用。主要表现为：

草地实现了围栏化和补播化。在沿海高降雨区，其草场全部是人工草场和改良草场，牧场的供水除少数江河流域外，主要靠挖塘筑坝，将蓄积的雨水通过地下管道输送到各个围栏，有自动的饮水器供牲畜自由饮水，并通过渠灌或喷灌，以补充旱季缺水并增加土壤湿度。

牲畜实现了良种化。通过严格选择和精心培育的种畜，能保证后代遗传性能稳定和质量不断提高，其产生的经济效益是自繁自育的种畜所无法比拟的。

生产过程实现了机械化。在澳大利亚，一般牧场都备有常用的拖拉机、卡车、叉车及配套设备，有些大型成套性强的机械由一户购买，为周围牧场主提供有偿服务。每个家庭牧场从草地改良、牧草收获、牲畜饲喂、剪毛、挤奶、活畜运输、供水等全部实现了机械化。

经营管理配套合理。澳大利亚的家庭牧场不管生产什么产品，都把生产方向、牲畜品种、经营方式和市场需求紧密地结合起来，这使得农业生产摆脱了盲目性，成功地将产品的需求与供给完美地结合起来。比如生产羊毛的牧场就发展超细美利奴羊，以适应国际行情的变化；为满足日本对大型肉牛品种的需求，有少数牧场饲养西门塔尔牛；为满足国内及其他国家需求，就饲养海福特、安格斯等早熟品种；而奶牛场的公犊和淘汰母牛，经育肥后供应美国市场。

研究、推广、培训等科技服务紧密结合生产。澳大利亚从政府到牧场主和社会服务机构，都高度重视科学技术。澳洲科研权威单位“联邦科工组织畜产部”和“维州奶牛研究所”都设在乡下，并有生产设施和实验畜群，在完成科研工作的同时，兼顾技术推广和生产咨询。

澳大利亚的科研经费和家庭牧场主培训经费分别来自国家和牧场主。政府不失时机对畜产品进行宏观调控，依据市场的起落，给予养畜户一定的补贴，避免市场大起大落，对生产者和消费者造成不良影响，使整个国家的畜牧业健康发展。

第二节　澳大利亚农产品市场及价格

一、农产品价格的研究意义

探讨澳大利亚农业的发展离不开对于农产品价格的研究。对农产品的价格研究又有着重要的意义：农产品价格是农产品价值的货币表现。农产品价格形成与运行的基础是农产品价值。货币的价值、市场供求关系、市场竞争、国家政治与经济政策、人们的消费偏好等是农产品价格形成与运动的重要条件。而这些条件的有机结合使得农产品的价格波动有着充分而合理的解释，对农产品价格变化的分析能够更好地发掘隐藏在价格之下的推动农业经济发展的影响因素以及其具体的影响程度。

值得注意的是，农产品的价格不仅仅反映着农产品的供求关系，还与国内外的经济周期，市场变化等因素密切相关，通过研究农产品的价格走势能很好地反映出澳大利亚国内经济发展的大趋势。另外，研究农产品价格少不了对于该国农业的经济政策的探索和发掘，通过对产品价格的走势分析能从政策层面上对澳大利亚政府采取的实际措施有更具体和直观的认识。

二、澳大利亚农业产值的比较分析

根据统计数据显示，从总量的角度来看，澳大利亚农产品在澳大利亚的经济中所占据的比重并不大，但这并不意味着澳大利亚的农产品经济不发达。该种现象是由发达国家共有的基本经济特征所决定的，即第二、三产业占经济的比重很大，而第一产业即农林牧渔业的产值占国内生产总值的比重较小。一般而言，无论是农业产值还是从业人数都仅仅占据了国内经济和就业人口的较小一部分。

对此可以参考美国三次产业的结构来进行对比，通过美国商务部数据（表 4－1）可以看出，美国经济中以农林牧渔业为主的第一产业占经济的比重常年在 1%上下小幅度波动，而第三产业则异军突起，产业总值屡创新高，所占经济的比重也日益增加。

历年的经济数据显示出美国的经济结构中农业对总体 GDP 的贡献率并不高，但并不能因此而否认美国农业在世界贸易中起到了重要的作用。同样的，对于同为农业大国的澳大利亚，由于其经济较为发达，大量高附加值产业集中在服务业、制造业和高新技术产业之中。澳大利亚

表 4-1 美国近 15 年来三次产业比重变化表

单位：百万美元，%

年份	第一产业	第二产业	第三产业	GDP	第一产业比重	第二产业比重	第三产业比重
1998	100 315	1 791 408	6 901 772	8 793 495	1.14	20.37	78.49
1999	92 829	1 878 474	7 382 181	9 353 484	0.99	20.08	78.92
2000	95 590	1 991 846	7 864 046	9 951 482	0.96	20.02	79.02
2001	98 554	1 953 751	8 233 862	10 286 167	0.96	18.99	80.05
2002	94 405	1 959 327	8 588 584	10 642 316	0.89	18.41	80.70
2003	115 539	2 025 226	9 001 447	11 142 212	1.04	18.18	80.79
2004	142 712	2 196 213	9 514 329	11 853 254	1.20	18.53	80.27
2005	127 101	2 374 117	10 121 741	12 622 959	1.01	18.81	80.19
2006	122 468	2 529 141	10 725 606	13 377 215	0.92	18.91	80.18
2007	144 542	2 606 353	11 277 780	14 028 675	1.03	18.58	80.39
2008	159 375	2 561 868	11 570 300	14 291 543	1.12	17.93	80.96
2009	142 399	2 304 732	11 526 550	13 973 681	1.02	16.49	82.49
2010	157 648	2 405 724	11 935 550	14 498 922	1.09	16.59	82.32
2011	173 523	2 550 912	12 351 232	15 075 667	1.15	16.92	81.93
2012	168 636	2 710 600	12 805 528	15 684 764	1.08	17.28	81.64

资料来源：美国商务部。

二、三产业的高度发展，使本来已经高度发达的澳大利亚现代化农业在国民经济中的贡献比反而并不高，特别是近十几年农业对国民经济的贡献率基本维持在3%左右，但从实际情况来看，澳大利亚的农业对于本国以及全球的农产品贸易起到了重要的影响作用。

对比美国的三次产业结构，澳大利亚的农业在国民经济中的比重呈持续递减的趋势。图 4-1 显示了澳大利亚农业不同时期对 GDP 的贡献。

在经济发展的重心逐渐向科技型、知识型、服务型产业发展的全球经济大趋势下，澳大利亚作为经济发展处于较为先进水平的国家之一，

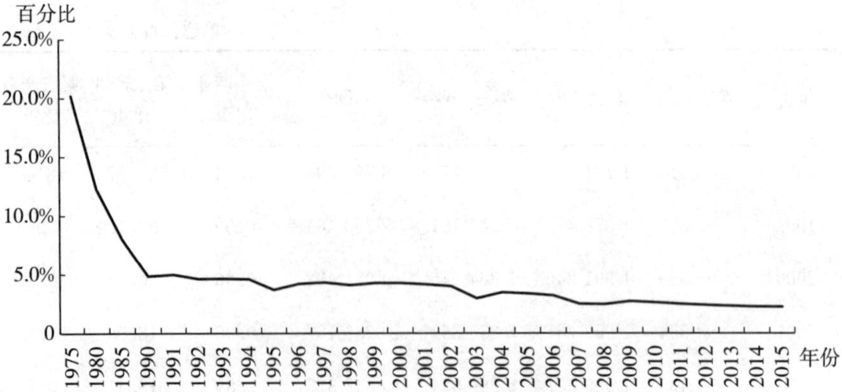

图 4－1　澳大利亚农业产值占 GDP 比重图

资料来源：《澳大利亚经济统计年鉴》。

产业演进也遵循了世界经济发展的一般规律，即农业在国民经济中的比重持续下降。通过图 4－1 可以发现：在 1975 年澳大利亚的农业产值占 GDP 的比重超过 20%，而到了 2015 年这一比重下降到 3%左右。尽管农业对澳大利亚经济的直接贡献在下降，但与农业部门紧密相关的加工业等在澳大利亚经济中的地位稳步上升，充分证明了澳大利亚农业发展的高效性和重要性。

三、澳大利亚国内物价的波动情况

研究澳大利亚农业的价格，有必要对澳大利亚整体的价格走势做一个全面的分析。一国的价格水平与某一产业的产品价格水平具有双向的影响作用，比如农产品的价格水平波动会对整个国家的物价水平产生一定影响，而相应的由于其他产业价格水平的波动也会传递到农产品之中，如工业产品的价格上升会使得农用机械的价格上升，带来的是农业生产成本上升，这会导致农民通过提高农产品价格来转移部分成本，因此研究宏观的价格水平走势很有必要。

近 40 年来，澳大利亚的国内物价水平一直处于一个较为平稳的状态，其中最具有代表性的指标消费者价格指数更是随年份稳步递增，详见图 4－2。

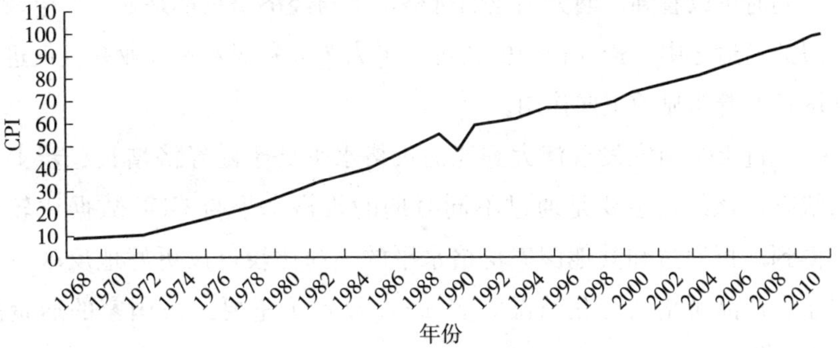

图 4-2　澳大利亚消费者价格指数走势

资料来源：《澳大利亚统计年鉴》。

从近 40 年来的 CPI 走势图可以直观地看出澳大利亚的价格水平基本保持着稳定上升的趋势，也反映出了澳大利亚农业发展具备着很好的宏观经济环境，没有大规模价格水平的剧烈波动。

而从宏观经济的另一个角度来看，澳大利亚的国内生产总值与国内消费者价格指数之间的波动存在着比较明显的正相关关系。图 4-3 给出了澳大利亚自 1975 年至 2011 年之间的 CPI 与 GDP 的走势比较，可以明显发现两者在近 40 年的时间里一直保持着较好的关联度。一般而言，政府会通过适度的通货膨胀来刺激经济的增长，澳大利亚政府的刺激手段则主要体现在对于本国重点产业的政策支持上。

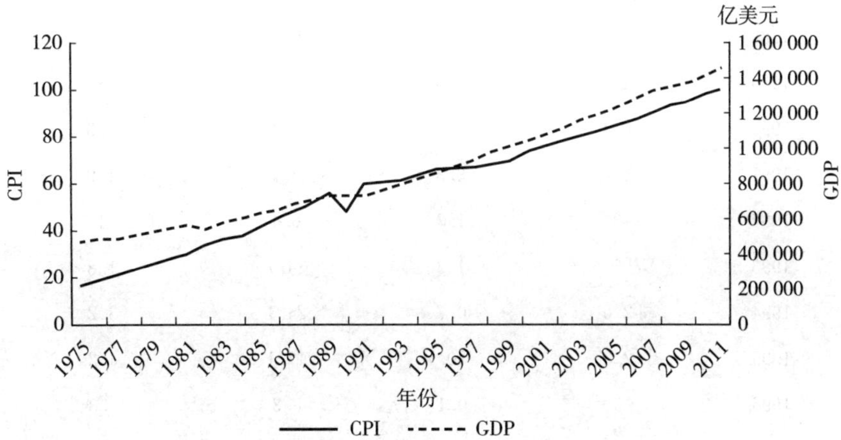

图 4-3　澳大利亚价格水平与国内生产总值的对比

资料来源：《澳大利亚统计年鉴》。

同时可以看到，澳大利亚的价格水平与经济增长都是处于一个较为平缓的通道之中，较为稳定的物价水平为澳大利亚发展农业并且促进经济增长有着明显的正向作用。

通过上文研究发现澳大利亚的价格水平处于随经济增长稳步上升的状态，该结论主要是通过不同时期的价格水平与GDP数据比较研究得到。再通过和其他国家价格水平的横向比较可以更好地反映澳大利亚农产品价格的变化情况。表4-2显示了重要经济国家的通货膨胀率数据。

表4-2 重要经济国家的通货膨胀率数据表

单位：%

年份	美国	日本	中国	澳大利亚
1980	13.5	7.8	6	9.3
1981	10.3	4.9	2.4	10.4
1982	6.2	2.7	1.9	11.5
1983	3.2	1.9	1.5	6.9
1984	4.3	2.3	2.8	4.3
1985	3.6	2	9.3	8.4
1986	1.9	0.6	6.5	9.3
1987	3.6	0.1	7.3	7.3
1988	4.1	0.7	18.8	7.3
1989	4.8	2.3	18	8
1990	5.4	3	3.1	5.3
1991	4.2	3.3	3.4	1.9
1992	3	1.7	6.4	1
1993	3	1.3	14.7	1.8
1994	2.6	0.7	24.1	3.2
1995	2.8	−0.1	17.1	4.2
1996	3	0.1	8.3	1.3
1997	2.3	1.8	2.8	0
1998	1.6	0.7	−0.8	1.3
1999	2.2	−0.3	−1.4	2.4

（续）

年份	美　国	日　本	中　国	澳大利亚
2000	3.4	−0.7	0.4	6
2001	2.8	−0.8	0.7	2.9
2002	1.6	−0.9	−0.8	3.1
2003	2.3	−0.2	1.2	2.4
2004	2.7	0	3.9	2.4
2005	3.4	−0.3	1.8	3.2
2006	3.2	0.2	1.5	2.9
2007	2.8	0.1	4.8	3.4
2008	3.8	1.4	5.9	3.1
2009	−0.4	−1.3	−0.7	2.3
2010	1.6	−0.7	3.3	3.1
2011	3.2	−0.3	5.4	2.3

资料来源：《澳大利亚经济统计》。

通过对比发现，澳大利亚与经济发达程度更高的国家如美国相比，近几十年来的通胀率波动变化相对较大，见图 4－4。但相对于中国而言，其物价的波动范围就显得小了许多。

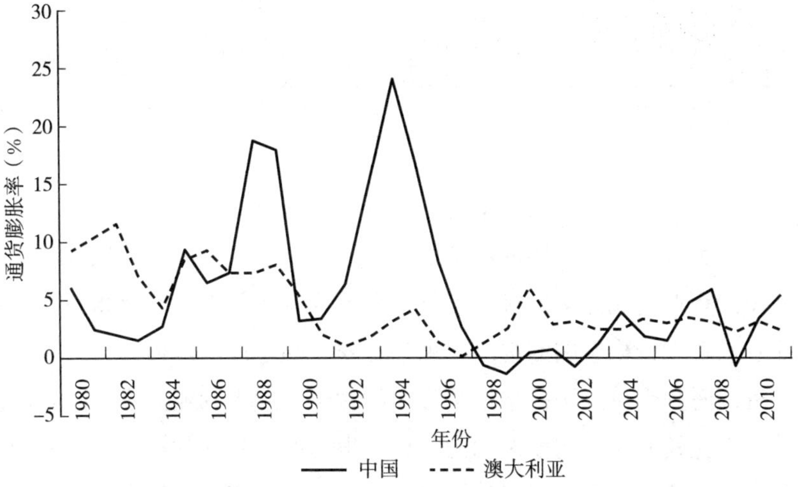

图 4－4　澳大利亚与中国通胀水平对比

资料来源：澳大利亚统计局。

可以从近30年来的通胀水平对比中发现，相比于中国，澳大利亚的通胀率一直都保持在5%左右的较低水平，这与之前研究得出的澳大利亚价格水平的稳定性特征相吻合。一方面体现出了澳大利亚国内商品价格水平的长期稳定性，另一方面也从一个侧面表明了澳大利亚中央银行长期以来坚持将调控价格水平放在一个重要的位置上。

四、澳大利亚农产品的整体价格波动

尽管澳大利亚的经济增长和价格水平的波动变化比较小，但经济的运行规律决定了经济的平稳发展也是在长期的动态中实现的。澳大利亚农业的发展与整体的经济运行息息相关，因此其农产品的价格也随着时间在波动中保持着一定的平衡，见图4-5。

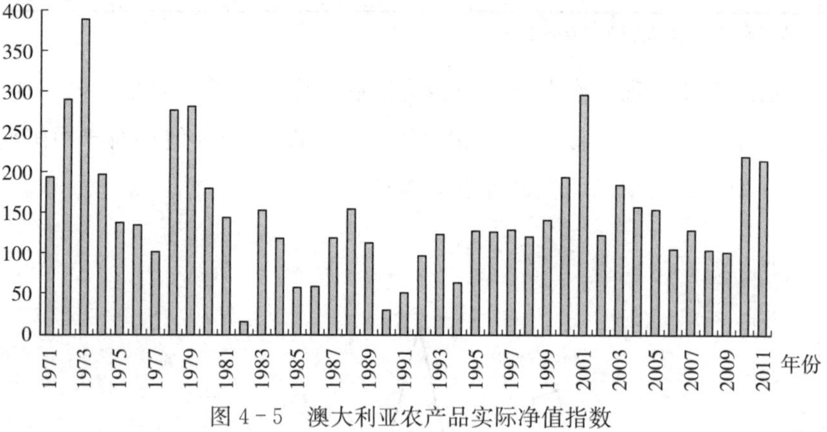

图4-5 澳大利亚农产品实际净值指数

资料来源：《澳大利亚经济统计年鉴》。

在澳大利亚官方出版的经济统计中，农产品实际净值指数反映了近年来澳大利亚的农业生产排除了整体物价因素的创造值。该指数是通过剔除了消费者价格影响的情况下来计算农产品生产的净值。

可以看到当排除了价格水平影响的时候，澳大利亚的农产品生产实际上具有比较明显的周期波动的特点，根据所得到的数据分析，波动的主要原因在于农业生产每年的产出和投入成本的变化。当产出量较大而同时投入成本相对较小时，当年的农产品净值指数往往较大。农产品的产出源于本国的农业生产能力，在不考虑自然环境因素变化的情况下，随着科技的进步和经济的发展，一国的农业生产水平也是在不断进步的。农产品生产的成本则涉及了全球的资源供应等因素，同时还有可耕种、可畜牧土地有限，人力成本上升等因素，这些因素的波动引起了澳大利亚近几十年来的农产品实际净值指数出现了多次周期性的波动，见图 4-6。

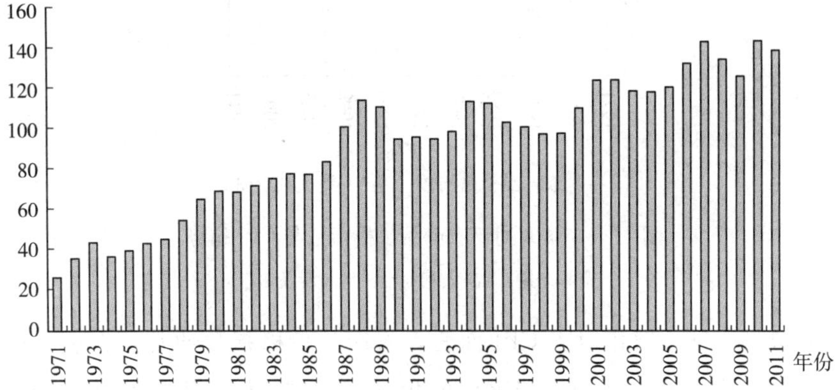

图 4-6　1971—2011 年澳大利亚农产品价格指数

资料来源：《澳大利亚经济统计年鉴》。

与上述的农产品实际净值指数不同，澳大利亚经济统计年鉴中的农产品价格指数则是在充分考虑了消费者价格影响的情况下编制的。该指数是 ABARES 于 1999 年修订的农业产品价格计算方法，对于不同种类的农产品以链式权重为基础，通过采用 Fisher 理想指数，以基准年 1997 年＝100 为标准所构造的指数体系。

可以看到的是澳大利亚的农产品价格指数在近 40 年中基本保持着平稳的增长趋势，期间有过几次小幅度短期的下降，但长期基本保持持续增长态势。这与前文中对于澳大利亚国内价格水平的特点是一致的。如果将农产品价格指数与澳大利亚消费者价格指数相对比，可以发现两者存在着非常相似的发展趋势，见图 4-7。

通过图 4-7 可以直观地看出农产品价格指数与消费者价格指数有着非常相似的走势，比如在 1989 年都经历了一次较大的下降并且在次年恢复上升。但仔细观察还是可以发现农产品价格指数的一些特点。

首先是其波动幅度相对较大，可以从近 40 年的数据中看出虽然整

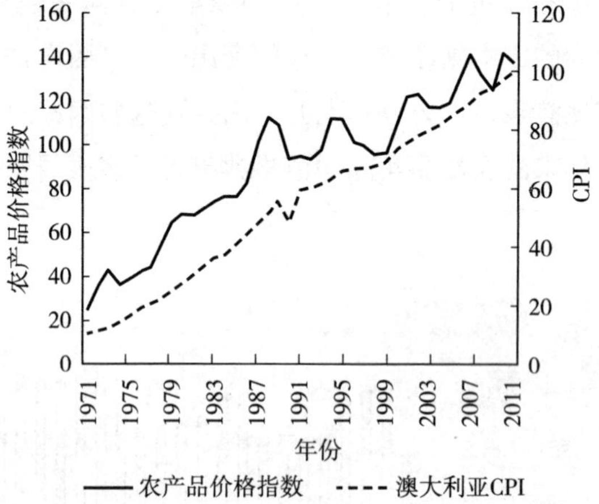

图 4-7　澳大利亚农产品价格指数与 CPI 趋势

资料来源：《澳大利亚经济统计年鉴》。

体趋势是上升，但相对于 CPI 而言，农产品价格指数通常是在上下的小幅波动中上升。从局部与整体的角度来理解，CPI 反映的是整个经济体的消费价格情况，其涵盖的经济部门和范围群体都比仅仅研究农业经济价格波动的价格指数要更为广阔。这反映出了澳大利亚农业价格波动的一个特点：农产品价格波动幅度在平均消费价格变化的幅度之上。

另外一点在于虽然长期整体趋势上两者走势相同，但在一些具体年份两者的走势可能不一致。例如 1997—1998 年澳大利亚农产品价格指数由 100 下降到 96.1，而在同期的 CPI 则由 67 上升到 67.8。数字本身并无可比性，但其所代表的趋势则说明两者在短期中存在着不同趋势。通过分析可以发现农产品价格指数虽然将社会物价指数考虑在内，但同时也受农业生产和农业成本等因素的影响，当国际农产品原料或是农耕机械的价格发生变化时，本国的农产品价格指数也会随着受到影响。因此可能会出现部分年份农产品价格与国内消费价格走势相反的情况。

总体来说，澳大利亚农产品价格近几十年来处于一种在小幅波动中稳步上升的状态，伴随着 CPI 上升的同时又具有一定的自身特点，体现出农业生产技术进步以及国际农产品及其相关产品市场价格的影响作用。

五、澳大利亚农业投入和产出价格

从上文中我们对澳大利亚农产品整体价格波动有了一个初步了解，下面我们对澳大利亚农业投入与产出价格的基本变化进行描述，并从中分析由此带来的福利水平的变动。

表 4-3 记录了澳大利亚从 1970 年至 2013 年间的农业投入、回报以及相关价格指数。我们通过具体分析农产品投入价格、农产品出售价格以及农户贸易条件来分析澳大利亚农业市场上投入、产出的变化及对农业福利水平的影响。

表 4-3 澳大利亚农产品投入、产出以及农户贸易条件

年份	农业产出总价值（百万澳元）	农业成本（百万澳元）	农业净产出（百万澳元）	农业净产出实际价值指数	农业产出价格指数	农业投入价格指数	农户贸易条件	消费价格指数
1970	—	2 713	—	151.8	23.9	13.9	171.6	9.3
1971	—	2 793	—	195.2	26	14.9	175.3	9.9
1972	4 962	3 103	1 859	290.5	35.6	16.2	219.9	10.5
1973	6 412	3 594	2 818	390	43.1	18.4	234.3	11.9
1974	5 874	4 196	1 678	198.8	36.9	23.4	158	13.9
1975	6 170	4 832	1 338	140.4	39	27	144.3	15.7
1976	6 755	5 278	1 477	136.1	42.5	30.1	141.1	17.8
1977	6 984	5 747	1 242	104.5	44.5	33.3	133.8	19.6
1978	10 204	6 629	3 575	278.2	54	35.5	152.1	21.2
1979	11 764	7 761	4 003	282.6	64.3	39.5	162.7	23.3
1980	11 580	8 739	2 841	183.4	68.4	44.9	152.2	25.5
1981	12 704	10 205	2 499	146.1	67.7	49.9	135.7	28.2
1982	11 709	11 403	3 060	16.3	71.1	55.3	128.6	31.4
1983	15 420	12 255	3 165	155.5	74.6	59.8	124.8	33.6
1984	15 435	12 896	2 539	119.9	76.6	63.4	121	35
1985	15 414	14 051	1 363	58.9	76.6	68.3	112.2	37.9
1986	16 928	15 386	1 542	61.2	82.8	74.2	111.5	41.5
1987	19 962	16 727	3 235	119.7	99.5	77.4	128.5	44.5
1988	22 848	18 330	4 518	156.2	112.4	84.4	133.2	47.8

（续）

年份	农业产出总价值（百万澳元）	农业成本（百万澳元）	农业净产出（百万澳元）	农业净产出实际价值指数	农业产出价格指数	农业投入价格指数	农户贸易条件	消费价格指数
1989	23 588	20 008	3 580	114.1	109.3	90.1	121.3	51.6
1990	21 265	20 168	1 097	31.7	93.6	90.9	102.9	54.3
1991	21 155	19 392	1 763	52.8	94.5	90.8	104.1	55.3
1992	22 700	19 340	3 360	99.2	93.7	89.5	104.7	55.9
1993	24 423	20 187	4 236	125.2	97.4	91.1	106.8	56.9
1994	24 049	21 708	2 341	65.2	112	95	118	58.8
1995	27 735	22 913	4 822	130.9	111.2	99.5	111.8	61.3
1996	28 574	23 910	4 664	127.5	101.6	99.4	102.2	62.1
1997	28 820	23 885	4 935	130.9	100	100	100	62.1
1998	29 157	24 511	4 646	121.7	96.1	100.6	95.6	62.9
1999	30 773	25 223	5 550	142	96.3	104.7	92	64.4
2000	34 778	26 657	8 121	196.1	108.5	110.1	98.5	68.2
2001	39 875	27 258	12 617	296.8	122	112.9	108.1	70.2
2002	33 225	27 766	5 459	124.5	122.7	121.5	101.1	72.3
2003	37 330	28 991	8 339	186	117.2	123	95.3	74
2004	36 512	29 243	7 269	158.6	116.8	126.3	92.4	75.8
2005	38 701	31 339	7 362	154.6	118.7	129.4	91.8	78.2
2006	36 622	31 443	5 179	106.1	130.3	135.9	95.9	80.6
2007	43 784	37 137	6 647	129.5	142.2	155.1	91.7	83.3
2008	41 969	36 573	5 396	105.4	131.6	148.9	88.3	85.9
2009	39 793	34 490	5 304	103.8	124.4	140.8	88.4	87.9
2010	46 375	36 559	9 816	221.2	139.5	144.8	96.3	90.6
2011	47 432	37 263	10 169	215.9	137.2	147.2	93.2	92.7
2012	48 501	37 444	11 057	185.9	138.5	145.2	95.4	94.8
2013	53 355	38 375	14 980	170.5	144.66	146	99	97.4

我们将澳大利亚农产品投入价格指数、产出价格指数以及农户贸易条件做成图形，可以明显看出随着时间的推移，三者的变化趋势见

图4－8。

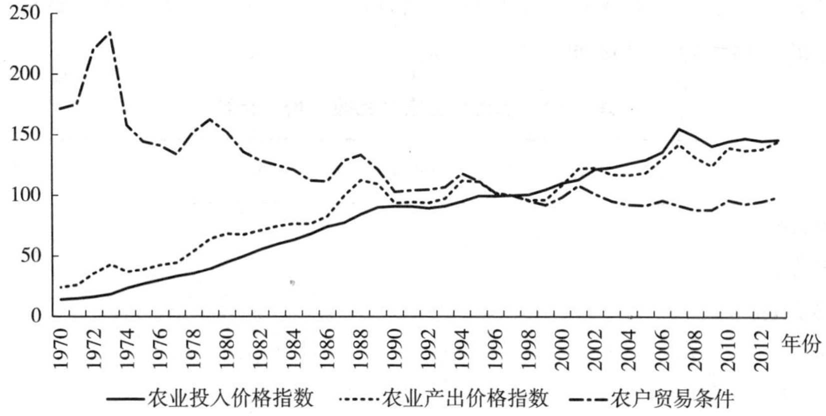

图 4－8　澳大利亚农业投入价格、产出价格、农户贸易条件

资料来源：《澳大利亚国家统计年鉴》。

从图 4－8 可以看出：

（1）从 1970 年以来，澳大利亚农业投入价格指数与农业产出价格指数的变化趋势基本一致，都呈现逐年上升的趋势。

（2）农户贸易条件总体呈现下降的趋势。尤其在 20 世纪七八十年代下降最为明显，后期逐渐放缓。但是仍表示农户在市场上交换的状况逐渐变差。

（3）1997 年农业投入价格与农业产出价格曲线相交，此后农业产出价格开始低于农业投入价格。也正是从这个时候开始，农户贸易条件开始低于 100。

从上述图形分析可以得出，当农业投入价格小于农业产出价格时，农户贸易条件值大于 100，即此时表明农户进行贸易的条件比基期有利，农户福利有盈。反之，当农业投入价格大于农业产出价格时，农户贸易条件值小于 100，即此时表明农户进行贸易的条件比基期不利，农户福利有亏。

六、澳大利亚农产品的分类价格波动

在讨论完澳大利亚总体农产品的价格走势以及变动特点后，有必要对于具体的各类农产品进行分类的价格变化测算。根据 ABARES 的统计方式，从全国农民收入的角度来测算，分类给出了澳大利亚主要农产品的价格指数，具体如表 4-4 所示。

表 4-4 澳大利亚农产品收入价格指数

	2003	2004	2005	2006	2007	2008	2009	2010	2011
种植业部门									
谷物	—	—	—	—	—	—	—	—	—
冬季谷物	—	—	—	—	—	—	—	—	—
大麦	105.9	100.1	93.9	153.3	196.9	145.3	108.3	135.8	123.1
油菜籽	104.4	84.5	86.5	102.8	140.7	142.2	114.2	141.1	129.6
羽扇豆	120.4	105.2	99.8	135.7	171	142.9	127.2	136.9	118.8
燕麦	101.1	98.2	107.8	235.8	136.9	158.3	116.9	143.2	147
小麦	109.1	99.6	102.5	122.4	197.2	142.1	110.4	130.1	127.4
夏季谷物	—	—	—	—	—	—	—	—	—
高粱	93.8	79.4	84.6	126.1	152.4	121.3	115.9	125.8	118.6
谷物总计	105.2	95.8	97.2	128.5	178.3	137.4	108.7	126.2	121.9
棉花	90.7	87	76.5	82.5	87.7	96.7	98.4	144.2	106.8
糖	75.5	83.5	90.9	108.4	80.6	98.3	137.8	137.8	129
干草	125	128	143.7	230.7	254.6	219	181.5	151.1	128.4
水果	120.6	123.9	138.3	184	148.4	148.2	146.6	181.8	181.4
蔬菜	126	119.1	133.8	141.3	153.7	152.9	150.4	167.3	161.4
农作物总计	107	101.1	103.9	127.6	138	120.2	108.8	125.7	118.7
养殖业									
出栏肉畜	—	—	—	—	—	—	—	—	—
黄牛	160.3	177.2	181.3	174.3	164.6	171.3	160	172.6	176
羔羊	190.1	184.5	177.7	165.6	170.3	204.3	218.7	255.4	229.1
绵羊	230.3	196.1	202.7	156.2	183.3	216.8	343.3	438	356.4
出口活羊	178	164.1	176.1	179.1	180.7	214.2	249.3	305.7	344.3
猪	109.4	117.8	115.6	124.8	120.7	140.1	147.1	135.7	134.5
家禽	97.7	91.9	83.5	84.5	109.4	120	114.1	109.8	107.6
总计	149.3	157.5	157.6	152.6	152.7	165.5	163.8	175.5	173.5
畜产	—	—	—	—	—	—	—	—	—
羊毛	119.6	105.9	100.4	115.5	127.9	109.2	116	158.4	171.1

（续）

	2003	2004	2005	2006	2007	2008	2009	2010	2011
养殖业									
牛奶	93.4	105.7	111	111.1	166.1	142.3	125.2	144.8	140.9
鸡蛋	94.1	91.5	92.5	102	107.5	108.5	105.5	104.2	104.1
总计	103.3	104.7	105.7	112.2	147	127.5	120	144.7	146.8
存储和种畜	144	159.7	165.9	157.9	155.3	161.9	168.3	193.9	198.1
养殖业总计	129.6	135.8	136.7	135.9	148.2	149.2	145.7	162.8	162.7
总价格指数	117.2	116.7	118.6	130.4	141.7	132.5	124.7	141.7	137.4

资料来源：《澳大利亚经济统计年鉴》。

该指数与前文中提到的农产品价格指数的测算方法一致，只是在测算时将统计口径缩小到了具体的不同分类的农产品范围内。根据表格给出的价格指数情况，可以看到农作物种植和农畜养殖是澳大利亚农业的主要组成部分。比较两部门的价格指数可以发现养殖业的价格指数普遍高于同期的农作物价格指数。而农作物的价格波动区间和波动的幅度则比较大，见图 4－9。

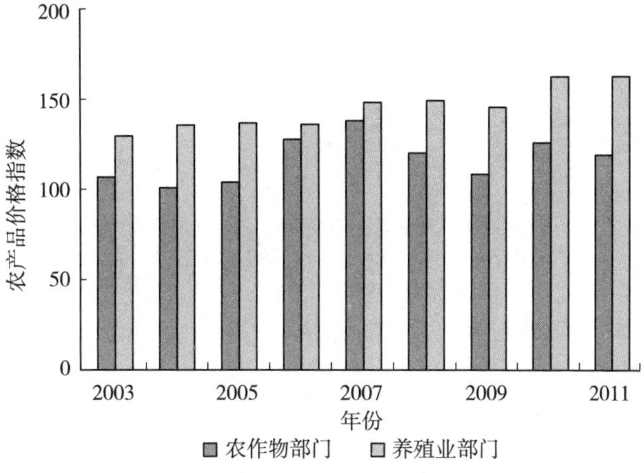

图 4－9　两部门农产品价格指数比较

资料来源：ABARES.

从 2003 年到 2011 年期间，澳大利亚农作物部门的价格指数从 107 上升到 118.7，而同一期间的养殖业则从 129.6 上升为 162.7，整个周期中的上升的幅度较大。

以上的数据反映了澳大利亚两部门农业生产的特点，农作物种植业的价格短期呈现出较大的幅度波动，但长期的变化范围较小；养殖业则呈现出短期波动幅度小，增长趋势更为明显的特点，同时总体的价格水平要高于农作物种植业。

总体来说，澳大利亚的农产品价格与国内经济发展情况较为一致，并未出现较为明显的大幅度的与经济周期相反的波动现象。这一方面体现出澳大利亚市场的规范和成熟，另外一方面也是政府对于农业发展规范监督，有力扶持，合理引导的一种体现。

第五章
澳大利亚农业政策

澳大利亚是一个以农业为基础产业的经济发达国家，其农业结构丰富，涉及畜牧业、种植业、渔业、林业等。澳大利亚农业受到其社会、经济、劳动力以及自然条件的影响，主要呈现出以下特点：一是农业生产高度机械化，劳动生产率非常高；二是重视产品质量标准，对农产品从选育、加工等生产过程和进口、出口等环节都制定有标准并设有严格的监督程序；三是从农场初级产品直到进入家庭的整个过程（包括初级生产、加工、运输、包装）实现标准化管理，如食品安全标准监管、乳制品从牧场到餐桌的质量管理体系等；四是注重环境和资源保护及综合利用；五是将市场准入作为农业领域的主要保护手段之一，即根据相关标准、指南和建议，选用先进的科学技术手段，实施极其严格的农产品进口检疫制度，以保护本国市场，并确保作为岛国和农产品出口大国的地位不受到外来农畜植疫病的侵害。

澳大利亚是发达的市场经济国家，无论是市场体系建设，还是农业经济结构调整，抑或是农业技术推广等方面都具有先进的经验可供我们学习和借鉴。从20世纪末开始，为改变传统的保护主义政策，澳大利亚积极发展国内经济、进行经济结构调整。并引入竞争体制，打破政府垄断，改革国有企业，实行税制改革，同时努力推进劳动力市场改革。经过近一个世纪的变迁，澳大利亚经济已完成了由食品和矿业为主导的经济向服务型经济的转变。尽管目前澳大利亚的农矿部门仍很重要，但是其制成品部门成长迅速，相对技术层次低的制造业领域近年来已经缩小，服务业出口大幅增长。澳大利亚因受益广袤的土地资源和政府的农业促进政策，农业非常发达，农产品世界贸易在全球占有突出份额。其放开农产品经营，旨在建立灵活的市场机制，政府在这个过程中也扮演了重要角色，主要表现为在把握市场动态和提高出口产品质量和服务水平，发布信息引导农业结构调整。同时面向全球市场，既减少政府对农业的直接干预，又保护本国农业、服务好农民，努力保持农业竞争优势，不断扩大在全球市场的份额，这是澳大利亚政府关注的重点。

澳大利亚农业政策体系包括农业投入政策、农业保险政策、农产品价格政策、农业及农村金融政策、吸引外国投资农业政策、农业促进政策等。

第一节 澳大利亚的农业投入和补贴

一、农业投入

从农业投入方面看，农业的长足发展离不开投融资的强力支持。澳大利亚农业投融资从主体来讲，可以分为政府投资、个人投资和外资投资三类。

政府投资主要是指澳大利亚政府将农村的道路、电力、水利、通讯、网络等公益性基础设施建设统一纳入到国家公共服务体系中（当然对边远地区而言还有待进一步提高），由联邦或州政府主导投资建设，目前已经形成了较为完善的农业农村基础设施。二是个人投资。澳大利亚人崇尚自然和休闲的生活方式，几乎所有澳大利亚人的梦想就是拥有一套单门独户的住宅和一个农场，在这样的文化影响下，个人投资农场非常普遍。三是外国投资。直到五年前澳大利亚联邦政府还规定农业投资额低于 2.34 亿元就不需要政府审批，因此一些主要农业生产部门外国投资占有相当高的比例。特别是 2008 年全球金融危机以来，外国投资水平猛增，平均每年投资额达到 25 亿元。中国企业对澳大利亚农业的投资正快速增长，如中投公司曾运作投资 2 亿元收购塔斯马尼亚岛的奶业企业，山东如意集团收购澳大利亚最大的棉花种植商（Cubbie Station）等。

澳大利亚用立法保证对农业产业的投入。澳大利亚对农业产业投入以立法为依据。立法首先保证了在保护开发土地和水资源方面进行投资。其次是对农用生产资料提供财政补贴，每年约1亿澳元。对农用生产资料怎样补贴，补贴多少，随情况变化，视农民组织与政府谈判和国会立法结果而定。再次是农业科研和推广，农业科研事业主体由三部分组成：①联邦科学和工业组织；②大学；③各州初级产业部。州级政府在农业科研成果推广过程中始终发挥主导作用。除预算拨款外，农业研发与技术推广资金主要是采取特定行业销售税和财政对应拨款办法解决。

二、农业补贴

从农业补贴方面看，澳大利亚政府对农产品基本上取消了价格补贴，澳大利亚农民是目前世界上发达国家中为数不多的很少得到政府补贴的农民。1982年以前，澳大利亚的农业补贴形式多样，包括价格干预、进口配额、关税壁垒、生产投入补贴、自然灾害（如旱灾）救济和农业结构调整补贴。然而，相对于许多经合组织的出口国家而言，澳大利亚补贴的总体水平并不算高。如20世纪70年代和80年代初期，澳大利亚农业部门得到的保护程度远低于欧洲和北美的同类国家。20世纪80年代初期以来，澳大利亚逐步认识到，由于澳洲大陆地广人稀，农产品70%以上直接销往国外，农业生产受资源约束较小，而其发展程度则受市场的约束，世界农产品市场的任何大波动都会给澳的农产品生产和农牧民收入带来较大影响，只有密切关注国际市场变化趋势，提高国际市场上的竞争力，本国农业才会持续发展，而实行补贴政策，往往掩盖了国际市场价格信号，阻碍了农业产业的调整，而且易导致资源向那些依靠保护能够赚取利润的部门转移，还常常使农民曲解补贴的用途，产生依赖，农民往往以补贴而不是以市场标准作为其决策的依据，不利于提高农业效率。随着乌拉圭回合农业协定的签订，有关的农产品市场补贴必将呈下降趋势，生产者必须更直接地根据国际市场需求组织生产，迅速调整投入产出关系，以便抓住更多的机会，赢得资源利用的最大回报。1983 年，澳大利亚经济刚刚步出谷底开始复苏，新的一届政府制定了保持经济持续增长的政策目标。新政府执政，开始解除对金融市场的管制，个人和商业部门可以随时得到资金，农业部门可以按市场利率得到投资基金，还改革澳元的固定汇率机制，实行浮动汇率机制。从那时起，农业被看作是经济中重要的但又没有特殊影响的部门，对农产品的补贴逐步降低和减少。

长期以来，澳大利亚政府对农产品的流通采取市场化运作，实行自由市场经济。政府对种粮农民和出口企业均没有直接补贴，政府对农业的支持主要通过拨款支持澳大利亚有关农业科研机构开展科技研究来实现。农民对自己种植的粮食品种、数量自主决策，政府不作控制。政府、粮食公司、研究机构等制定政策，作出粮食品种、价格等分析预测，对粮食品质进行分析研究，为农民提供技术咨询，发布市场信息，进行政策引导，其目的都是保证农民利益的最大化。到 1995 年，对大麦、棉花、新鲜水果、谷豆类、玉米、烟草、肉类、燕麦、油菜籽、大米、高粱、小麦和羊毛实行的所有补贴均已取消，柑橘、奶制品、糖、酒和白兰地等产品的保护主义的水平已大幅度降低。其他补贴措施，如对化肥消费的补贴和某些水果业实行的保险支付也逐步取消了。目前，奶制品业的补贴已全部取消。

第二节　澳大利亚的农业保险政策

与美国、加拿大等以政府为主导的政策性农业保险模式不同，澳大利亚采用政策优惠的保险模式，这种模式由相互竞争的互助保险社和商业性保险公司承办农业保险，政府不直接参与农业保险的经营，但对农业保险企业给予税收等政策优惠，有时也称为民办公助模式。一些欧盟国家，如德国、法国、西班牙、荷兰等，主要采用这种模式，澳大利亚也采用这种模式。其特点是由私营公司、部分相互保险公司经营农业保险，但一般只经营雹灾、火灾和其他小的灾害保险。也就是说，澳大利亚保险公司而不是政府提供农业保险服务。

澳大利亚农业保险市场与其他国家相比的一个显著特点是政府支持的缺失，全部由私有化的保险公司提供无政府补贴的农业保险，2010年保费收入仅 1.44 亿元。考虑到农业，林业和水产养殖业只占当地生产总值的 5.1%，仅 3.3%的劳动力从事相关产业，对农业的补助并不是政府的优先选择。并且，农业保险极少作为获得农业信贷的条件，因为在股权结构中，股本平均占到农场总收入的 90%，而融资成本仅占总收入的 10.5%。只有私有保险公司提供无补贴的种植业保险。从保险角度看，农业保险市场大致分为九部分：大田作物，园艺作物，果树，葡萄栽培，经济作物，粗放型畜牧业，集约型畜牧业，林业和水产养殖。在澳大利亚，有 9 家主要保险经销商提供种植业，林业，养殖业和水产养殖保险服务，9 家保险经销商中包括 5 家直保公司和 4 家代理公司，代表一家或多家保险人承保。多数业务（60%）通过代理公司写入。农民可以通过保险经纪人购买保险，他们掌握着有竞争力的保险人和承保机构的保险条件；也可以通过当地代理或者保险公司销售员购买；还可以直接从保险公司和代理公司购买。所有保险供应商均非常需要再保支持。保险行业由政府严格监管，保险人，经纪人和代理人须按照行业标准经营。指定风险的种植业保险自 1917 年以来已在市场上占有统治地位。尽管降雨是澳大利亚农业最大的限制因素，但市场上并不提供多风险种植业保险（MPCI）。

澳大利亚有三家主要定损机构。其中一家种植业保险服务由种植业保险人出资设立，提供实地定损服务并收集行业冰雹损失数据。其标准化、规范的记录流程步骤自 1967 年就被广泛应用。卫星遥感技术也广泛被应用于自然灾害定损中。评估员量化物质损失和赔偿的同时，保险人完成理赔的最终查勘。行业标准流程也是农民质疑理赔定损的依据。政府气候调查显示未来温带地区降水减少，热带北部地区极端龙卷风发生概率增加，澳洲东南部火险概率增加，霜冻概率减少，全国境内雷暴和冰雹活动规律将改变。以上这些将成为未来承保和农业保险定价的新挑战。

第三节　澳大利亚的农产品价格政策

澳大利亚是市场经济比较发达的国家，农产品价格均由市场竞争形成，粮食、牛肉、羊肉及羊毛、奶制品等出口量大、国际贸易依存度高的农畜产品价格，不仅受国内市场供求状况影响，而且在很大程度上取决于国际市场供求形势和汇率变化。澳大利亚关税水平较低，经济体系开放，政府鼓励市场竞争，以提高本国生产效率和国际竞争力。

澳大利亚农产品价格由市场机制决定，其形式有一个历史发展的过程。如1989年前澳大利亚小麦的国内外市场购销一直由政府机构——小麦局独家垄断，1989年澳政府颁布《小麦销售法》，放开了小麦国内市场，澳小麦局由政府机构转化为股份有限公司，参与市场竞争，但小麦出口仍由其独家代理。从1999年7月1日，澳大利亚小麦局被私有化，持有其A级股份的是那些满足其标准的生产者，并由其选出董事会、董事长，目前澳大利亚小麦局有限公司（AWB Limited）是澳大利亚主要的谷物营销商，自2011年澳大利亚小麦局被嘉吉（Cargil）公司收购，成为嘉吉公司的一个子公司。现在，澳国内小麦市场完全放开，任何人都可以自由买卖。小麦局为生产者提供“集中池（Wheat Pool)”这种统一销售和核算的方式，同时也以一个平等经营者的身份参与市场竞争。其国内的购销价格均由市场自行决定。澳大利亚生产的小麦大部分是通过“集中池”体系来销售和支付的。其分类指标包括小麦送达的日期、小麦质量和种类、送达地点等。“集中池”的建立主要是为了平等、公平地从小麦销售中分担费用、取得收益。“集中池”中小麦的储存、处理和运输费用被平等地分摊到各个生产者身上，由小麦局统一支付。

发达的农业合作经济组织是澳大利亚农产品生产流通体制的一个重要特点，也是市场配置资源的价格机制发挥作用以及统一开放的农产品市场有序运行的基础和保证。澳大利亚农业合作经济组织数量众多，有全国性的，也有地区性的，有行业性的也有服务于某一特定农产品的，它们在代表和维护农场主利益、组织农产品生产销售、传递有关市场信息、推动政府完善农业政策等方面发挥着重要的作用，实现了农场主的高度组织化。粮食流通方面，澳大利亚将小麦、大麦、豌豆、葵花和饲料种子等作物的生产者代表分别组成小麦、粗粮、油料和豆类粮食、种子四个委员会，代表6万名粮食生产者，并共同构成粮食协会。其目标是，代表和保护澳大利亚农作物生产者的利益，通过促成和影响与生产者有关的决策而保护和增加粮食生产者的福利，促进粮食产业资源开发，收集和发布与粮食产业有关的信息。

澳大利亚其他粮食市场销售，大部分也都在特定的粮食局或其他合作组织的不同程度的控制之下。但不同于小麦局，这些粮食的市场经营组织只是在州这一层次上运行。除小麦外，其他粮食都不在联邦法律的管辖之下。澳粮食市场政策的要点是使销售活动有序化。因此，除小麦局外，各州都成立了控制其他粮食出口及承担国内市场管理的组织。

大麦是仅次于小麦的第二大粮食作物，66％～75％都用于出口。在南澳大利亚和维多利亚州，销售都由大麦局控制；在新南威尔士和昆士兰州，所有的麦芽大麦和供应出口的饲料用大麦都由澳大利亚的各州局和粮食公司控制，只有饲料用大麦的国内市场是自由的。在西澳大利亚，所有大麦的销售都由经西澳的粮食“集中池”。

燕麦是澳第三大粮食作物，90％用于国内消费。除南澳和新南威尔士州以外，其他各州的燕麦都是自由经营的。在南澳，出口和内销市场由澳大利亚大麦局控制，在新南威尔士州，出口由该州粮食局经营。另外，高粱、玉米、小黑麦、豆类、大米和油菜籽等，控制或放开经营由各州自行决定。

第四节　澳大利亚的农业及农村金融政策

20世纪90年代，澳大利亚政府提出了对金融业加强监督和管理的新政策，积极推进金融监管体制的改革，目标是建立一个既保障安全又富有竞争性、公平与效率并重的金融体制。目前，澳大利亚形成了由澳大利亚储备银行（RBA）、澳大利亚审慎监管局（APRA）、澳大利亚证券和投资委员会（A－SIC）3家监管机构组成的金融监管框架。金融监管体制的改革，顺应了国际金融业发展的大趋势，金融机构之间出现了兼并重组，加快了海外扩张的步伐，综合化经营的趋势越来越明显，银行、证券、信托与保险相互渗透，纷纷通过持股或建立子公司等形式进入其他领域，向市场提供全方位的服务。

以商业银行、投资银行、房产金融机构和保险公司为代表的金融机构根据客户的需求，为农业生产、扩大再生产以及农产品贸易提供各类投融资服务，对促进澳大利亚农业和农村发展起着至关重要的作用。商业银行为农业客户提供存款、贷款、交易、托管、资产融资、理财规划及商务服务等全面的金融服务，是农村金融服务的主力。投资银行为农业企业的并购、重组、上市提供咨询和投融资服务。房产金融机构为农场新购买土地提供融资服务。

澳大利亚国民银行成立于1858年，2011年总资产7 568.4亿澳元，是全球22家拥有标准普尔AA以上评级的非政府性质银行之一，在资源及能源、农业、基础设施等行业中一直处于市场领先地位。通过位于澳大利亚、英国、新西兰、美国和亚洲的分支机构和子公司，为客户提供全方位的金融服务。澳大利亚国民银行已经有150多年从事农业信贷的经验，为1/4的澳大利亚农业客户提供金融服务，其发放的农业贷款占银行系统农业贷款的29.8%，处于市场领先地位。在组织架构方面，国民银行农业信贷部由总部、110个地区分部和2个信贷审批中心组成，并在墨尔本、悉尼和布里斯班成立了专门针对农业大客户的服务团队。负责农业客户的所有业务。在人员配置方面，农业信贷部有600多名信贷经理、理财规划师和产品专员，总部只有10人；每个地区分部最少1～2个、最多4～5个客户经理，直接与农业客户打交道；每个审批中心有25人，分别由初级信贷经理、中级信贷经理、资深信贷经理进行贷款审批。在贷款审批流程方面，贷款从申请到发放经过9道程序：访问客户，接受贷款申请；收集财务、资产负债、现金流、监管等信息；客户经理进行分析，并按照统一格式制作信息文档；上报的文档提交到信贷审批中心；信贷分析师进行分析并完成信贷备忘录；信贷经理根据权限进行审批；如果同意发放贷款，提请法律部门的法律建议；与客户签署信贷文件、合同；发放贷款。在贷款审批方面，国民银行建立了三级信贷经理制，实行贷款个人审批制，由不同权限的信贷经理对贷款申请进行审批。

在农业设备资产融资领域，国民银行对于收割机、拖拉机、灌溉设备、谷物储仓、棉花采摘机、蔬菜分拣设备、葡萄园铺网、拖网渔船等有着长期提供资产融资的历史，与农业贷款紧密配合，形成对农业的融资合力。

第五节　澳大利亚的外国投资相关政策

一、澳大利亚实施积极政策吸引外国投资

澳大利亚欢迎包括农业领域在内的外国投资。外国投资能够帮助农民和农业企业实现多元化，提高竞争力，增加农场收入，帮助澳大利亚在更大范围内提高农业生产率和促进经济繁荣。

外国投资始终与新技术或现有技术的进步、市场准入条件的改进相联系。例如，自 1970 年和 1980 年澳大利亚两次允许外国投资进入养牛、养殖场以及牛肉加工业之后，澳大利亚牛肉对日本以及后来对美国市场的出口量都得到了显著增长。日美公司对澳大利亚养牛业的发展和增长所做的投资，不仅提高了该产业对日美市场的出口竞争力，也提高了面向其他高端市场的出口竞争力。与此类似，法国在澳大利亚葡萄酒产业的大量投资，协助该产业改进了葡萄酒生产与分销系统，推动了澳葡萄酒对欧洲以及其他市场的出口增长。

农村产业研发组织（RIRDC）、澳大利亚农经局（ABARES）的报告《外国投资与澳大利亚农业》（Moir，2011 年）认为，农业领域的外国投资提高了生产效率与生产能力，从而提高了澳大利亚的粮食安全水平，并为所在地区收入和就业增加、基础设施完善做出了贡献。这份报告认为，外国投资对于促进澳大利亚农民就业和当地社区发展发挥了重

要作用，减少外国投资将使澳大利亚农业社区面临诸多风险。

对于外国投资者，澳大利亚是极具吸引力的投资目的地。澳大利亚法律与政治体制稳定，主权风险极低。此外，还有其他农业相关因素吸引着投资者，如澳大利亚粮食产业拥有全球一流食品安全和质量的良好声誉。这正吸引着全球领先的农产品生产企业投资澳大利亚。

二、外资审查政策

澳大利亚《1975年外国收购与接管法案（Foreign Acquisitions and Takeovers Act 1975)》以及澳大利亚的外国投资政策为政府提供了逐个审查外国投资提议的基本框架。外国投资必须接受澳大利亚外国投资审查委员会（FIRB）的审查。该委员会将对投资提议进行逐项审查，确保投资项目符合澳大利亚的国家利益。一般情况下，纳入考虑范围的国家利益因素包括：国家安全、竞争、税收等政策、对经济和社区的影响、投资者的个人品质等。基于此，财政部长可以拒绝其认为有违澳大利亚国家利益的投资提议，或对投资者施加条件，以捍卫国家利益。

在开展直接投资、开设企业或收购土地之前，无论投资金额大小，所有外国政府及其相关实体都必须首先获得批准。如果申请由外国政府及其相关实体提出申请，审批时还需要考虑投资项目的商业性。一般情况下，2.44亿澳元以上的私人领域投资项目（截止到2012年1月1日，每年调整一次）都需要接受审查。

事实上，过去十年中，只有两项投资申请遭到拒绝，一项属于资源产业，另一项属于金融服务产业。

三、农业领域外国投资政策

澳大利亚政府致力于促进农业领域的外国投资，采取措施确保投资者充分了解政府政策，同时提高外国企业对农业用地和农业企业生产所有权的透明度。保持透明度是让澳大利亚民众与外国投资者坚定信心的重要因素。

澳大利亚政府于2012年1月18日发布的《农业领域外国投资政策声明（Policy Statement on Foreign Investment in Agriculture)》详细介绍了审查农业领域收购议案时需要考虑的因素，具体包括：农业资源（包括水资源）的质量及可用性；土地获取及使用；农业生产与生产率；面向国内和贸易伙伴国，保持可靠农产品供应的能力；生物多样性；当地与社区的就业与繁荣。

第六节　澳大利亚的农业促进政策

澳大利亚政府的农业促进政策包括对市场发展进程的支持，对科技发展的支持和对服务体系的支持。其中：对市场发展进程的支持主要是指利用绿箱政策对农业基础设施、农民收入安全和保险计划、产业结构调整等方面进行资助；对科技发展的支持包括农业科研开发、农业技术推广和对农业职业教育培训等方面；对服务体系的支持包括农业信息化的建设和各项生产经营技术服务支持。正是澳大利亚的农业促进政策使得其国内农业竞争力得到了很大的提高，农业比较优势较世界其他国家显著。

澳大利亚粮食生产力增长，部分归功于农业雄厚研发基础的推动，澳大利亚拥有较好的农业研发基础，研发体系主要由大学、政府与专业研究中心构成，他们为提高农业生产率做出了重要贡献。研发机构从政府和农渔产业分别获得相同份额的研发资金支持。不过，澳大利亚农业生产商接受的政府农产品补贴仅占其收入的4%，在所有OECD成员国中位列倒数第二，仅高于新西兰。

澳大利亚政府重视技术研究和推广。总部设在新南威尔士州的澳大利亚联邦科学与工业研究组织（Commonwealth Scientific and Industrial Research Organization）CSIRO，是澳大利亚规模最大以政府资助为主的农业技术研究与应用推广机构。迄今为止，总资产7亿美元，其中2/3来自于政府，1/3来自于国家或私有企业。员工6 300名，分布在全澳大利亚的60个地点。该机构在全世界22个主要科学研究领域中有

11个居世界领先地位，与世界各国的研究机构，特别是美国、日本、欧洲及亚洲发展中国家保持着长期的合作关系。CSIRO主要开展的研发有：农业商业、环境建设、环境与自然资源、信息技术标准和服务、制造、材料与能源、医药和人类健康以及电子技术等，所有的这些研究又分为20个领域和6个旗舰项目以满足国家发展的要求，6个旗舰项目涵盖着：能源转换、轻型材料、生命健康、国家发展、海洋健康以及农产品。该机构下属的研究中心一般根据国家、民众和市场的要求，在政府和企业的经济支持下，进行新技术研发和技术示范，待全面完成技术示范后，政府、企业和中心联合起来，通过示范项目向公众与市场推广。换言之，就是将产学研和市场紧密地结合起来，不但提高了研发资金使用效率，而且加快了新技术商业化、市场化及产业化步伐。

此外，澳大利亚重视制定国家总体规划，2012年，澳大利亚政府着手推出首份《国家食品计划（National Food Plan）》，以确保澳大利亚拥有可持续发展、具有全球竞争力的强大食品供应能力，为消费者提供富有营养而价格适中的食品。该计划还致力于保持澳大利亚在国际市场上可信赖食品供应商的稳固地位，为全球粮食安全做出贡献。

第六章
澳大利亚农民专业合作组织

农民专业组织的产生主要是基于维护合作者的共同权益，或者是集中有限的资源来实现某个共同的目标而成立的利益集团。澳大利亚农民专业合作大致起源于19世纪末期，发展至今也有一百多年的历史。农民合作组织在保障农民权益、提高农民知识技能、增加农业生产效益、改善农民生活水平、繁荣农村经济、促进农业现代化等方面均发挥了重要作用。

第一节　农民专业合作组织概述

澳大利亚的农业合作组织不仅数量众多，而且形式也多样化。从行业上划分，有的组织专属某个行业，也有的组织涉及多个行业。从区域上看，合作组织既有全国性的，也有区域型的，甚至也有基于社区所建立的规模更小的合作组织。

一、农民合作组织概况

澳大利亚官方把农民合作组织的起源与1891年的剪羊毛工人的大罢工运动相关联。当时澳大利亚的牧场主要是以牧羊为主，而羊毛则是牧羊业的主要产品，剪羊毛需要雇用大量的工人，因此剪羊毛工人的工资在生产成本中占有很大的比重。1889年昆士兰州的剪羊毛工人和农场工人立了工会，工会要求农场主必须雇用工会的人参与农场生产活动，最重要的是工会还规定了工人的最低工资。当时正赶上羊毛价格急剧下跌，农场主迫于经济压力急需对抗工会这一垄断行为，于是在昆士兰州的 Barcaldine 地区一些牧场主则联合成立了“牧业雇主协会”(Pastoral Employers Association)。“牧业雇主协会”于 1891 年 1 月 13 日发密电通知各成员，做好对抗工会的一切准备，而且要做好残酷持久对抗工会的准备。“牧业雇主协会”随即宣布，该协会开始支持自由用工制度，任何人不管是不是工会成员都可以到农场参加劳动。与此同时，在没有和工会进行任何协商的前提下，宣布大幅度消减工人工资。1891 年的 2 月 1 日工会宣布实施全面罢工，进而形成了工会与牧业雇主协会的直接对抗局面，Barcaldine 地区成为了两个组织对抗的中心，双方都做好了抗争到底的准备。事实上，当时在 Barcaldine 地区大约有 4 500 多名对抗者在那里露营，冲突一触即发，为此，政府还增派了 1 000多名士兵驻扎 Barcaldine 地区以防流血冲突发生。这种对抗持续到了三月份，政府出动警察逮捕了主要罢工头领，并进行了庭审和宣判。直到 1891 年的 6 月 20 日，工会耗尽所拥有的资源，不得不宣布终止罢工。罢工的结果是农场主从此可以自由用工，而工会也从这次对抗中吸取教训，开始改变思路着眼于通过参与选举来扩大影响，并最终在昆士兰州议会中获得一席位，从此可以向政府直接发出自己的声音(Australian Workers Heritage Centre，2003)。

发生在 1986 年的一个例子则从另一个方面证明了农民合作组织给成员带来的好处。新南威尔士州的 Walgett 地区生产一种高蛋白小麦。但由于 1986 年的天气异常酷热，导致小麦减产，品质也大不如以前。当年全区共生产小麦三万多吨，小麦收购商最初只同意以每吨 65 澳元的价格进行收购。对于这种低价，小麦种植者非常不满意，因此他们决定要联合起来由自己来拟定小麦的价格，于是他们成立合作社，并把该区生产的小麦统一以一个品牌进行销售。这种联合一致的合作营销，最终使小麦以每吨 95 澳元的价格销售，这种联合使小麦种植企业的利益得到最大保障（Special One Grain，2015）。从上面的例子可看出，农民组织是农民出于维护自己利益的目的而产生的，农民组织的最终目的是通过联合来保障农业个体企业的基本利益，或实现集体利益的最大化来增加个体农业企业的收益。当然这两个例子的组织在性质上也明显不同，第一个例子中组建农民组织的主要目的在于利益团体间的对抗，而后一个例子中农民组织的组建的目的则在于促进农产品销售和保障农业生产者的利益。

在过去的一百多年里，澳大利亚社会、经济环境发生了巨大的变化，特别是技术进步几乎彻底改变了农民的从业环境。20 世纪 70 年代后，澳大利亚的农业环境出现了新的变化：①政府对农产品的特殊保护和支持政策不断减少，生产者日益被推向竞争环境，各个农民组织从政府处得到的利益日趋减少；②单个农民组织没有足够的资金和人力对日趋复杂和多变的国内外相关环境和形势进行可靠的分析和研究，他们需要联合起来共同行动；③各类农业生产者之间所面临的共同性问题不断增加，如资源保护、农业持续发展等问题（李平，2002）。伴随着社会经济环境的变化，澳大利亚的农民组织也不断发展进化。

二、农民合作组织的组成方式

澳大利亚政府为农业合作组织的创建提供了极为宽松的社会环境。事实上，澳大利亚各行各业的从业人员，都可以根据自身发展需要，联合同行或关联行业从业者建立相关组织。因此，澳大利亚的农民组织数量非常之多，据统计至少 90%以上的农民都加入一个或多个农民合作组织。也正是因为澳大利亚农民组织成立的宽松环境，到底全国范围内农民合作组织的数量是多少，至今官方一直没有能够拿出比较确切的统计数据。现实情况则是任何一个农业行业都有自己的专业合作组织，而且有的行业都有若干个组织。在地域上，农业行业的规模和区域性也决定了所成立的专业合作组织的规模和范围，因此，在澳大利亚的农民组织中，既包括全国性的，也包括区域性的和地方性的。

值得说明的是，澳大利亚政府在给各行各业从业人员提供组建专业合作组织的宽松环境的同时，也确实制定了一些宏观政策，尽管这些政策具有法律效应，但是其主要作用更偏重于为所建立合作组织提供指导性建议。比如一些法案规定成立一个专业合作组织要具备哪些基本条件，从组织构架上给出了原则性的规定，其主要目的无非是让建立的组织更好地服务于成员。澳大利亚政府支持农民建立合作组织，但是政府在经济上并不给予支持，也很少干预合作组织的建立。农民合作组织的正常运行，一方面依靠成员所提供的会费，另一方面也得益于成员的无私奉献，应该说澳大利亚深厚的志愿者文化确实在社会的各行各业发挥着举足轻重的作用。另外，随着政府对农业科研开发与技术推广投资的减少，农民对直接购买各种形式的服务形成了广泛的认同。所以一旦农民决定加入某个合作组织，也就意味着农民已经对加入该组织所带来的回报充满信心，缴纳会费也就成为了一种自觉、自愿行为。而农业合作组织，为了取得成员的认同也会持续提高服务质量。对于服务质量高的农民组织，通常会组建扩大规模和业务范围，以期吸收更多的成员，这样就形成了一种良性循环。合作组织也可随产业的升级和转型而进行调整，使合作组织组建适应并更好地服务于新的产业。当然农业合作组织因为这样或那样的原因，不得不终止专业合作的情况也并不少见。

三、农民合作组织的主要类型

澳大利亚农民专业合作组织数量众多，规模各异，在形式上多以农业协会（Associations）、合作社（Co-operatives）、理事会（Councils）、学会（Societies）、联盟（Federation）等形式运营，也有一部分农业专业合作组织最终发展成为有限责任公司（Company）。

农业协会（Associations）：农业协会是农业专业组织比较有代表性的专业组织形式。农业企业通常通过加入协会，与本行业的其他企业进行互动。协会经常举办各类活动，通过参加协会的活动，农业企业不仅可以与农业生产资料供应和产品销售企业建立联系，还能更好地了解产业发展状况，特别是及时了解与产业相关政策的变动。农业协会还经常组织各种专业技术培训活动，因此加入协会可以使农业企业在获取信息和技术支持方面获得便利。事实上，很多农业企业在生产中遇到技术和经营问题，他们都会和自己所属的农业协会进行联系，通常协会工作人员都能提供很好的建议，或推荐联系相应的专业人士帮助农业企业解决实际问题。

农业合作社（Co-operatives）也是澳大利亚农业专业合作组织的重要形式。最早的合作社产生于18世纪后期的英国，它的产生是与当时的经济背景紧密相关的。工业革命开始以来，资本主义虽然带来了物质生产的空前繁荣，但与其相随，也导致了大量小生产者凋谢和无产者困苦的生活，为了在艰难环境中生存下去，人们走到一起，自发结合成一些互助合作组织，这就是合作社的雏形。澳大利亚的农业合作社数量众多，简单地讲，合作社就是所有成员共同拥有的民主机构，所有成员共同经营合作组织，并将所取得的收益再分配给成员。在社会化大生产所要求的专业分工格局中，处于弱势的小生产者为求生存而自愿组织起来，通过互助共利以对抗大生产者的垄断或兼并。合作社组织作为社员的共同体，兼具企业属性和社会公益属性。作为社会弱势者的联合体，合作社有利于制衡资本，维护各社会利益群体平衡稳定，因而受到西方国家政府普遍支持（新华国际，2012）。

澳大利亚的农业理事会，通常这类农业专业组织多为全国性的，其成员不仅包括个人而且还是本行业若干专业组织的代言人。理事会的主要任务是代表本行业的利益，与联邦政府机构进行对话、协商，并制定行业发展政策。比如澳大利亚肉牛产业理事会（Cattle Council of Australia）。肉牛产业理事会成立于1979年，其成员包括澳大利亚主要服务于肉牛生产的各州级区域性专业组织，这些组织包括：新南威尔士州农民协会（NSW Farmers' Association），昆士兰州农民联合阵线（AgForce Queensland）、维多利亚州农民联盟（Victorian Farmers' Federation）、西澳大利亚农民联盟（Western Australian Farmers' Federation）、西澳大利亚牧民协会（Pastoralists' & Graziers' Association of WA）、塔斯马尼亚州农民和牧民协会（Tasmanian Farmers' & Graziers' Association）、北疆地区肉牛生产者协会（Northern Territory Cattlemen's Association）和南澳大利亚州畜牧协会（Livestock SA）。当然农民个人也可以直接加入肉牛产业理事会，而且针对个人已经是上述州级组织的会员，直接加入肉牛产业理事会也不用再缴纳会费，因为肉牛产业理事会实际上是所有肉牛生产者利益的代言人。

澳大利亚农业理事会数量不少，比如澳大利亚羊肉产业理事会（Sheepmeat Council of Australia），代表广大养羊业主会员的利益向政府进行建议，并代表会员与政府就宏观政策和发展战略进行协商、对话。一些规模较小的产业也成立了本产业理事会，比如澳大利亚坚果产业就有坚果产业理事会（Australian Nut Industry Council）。澳大利亚的虾类生产企业则成立了澳大利亚虾类渔业理事会（Australian Council of Prawn Fisheries）。随着产业发展的需要，近几年新的理事会也不断成立，比如2012年成立的澳大利亚农业生物技术理事会（Agricultural Biotechnology Council of Australia），2015年初则建立了澳大利亚农业企业理事会（The Agribusiness Council）。当然也有的理事会退出历史舞台，比如澳大利亚的谷类产业理事会（Grains Council of Australia）则于2010年撤销。

澳大利亚的农业专业组织中也有以学会（Societies）命名的专业合作组织，每年负责举行持续本州岛和地区的农业博览会。农博会在澳大利亚的整个文化体系中占有极为重要的地位，而且多冠以的皇家农业博览会的名义，这些皇家博览会都是由各州和地区的皇家农业学会所主办。在西澳大利亚有西澳大利亚的皇家农业学会（The Royal Agricultural Society of Western Australia），在新南威尔士州有新南威尔士州皇家农业协会（Royal Agricultural Society of NSW），维多利亚州有维多利亚州皇家农业学会（The Royal Agricultural Society of Victoria），在南澳大利亚州则有皇家农业和园艺业学会（The Royal Agricultural & Horticultural Society of South Australia）。澳大利亚各州一年一度的农业博览会，不仅是重要的社区节日活动，同时也是广大城市居民了解澳大利亚农业产业信息的重要窗口。

在以学会命名的农业专业组织中，还有一类是畜牧业从事育种繁育的农业企业，往往成立专门的学会（Societies）。在澳大利亚的肉牛育种农业企业中，就存在不同的学会。比如抗旱王肉牛繁育学会（Droughtmaster Breeders' Society）、澳大利亚安格斯肉牛繁育学会（Angus Society of Australia）、墨累灰牛繁育学会（Murray Grey Society）等。

农民专业组织中的联合会（Federations）是另一种形式。联合会通常为全国性的合作组织，是各州和地区级专业组织的上层组织。在澳大利亚由于各种农民组织都是为了维护各自小集团的利益而产生，各组织为自己的利益与政府交涉，因而互相之间为争夺利益也会产生不少矛盾。随着澳大利亚农业生产的国际化，各农民组织之间的矛盾相对淡化，而参与农业国际竞争逐渐成为农业团体的共同利益和新的需求，这一变化为农民组织走向联合创造了条件。澳大利亚上百个农民组织最终于1979年走向联合，成立了全国性的澳大利亚全国农民联合会（National Farmers' Federation：The voice of Australian Farmers），目的是代表广大农民以一个共同的声音对政府。澳大利亚农民联合会当之无愧地成为澳大利亚的最大农民合作组织，该组织在影响国家农业政策的制定，以及农民权益的争取方面发挥着重要的作用。与澳大利亚的全国农民联合会相对应，各州和地区也都有自己的农民联合会或协会，例如在昆士兰州有昆士兰州农民联合会（Queensland Farmers Federation），新南威尔士州则有新南威尔士州农民协会（NSW Farmers Association），西澳大利亚则有西澳大利亚农民联合会（WA Farmers Federation）。而南澳大利亚州的农民联合会（South Australian Farmers Federation），因会员流失、财务吃紧于2013年解散，充分显示了澳大利亚农民专业组织的动态变化。

为适应农业产业的发展，新的专业联合会也不断成立，有机食品生产作为未来农业发展的一个重要方向，澳大利亚也成立了澳大利亚有农业、机食品联合会（Organic Federation of Australia），目的是促进澳大利亚的有机农业生产和农业有机产品的消费，并在人才培养和产品认证方面为农业产业提供服务。

第二节　农业协会

澳大利亚的农业协会属于一种非营利性组织，作为一个合法的农业协会需要在属地州（地区）政府部门注册，只有注册的协会才能作为一个独立的主体对会员提供服务。未经注册的协会，虽然也可以运营，但是不能作为一个独立的实体，而是以某个具体法人的名义运营。

联邦政府在协会成立方面只有非常宏观的规定，对符合条件的协会在税收政策上享有的某些权利和义务给出了宏观规定。通常州级政府会对如何在本州岛内成立协会给出比较详细的规定。以新南威尔士州为例，政府明确规定了要想成立一个协会需具备哪些条件，成立协会的法律依据，特别强调协会作为非营利组织，不得从事以营利为目的的商业活动。协会通常采取公司化运营（Incorporated association），因此协会必须制定明确的章程，明确协会与会员之间的权利和义务。在章程中，就会员资格、注册成为会员的程序、会费的额度、会员的义务、会员需遵守的规则、争议解决方式、协会委员会的建立程序和职责、协会会议的组织程序、委员会成员的选举方式、协会资金的使用和管理、协会事务记录、协会财务公布以及对协会活动和财务状况的监督检查作出明确的规定（NSW Government，2015）。

根据形势和需求不断调整职能，是澳大利亚农业协会保持其生命力长久不衰的成功经验。一方面，尽管澳大利亚农业协会的功能始终在不断发展和演变，但通过利益游说来维护农民合法权益、维护农产品价格链的正常运行这一职能至今没有改变；另一方面，向农民提供生产、生活、贸易诸多环节产生的需求，提供广泛性、公益性、科技性、实用性等诸多实实在在的服务职能越来越突出。大体有这几个方面：一是向成员提供技术、市场和政策等信息，推广普及农牧业新品种、新技术，开拓农产品国内外市场，促进生产者之间的信息交流；二是协调各行业产品的国内外促销活动；三是对成员进行生产、销售和管理等技术培训；四是制定行业质量标准；五是开展研究和推广工作，以及与公共机构合作，多方募集协会运营所需要的资金。尽管澳大利亚农业协会按照自愿加入、自由退出的原则吸纳会员，但加入协会已成为澳大利亚农民的自愿行动，很多农民认为协会所提供的服务非常到位，这也是在澳大利亚90%以上的农民都加入了某个农业协会的原因。

一、澳大利亚农民专业合作组织

澳大利亚的农民专业合作组织可以分为三个层次，即区域性农民组织，州（地区）级农民组织和全国性的农民组织。澳大利亚政府对农业的干预较少，主要依靠各类协会或大型企业在与政府合作的基础上推进行业发展，提高行业的竞争力。

（一）区域性的农民组织

区域性的农民组织，多属于地方性的，通常是在地域上相邻的农业产业的集群区，从事相同农业生产的农场主往往联合起来建立区域性农民组织。这样的例子非常多，比如在昆士兰州的东北部的博文（Bowen）和谷慕路（Gumlu）两镇之间的区域为典型热带气候，适合生产冬季蔬菜和水果，供应澳大利亚其他地区，该区的蔬菜种植户则建立了区域性农民专业合作组织博文—谷慕路农民协会（Bowen Gumlu Grower Association，BGGA，2015）。昆士兰州的另一个蔬菜生产基地位于布里斯班的西部，在地貌上属于一个谷地，是澳大利亚的主要蔬菜生产基地，因此菜农也联合起来成立了协会洛克谷地农民协会（Locker Valley Growers）。区域性农民组织的作用是为会员提供技术支持，开发农产品市场、制定区域产业发展战略、共同解决影响产业发展的问题、并制定区域农产品的质量标准。通常情况下区域农民组织所制定的农产品质量标准都会严于州和国家所制定的标准，其目的是提高区域产业的竞争力。尽管协会制定的标准是非强制性的，但协会会员都会自觉遵守。因为，他们认为这样会增强自家农场农产品的竞争力。澳大利亚的各个州都有不少区域性农民专业合作组织，比如在澳大利亚的主要葡萄酒产区，基本上是在地域上相对独立的单元或行政区，辖区内的农民就成立相应的农民协会。

（二）州级农民组织

通常情况下州级行政区都有自己的农民组织作为州内农民利益的代

言人。比如：在新南威尔士州有新南威尔士州农民联合会（NSW Famers Federation），昆士兰州则有昆士兰州农民联合会（The Queensland Farmers' Federation）和昆士兰州农民联合阵线（Agforce Queensland），南澳大利亚州有南澳大利亚州农民协会（Primary Producers SA），维多利亚州有维多利亚州农民联合会（Victorian Farmers Federation），西澳大利亚州有西澳大利亚农民联合会（WA Farmers Federation），北领地则有北领地农民协会（The Northern Territory Farmers Association）和北领地肉牛生产者协会（Northern Territory Cattlemen's Association），塔斯马尼亚州有塔斯马尼亚州农民协会（Tasmanian Farmers and Graziers Associaton）。有的时候州级农民组织还不止一个，造成一个州内不止一个州级农民组织存在的局面主要是因为会员对原有的组织服务质量有所不满，或原有组织的服务范围不能满足新产业的要求，因而新成立一个农民专业合作组织。北领地的农民协会的成立就充分说明了这一点，因为北领地传统的农业产业为肉牛产业，因此它的州级农民组织在名称上都凸显肉牛生产者，但是近来北领地的蔬菜和作物种植发展较快，在这种情况下，农民则联合起来又建立了北领地农民协会，其目的是更好地服务本地区内这些新兴的农业产业业主。

这样一来，不同的组织之间就会产生竞争，竞争的结果是相互提高服务质量，以更好地吸纳会员。比如昆士兰州的昆士兰州农民联合会和昆士兰州农民联合阵线两者都是综合性的农民组织。多个州级组织共存的现象，不但不会造成大的冲突，反而有利于提高农民组织的服务质量，归根结底农民专业组织的经费来源为会费，谁服务好，谁就会吸引更多的会员加入。服务质量不好，则最终会造成会员流失，使组织的生存受到挑战。

（三）全国性的农民组织

1979 年基于全国农民组织所成立的澳大利亚全国农民联合会，是澳大利亚最大的综合性农民组织。农民联合会代表全国所有农民和农产品生产者的利益，帮助农民创造参与国际竞争的有利经济环境，使农民得到最大程度的回报；帮助农民减轻生产和管理费用，鼓励农民为实现农业可持续发展而努力。作为一个非政府机构，农民联合会不负责政府政策的贯彻实施，但通常与联邦政府、联邦公共服务部门、制定和实施农业政策部门的顾问委员会以及其他非政府机构保持广泛接触，帮助农民准确掌握政府的政策精神，及时使农民明白政府政策将给他们的生产和销售带来哪些方面和多大程度的影响。澳大利亚全国农民联合会属于农业专业合作组织，其直接会员没有个体农民，而是一些组织。

目前澳大利亚全国农民联合会的主要会员包括：

西达令畜牧业协会（Pastoralists' Association of West Darling）

北领地肉牛生产者协会（Northern Territory Cattlemen's Association）

未来农民网络（Future Farmers Network）

澳大利亚羊肉生产者理事会（Sheepmeat Council of Australia）

甘蔗种植农民协会（CANEGROWERS）

羊毛生产者协会（WoolProducers Australia）

昆士兰州农民联合阵线（AgForce Queensland）

西澳大利亚农民协会（WAFarmers）

农业集团公司（Corporate Agriculture Group）

澳大利亚山羊产业理事会（Goat Industry Council of Australia）

维多利亚州农民联盟（Victorian Farmers Federation）

澳大利亚猪肉产业公司（Australian Pork）

澳大利亚林业产品协会（Australian Forest Products Association）

澳大利亚水稻生产者协会（Ricegrowers' Association of Australia）

谷物生产者协会（Grain Growers Ltd）

澳大利亚畜牧与地产商协会（Australian Livestock and Property Agents Association）

塔斯马尼亚州农民牧民协会（Tasmanian Farmers and Graziers Association）

澳大利亚兽医协会（Australian Veterinary Association）

塔斯马尼亚州农业雇主协会（Primary Employers Tasmania）

粮食贸易公司（GrainCorp）

新南威尔士州农灌协会（NSW Irrigators' Council）

澳大利亚果脯协会（Dried Fruits Australia）

澳大利亚活畜出口理事会（Australian Livestock Exporters' Council）

蜂蜜公司（Beechworth Honey Pty Ltd）

瑞德利农业公司（Ridley Corporation）

澳大利亚养鸡产业主理事会（Australian Chicken Growers' Council）

澳大利亚夏季果蔬协会（Summerfruit Australia）

澳大利亚奶农协会（Australian Dairy Farmers）

新南威尔士州农民协会（NSW Farmers' Association）

澳大利亚棉花生产协会（Cotton Australia）

澳大利亚兽药协会（Animal Medicines Australia）

澳大利亚肉牛生产理事会（Cattle Council of Australia）

在澳大利亚全国农民联合会三十多个会员中，既有州级的农民专业组织，也有全国性的行业组织，甚至有在全国范围内有影响力的贸易公司，会员范围几乎涵盖了澳大利亚农业的主要领域。正是会员的广泛性，使澳大利亚全国农民联合会能够全面了解全国农业发展所面临的机遇与挑战，并能集中精力处理那些具有全国意义的农业发展中的问题。

在组织机构上，澳大利亚全国农民联合会组建了会员理事会（Members' Council），会员理事会包括所有成员，也是该机构的最高议事机构。会员理事会确定澳大利亚全国农民联合会的战略发展目标，选举委员会主席，审议组织的财政报告，就新出现的政策问题进行决议，并行使章程所规定的权利。

1. 委员会的构成和职责

目前澳大利亚全国农民联合会委员会的设置也充分显示了该全国性农民组织所关注农业发展中的重点领域，目前该组织下设的委员会和主要职责包括：

农业竞争力委员会：主要通过建议影响农业政策，让农民免受不合理的政策困扰。帮助农民了解农业政策，着力为农民创造公平的金融环境，并规划和发展农业基础设施。

创新委员会：针对农业生产中出现的问题以及对产业发展展望，确定未来农业发展方向，通过政策建议实现增加农业科研创新投资，推进新的技术推广应用。

贸易委员会：通过政策建议创造公平的国际贸易环境，与世贸组织进行谈判，并推进自由贸易协定的签订。

自然资源管理委员会：关注保护自然资源可持续利用，通过政策影响，提升农业从业者环境保护意识，就国家的环境保护法律修改提出建议，构建农业可持续发展评价指标体系。

人口与劳动力委员会：基于农业劳动力现状与需求的差异，制定国家农业劳动力发展规划，并确保农业教育作为教育体制中的重要环节，通过发起新的项目来解决农业季节性劳动力短缺问题。

农业和社区关系委员会：推进农业社区建设，通过提供多方建议，增强社区成员之间及社区间的信任，帮助解决社区所出现的新问题。

除了建立专门的委员会，澳大利亚全国农民联合会还建立了特别任务团队（Taskforces），用于解决影响农业发展的重大现实问题。目前所有特别任务团队包括：抗旱团队、生物安全团队、水资源团队、动物福利团队和农用化学品团队。

应该指出的是澳大利亚全国农民联合会的委员会设置以及特别任务团队的设置并不是一成不变的，随着农业生产中新问题的出现，这些委员会的设置和特别任务团队的构成都会进行相应的调整。

2. 澳大利亚全国农民联合会的运营

澳大利亚全国农民联合会的日常运营的主要依据为所制定的战略发展规划，当前的战略发展规划为“2013—2020 农业发展蓝图”(Blueprint for Australian Agriculture 2013—2020)。值得说明的是，参与该规划的制定的总人数超过了 4 000 人，这些人包括农民、农业技术顾问、运输业业主、农产品零售商、农业企业、教育工作者、政府官员、农村社区成员、社区组织、消费者，战略规划制定参与者的广泛性，确保了该组织的发展最大限度地代表农民和农业从业者的利益。

澳大利亚在政治上基本属于两个主要政党轮流执政，作为全国最大的农民组织，澳大利亚全国农民联合会不具有政治倾向，因此能够与执政党和反对党一致保持良好的合作。澳大利亚全国农民联合会总部设在了首都堪培拉，这给该组织及时了解政府政策动向，并与政府部门打交道提供了便利。在日常事务处理上，该组织的各个委员会成员会和各组织成员、联邦议会、社会团体和商业组织进行沟通和协同，因此能做到兼顾实现宏观发展战略和及时解决农业生产中出现的具有广泛影响的问题。

二、部分行业的农业协会

澳大利亚主要农业行业协会多成为了澳大利亚全国农民联合会的会员。本节就主要的全国性行业农业协会作进一步介绍。

（一）谷物生产者协会

谷物生产在澳大利亚的农业产值中所占的比重最大，谷物生产者协会的前身为1958年成立的于新南威尔士州的优质小麦生产者协会(Premium Wheatgrowers Association)，发展至今协会名称几经变更，2010年开始使用目前的协会名称，会员超过18 500名，并拥有超过1亿澳元的固定资产。该协会的总部设在悉尼，并在首都堪培拉设有办公室。协会成员覆盖整个澳大利亚，是以会员制为基础独立运行的谷类产业专业服务组织。为更好地为会员提供技术服务，该协会拥有50多名不同领域的专业技术人员，并建设了自己的实验室，测试谷类产品的质量。该协会还有自己的面粉厂和面包厂，用于实验、测试谷类产品特别是小麦质量以及营养成分。

在农业发展政策方面，谷物生产者协会一方面会及时将产业相关的政策及时传达给会员，同时也会根据产业发展需要，代表集体会员的利益，以发展高效、营利并可持续谷类产业为目标，与政府进行对话，通过提交各种议案来影响农业生产政策，为产业的发展创造条件。为准确了解产业发展情况，该产业组织还组织开展具体的农业调研工作，内容涉及农业新技术使用状况调研，农业税收与农田管理，农业保险等方面，各种调研工作保障了该组织更好地为会员服务。

在技术服务方面，该组织还提供各种技术培训课程。培训课程的内容非常广泛，既包括谷类生产技术，也包括谷类产品加工、营销等方面。在澳大利亚，旱情是谷类生产的大敌，因为谷类生产多属于雨养农业，因此该组织利用气象数据发布动态旱情报告为谷类生产服务，目前数据更新间隔为10天，精度为一公里的栅格。该组织充分利用日益发展和普及的信息技术，构建了谷类生产信息决策平台（Production wise），该信息平台集成了谷类生产技术、自然环境要素、管理要素。作为数字化的针对谷类生产农业信息平台，不仅可以使农业生产者更好地记录生产过程中的大量数据，还能对数据进行分析并作为生产者的辅助决策系统。该组织开发的另一个网络信息平台是关于确定最佳农药喷洒时间，即充分利用气象资料，帮助农民选择在什么时间进行农药喷洒最有效。该协会还就硬件技术设备进行开发，比如成功研制了便携式的谷类质量检测工具（Grain Vantage）。

（二）澳大利亚肉牛生产理事会

澳大利亚肉牛生产理事会始建于1979年，其使命是代表并促进澳大利亚广大肉牛生产者的利益。该组织既吸收个人会员，同时也有组织会员，目前的八个组织会员，分别是新南威尔士州农民协会（NSW Farmers' Association），昆士兰州农民联合阵线（AgForce Queensland），维多利亚州农民联盟（Victorian Farmers Federation），北领地肉牛生产者协会（Northern Territory Cattlemen's Association），塔斯马尼亚州农民牧民协会（Tasmanian Farmers and Graziers Association），西澳大利亚牧民协会（Pastoralists'& Graziers'Association of WA），西澳大利亚农民联盟（Western Australian Farmers'Federation）和南澳大利亚畜牧业主协会（Livestock SA）。而且一旦农民已经成为组织会员的会员，个人加入澳大利亚肉牛生产理事会也不用再缴纳会费。

澳大利亚肉牛生产理事会的发展依据所制定的战略发展规划，目前所执行的战略发展规划已经是第四个规划。战略规划中计划的未来产业资金的导向包括5个主要方面，体现了澳大利亚肉牛生产理事会的战略工作要点：①为促进产业发展全面争取客户与社区支持；②开拓市场规模，培养发展多元化的产品市场；③整合并提高产业链的效率；④提高产业效率和企业效益；⑤建设协作文化引导产业发展方向。为实现这些战略发展目标，澳大利亚肉牛生产理事会设有四个咨询委员会：①动物健康、福利和生物安全委员会；②营销和贸易委员会；③肉牛产业系统与食品安全委员会；④科研开发、技术推广和产业可持续发展委员会。实践证明咨询委员的设立在肉牛生产理事会重大决策中起到了关键的作用，大幅降低了决策失误。委员会成员定期开展电话会并亲自到场参加每年三次例会，贯彻执行战略发展规划，并就大的问题进行集体决议。

澳大利亚肉牛生产理事会积极贯彻一些产业项目。首先开展食品安全认证（Livestock Production Assurance Quality Assurance），主要是通过规范农场基础条件建设，农场管理和牲畜管理，最终保障牛肉产品食品安全。在日常牲畜管理中，是否做到了切实保障动物福利也是认证所重点考察的要素。在肉牛产业中推广使用国家畜产业识别系统（National Livestock Identification System，NLIS），是肉牛生产理事会主抓的另一产业项目，NLIS主要包括电子芯片、数据库和外围读取设备，电子芯片记录了个体肉牛从出生，到饲养，直至制成牛肉产品全程的信息，该电子芯片被做成牛耳标签，代替了传统的牛耳标签。肉牛生产理事会还积极推行牛肉质量标准，在澳大利亚建立了一套系统的评价牛肉产品的产品系统标准（Meat Standard Australia，MSA），它是基于70 000多名消费者对牛肉品尝后反馈，所建立的牛肉产品质量分级。关注兽药和化学品在肉牛产品和环境中的残留，既关注牛肉产品安全，同时也着眼农业环境保护。

（三）澳大利亚奶农协会

澳大利亚奶农协会是全国六个乳业州奶农的代表机构和产业政策的倡议机构，它的使命是提高奶业营利能力并促进奶业可持续发展。澳大利亚奶农协会的前身是于1942年维多利亚州的澳大利亚奶农联盟（Australian Dairy Farmers Federation），1993年该联盟开始实行公司化运作，并更为现在的名字。澳大利亚奶农协会经过70多年的发展，对奶业相关政策的影响越来越广泛，该组织代表奶农的利益，在包括贸易、水资源利用和保护、碳税、牛奶价格、动物的健康和福利等领域，利用会员强大的集体声音，针对影响奶农生产和营利能力的具有国家普遍意义的问题制定产业政策，并与政府和社会进行交流和沟通。

澳大利亚的奶农协会的会员为6个州的州级奶农组织和5个政策咨询小组。六个组织分别为新南威尔士州农民协会（NSW Famers Association）、昆士兰州奶农组织（Queensland Dairyfarmers'Organisation）、南澳大利亚奶农协会（South Australian Dairyfarmers'Association）、塔斯马尼亚州农民、牧民协会（Tasmanian Farmers and Graziers Association）、维多利亚州奶农联盟（United Dairyfarmers of Victoria）和西澳大利亚农民协会（WA Farmers）。为了更好地服务乳业，澳大利亚奶农协会与乳品加工业的代表机构，澳大利亚乳产品联盟（Australian Dairy Products Federation），组建了澳大利亚乳品产业理事会（Australian Dairy Industry Council），理事会的建立使整个奶业组织有机地组合在一起，更有利于产业政策制定，同时也扩展协会经费来源。澳大利亚的奶农协会的经费来自于六个州级奶农组织，全国的11个大的奶业加工企业也贡献了很大比重的经费。

澳大利亚奶农协会制定产业政策的程序，从明确产业需求开始，一旦确定这种需求具有产业普遍性，则由相应的政策咨询小组就该需求起草议案，起草好的议案需经该组织的全国理事会进行审议，审议通过后该组织的董事会进行全方位测评，就该政策可能带来的社会和经济等方面的影响进行预测评价，一旦董事会批准就可以在全国内实施。如果政策是涉及奶业整个产业链的，奶农协会还会将该政策推荐给澳大利亚乳品产业理事会，并在整个产业中实施。当前，澳大利亚奶农组织所关注的产业政策包括：动物健康和福利、通过科研开发和技术推广提高生产效率、开拓市场为使产业链增值、自然资源利用和保护、提高从业人员的技术水平和综合业务能力。

（四）澳大利亚羊肉生产者理事会

澳大利亚羊肉生产者理事会成立于1978年，是全澳大利亚羊肉和养羊业者的利益代言人，和其他产业合作组织一样它的核心业务也是产业政策制定和游说。澳大利亚羊肉生产者理事会的主要职责是，对行业总体发展进行审视，根据产业现状制定战略发展目标，通过与产业研发公司密切配合，落实产业战略发展目标。在这个过程中，该理事会会就产业发展的具体实际，给联邦政府农业部进行建议，从而实现产业税率的适时调整。该组织的经费来源除了会费外，还有一部分来自产业税收，这是因为该组织还代表国家机构为整个产业提供技术服务。

澳大利亚羊肉生产者理事会的主要业务包括：

代表全国羊肉生产者的利益制定并倡导产业发展政策；

提高产业从业人员的专业和总体素质；

通过对产业相关的成员密切合作维护并提高澳大利亚羊肉产业的国际地位；

对行业的发展水平进行审视，与国家行业主管机构一道制定正确的产业发展方向；

搭建产业与政府和资助组织的沟通平台；

通过宣传继续提高澳大利亚羊肉生产者的国际声誉。

（五）羊毛生产者协会

羊毛生产者协会是由羊毛生产者所资助成立的合作组织，经费一部分来自于会费，还有一部分来自产业税收。它的成员为六个州级农业组织，分别为昆士兰农民联合阵线（AgForce Queensland），新南威尔士州农民协会（NSW Farmers' Association），维多利亚州农民联盟（Victorian Farmers Federation），塔斯马尼亚州农民、牧民协会（Tasmanian Farmers and Graziers Association），南澳大利亚畜牧协会（Livestock SA）和西澳大利亚农民联盟（Western Australian Farmers Federation）。成为羊毛生产者协会的会员需要通过上述所在州的州级组织来实现。

羊毛生产者协会与羊毛产业研发公司（Australian Wool Innovation）密切合作，确保产业研发方向符合产业发展需求，使产业研发符合广大羊毛生产者的利益，为产业税收在产业研发过程中的合理使用提供保障。羊毛生产者协会还与农业部密切合作，就动物健康和疫情做好预防准备。作为澳大利亚全国农民联盟的主要成员之一，还就包括环境法律和法规、气候变化、水资源利用和保护、劳资关系、税收、国际贸易问题、农业经济和技术培训提供政策建议。作为羊毛生产者利益的最高代表机构，它代表全国羊毛生产者与联邦政府和国际组织进行谈判争取最大的利益，并为广大羊毛生产业者推动产业发展创造条件。

（六）甘蔗种植农民协会

澳大利亚甘蔗种植农民协会成立于1925年，目前大约80%的蔗农加入了协会成为会员，总部设在昆士兰州布里斯班市，并在昆士兰州和新南威尔士州的甘蔗种植区设有19个地方办事处。甘蔗种植农民协会的成员多样化，一方面他们来自规模不等的农业企业，另一方面，企业的形式也不尽相同，有的来自公司也有的来自家庭农户，这些企业中有依靠灌溉的，也有靠雨养的。多样化的蔗农会员拥有多样化的需求，甘蔗种植农民协会正是在这种多样化的会员需求中，通过汇总和筛选来处理那些对产业具有普遍影响的问题。

甘蔗种植农民协会代表会员开展很多活动十分广泛。它既代表广大蔗农与各级政府就影响产业发展的问题进行谈判。还联合起来与糖业加工厂就甘蔗供应、加工以及买卖支付等问题进行谈判，为蔗农争取合法利益。在促进产业发展方面则制定甘蔗和蔗糖质量标准。关注环境可持续发展问题，保护农民的资产权益。就主要生产资料的价格与相关部分和组织进行谈判，并在产业资金筹集以及科研开发和推广中积极发挥作用。多年来甘蔗种植农民协会在蔗农群体中树立了很高的威望，主要是协助蔗农提高了生产效率和效益，多方为蔗农生产创造良好的条件，并致力于维护蔗农的合法权益。甘蔗种植农民协会自身也为适应新的发展形势不断进行组织改革，比如组织实行公司运营，以及在2000年开始实行会员自愿加入的方式。

（七）澳大利亚棉花生产协会

澳大利亚棉花生产协会成立于1972年，当年在棉花产业成立了两个产业合作组织，一个是澳大利亚棉花基金会（Australian Cotton Foundation），另一个是澳大利亚棉花种植者研究会（Australian Cotton Growers Research Association），两个组织就不同的领域分别进行服务，直到2008年这两个组织进行合并，成为当前澳大利亚棉花生产协会。

澳大利亚棉花生产协会全面支持澳大利亚的棉花种植者并代表他们的利益，澳大利亚棉花产业发展到今天无疑是充分得益于该组织的前瞻性思维以及对资源环境保护的重视。作为澳大利亚棉花种植者的最高利益代表，它成功地与联邦和州级政府就产业发展问题进行沟通和谈判，并在产业人才培养和社区教育方面积极发挥作用，该组织还致力于最佳生产实践模式的推广，并在产业内推行环境保护项目。2008年以后的组织发展历程证明，两个组织的合并将会为棉农提供更优质具有针对性的服务。更有利于将棉花产业的科研开发与政策制定相联系，从而避免业务重复所导致的资源浪费。

（八）澳大利亚水稻生产者协会

澳大利亚水稻生产者协会是澳大利亚水稻种植者的专业合作组织，该组织成立于1930年，当时水稻种植还不具有规模，少数水稻种植的先驱者联合起来所建立的团体就是该组织的前身。目前，该组织会员超过1 500名，澳大利亚水稻生产者协会代表这些会员处理影响水稻生产企业和社区发展的一系列问题。澳大利亚水稻生产者协会的总部设在新南威尔士州利顿（Leeton）。该组织共设八个分支机构，这些分支机构分布在主要水稻种植区，也就是新南威尔士州的西南部和与之接壤的维多利亚州的东北部。

该组织建立之初的主要使命是推进基础设施建设，以确保水稻种植企业能及时加工并将大米销售。1950年，在该组织的推动下形成了水稻种植合作社，该合作社也就是现在澳大利亚著名的大米生产公司SunRice的前身。当前，该组织既是广大水稻种植者利益的代言人，同时也为他们提供各种服务以确保产业的持续发展，在生产高质量大米的同时为社区创造就业机会。当前该组织在以下几个方面发挥着重要的作用：制定和贯彻符合广大水稻种植农户利益的产业政策；代表水稻种植户的利益与联邦政府、州政府、地方政府、农业游说团体以及米业公司进行谈判；为个体会员有针对性地提供服务。

该协会机构设置上包括主席、执行委员会和事务委员会，并在水稻种植区分设八个分支机构。分支机构与当地种植户联系密切，并且每年要至少举行不少于两次的会议，就影响产业发展的事务进行商议，并向执行委员会提交议案。执行委员会会根据事务的性质，交由对口的事务委员会进行处理，该协会下设六个事务委员会分部处理水资源、农业企业事务、产业重大事件、可持续发展、作物保护、财务与管理。最终对某事务进行决议则是执行委员会的责任，因为执行委员会是该协会的最高议事机构。执行委员会成员由分支机构选举产生，在执行委员会中代表本区会员就关注的事务进行决策。

第三节　合作社组织

一、合作社概述

1995年英国曼彻斯特召开国际合作社联盟大会，将合作社组织界定为：合作社是人们自愿联合、通过共同所有和民主管理的企业，来满足共同的经济和社会需求的自治组织。与此同时，国际合作社联盟将合作社的基本价值确定为自助、民主、平等、公平和团结；将合作社的原则进一步修订为7项，即自愿和开放的社员原则，社员的民主管理原则，社员的经济参与原则，自主和自立的原则，教育、培训和信息的原则，合作社之间合作的原则，关心社区的原则。长期的实践证明农村合作经济组织成立对世界农民和农业经济发展起到巨大的推动作用，被认为是市场经济条件下发展农村经济的一个重要组成部分。澳大利亚合作社的数量众多，农业合作社虽数量较少但规模较大，尽管多以公司或协会的形式为社员提供服务，但大多坚持“一人一票”的合作社民主管理制度，合作理念已深入社会、经济、生态各领域，在农业现代化进程中发挥着不可替代的作用，是保护农民权益、提升农民市场竞争力的主要载体，也是保持国家农业可持续发展和农产品国际市场竞争力的重要支撑。澳大利亚所记载的最早合作社成立于1859年，现在澳大利亚合作社在城乡十分普及。作为具有上百年历史的社会经济组织形式，合作社在遏制资本垄断、促进社会公平和谐方面发挥了重要作用。

合作社的作用主要体现在三个方面：一是帮助农民解决生产困难。合作社统一购买生产资料，降低生产成本；引进新品种和技术，指导农民提高产品产量和质量；对农民进行集中培训，提高农民科技水平。二是帮助农民增加经济收入。合作社通过兴办企业、返还利润，使社员的产品加工增值；通过分销渠道和保价收购，帮助社员出售产品，实现产品价值。三是帮助农民提高生活质量。改善合作社的社区环境和提供生活服务，在社区内设有多种服务机构，扩大对社员服务的范围。

二、合作社的基本类型

澳大利亚的农业合作社基本上可以划分成5类。一是农产品批发类，这类合作社主要从事农产品贸易，特别是进行农产品批发。二是服务类合作社，为农业企业提供各种各样的服务。三是教育类，即针对农业领域开展教育。四是食品加工类，也就是很多成员联合起来生产加工某些农业产品。五是生产资料供应与农产品销售类，为农业生产提供各种各样的生产资料，同时也零售农产品。

三、典型的合作社

（一）澳大利亚最大的农业合作社——CBH谷物加工合作社

CBH谷物合作社是澳大利亚最大的合作社，也是谷类产业的领导者，CBH 合作社的核心目的是创造的收益返回给种植者。该合作社于 1933 年建立于西澳大利亚州，主要从事谷类业务。其业务范围为谷类存储、运输、加工和销售。参与该合作社成员大约有 4 500 户，农户土地面积总量 1 000 万公顷。合作社共有 197 个谷物收购点、4 个港口、7 个面粉加工厂，其中位于印度尼西亚的 Eastern Pearl Flour Mill 是全球第四大磨粉厂。合作社拥有 2 000 万吨的储存能力，每年装载量 1 000 万吨，600 万吨市场销售量主要用于出口中国、印度尼西亚、日本、欧洲等。合作社每年将利润中的 8 000 万澳元进行投资、扩建营销网络等，如合作社先后投资 1.75 亿澳元修建铁路货运网络，为社员降低运输成本 7%。

在西澳大利亚，年产小麦大约 90%都是经该合作社销售，而且该合作社的业务范围也逐渐扩展，乃至澳大利亚东部各州的农业企业也逐渐加入该合作社。为了更好地销售产品，合作社还在海外设立了常驻办公室，目前的海外办公室包括香港、东京和波兰办公室。该合作社现有固定资产已经超过 20 亿澳元，雇用近 3 000 名员工。配合谷类运输，该合作社还投资并拥有现代化的铁路运输系统，能及时将谷物从分布在乡村的收集站经铁路运输到四个贸易港口。该合作社业务还不断向海外拓展，比如投资控股了国际谷类加工公司 Interflour 的 7 个面粉加工厂，以及越南的一个谷物贸易港口。正是由于本合作社所取得的骄人成绩，使得它在全球范围内有很高的声誉，被认为是合作社成功的典范。

（二）澳大利亚乳业合作社——乳业服务合作社

澳大利亚乳业合作社（Dairy Farmers Milk Co-operative）已经拥有上百年的历史，它成立于 1900 年，当时由新南威尔士州的奶农成立的合作社以向城市销售奶产品为主营业务。20 世纪 80 年代，该合作社的业务扩展，通过兼并、收购，成立了澳大利亚食品合作社，发展到了 2004 年，澳大利亚食品合作社决定朝着出售或发展成为私营公司的目标发展，并将合作社转型为奶农有限公司。在这种情况下，当时的 1 400 多奶农联合成立了现在的澳大利亚乳业合作社，当时合作社的年牛奶生产能力大约为12亿升。

现在澳大利亚乳业合作社有来自包括昆士兰州、新南威尔士、维多利亚和南澳大利亚约350个奶牛场1 000多名农民作为合作社的社员。作为一个传统的合作社，它的主要任务仍是确保成员所生产的牛奶以最高的价格进行出售。合作社建立后，合作社可以借助集体产量和其他资源优势与大的牛奶收购商就价格进行谈判，农产品通过合作社进行统一销售确保了农产品的质量。澳大利亚乳业合作社已经与本国最主要的奶品和饮品公司签订了专门的长期供应合同，合作社以成员服务为核心，通过提高成员经济收益，帮助成员规避经营风险、确保农业企业健康生存发展。澳大利亚奶业合作社还致力于动物福利保障，以确保澳大利亚乳品持续蓬勃发展。

值得提及的是，由澳大利亚乳业合作社在发展历程中所转型成立的奶农有限公司，2008年以10亿澳元的价值出售，合作社的成员则按照所持股份的多少得到了相应的收益，这充分体现了澳大利亚农民合作组织的灵活性。

（三）农业教育类合作社

教育类合作社主要是通过定期组织农业集会活动，通过举办农业产品和技术展会（Field days）的方式向参与者推介新型农机具和农业生产资料，并举办各种专题技术讲座，向参与者传播各种新的农业知识。比如：新南威尔士州穆奇地区（Mudgee，NSW）的澳大利亚农业教育合作社（Australian Rural Education Centre Co-operative Ltd），它不仅通过举办农业产品和技术展会向农民传播信息并实施教育，而且还设有专门的实用技术课程，如牧草仓库的建设课程以及房屋框架设计，这些课程主要是针对农场主搭建各种农用厂房而设置。类似的农业教育类合作社还有以农用机械为主题的恒太农机展合作社（Henty Machinery Field Days Co-operative Ltd），该合作社的展会活动地位于新南威尔士州的恒太镇，该展会是澳大利亚南部最大的农机展，展会不仅展示最新型的农用机械设备，还展示与农业生产相关的野营用品、农产品新品种、农业文化、政府政策和农业企业金融服务等。另一个教育类合作社的例子为橙天域合作社有限公司（Orange Field Days Co-operative Ltd），它的服务宗旨是通过展会、科研、示范、竞争和教育推动澳大利亚农业技术进步。该合作社成立于1952年，每年举行一次农业展会，展示内容涉及农业机械，农用设备和新型农业服务，由于该展会影响深远，每年都会吸引众多海外企业参展。

（四）食品加工类合作社——穆雷古尔合作社

穆雷古尔合作社由分布于澳大利亚东南部的超过2 500个奶农构成，这些奶农的农场多为中小规模，但在农业生产中都充分利用现代农业科技，从事专业乳业生产。合作社成员中的乳业生产企业既全面照顾他们的动物，同时也重视农业环境保护，该合作社由所有成员共同管理。

在成立合作社之前，奶农分别将农场所产的奶卖给奶业公司，当然价格由奶业公司控制，这样奶农的收益就很难得到保障，于是在1950年部分奶农则联合起来成立了合作社，合作社每天三次到各个农场收集鲜奶，统一运送到附近的合作社所拥有的加工厂进行检验并加工，最后把产品进行统一销售，从而实现了农业企业利润最大化。

该合作社目前已经发展成为一个大型的国际企业，所经营和加工的奶量占到澳大利亚的35%，注册商标为国际知名的德运（Devondale）品牌，该公司目前的国际贸易量占到全球奶制品贸易的9%，产品销往100多个国家。

（五）农资供应合作社

位于昆士兰州东南部的古晨果农合作社（Coochin Creek Fruitgrowers' Co-operative Association Ltd）就是典型的农资供应合作社。它的主要业务是为周边地区的农业企业供应生产资料，包括化肥农药、五金设备、包装材料、灌溉设备、燃油和牲畜草料等。同样属于农业生产资料供应的合作社还有维多利亚州的CEPA合作社，该合作社1963成立于维多利亚州的本迪戈（Bendigo），专门为该地区商业养鸡场和养猪场进行生产资料采购，合作社的成立为合作社成员低价批量购入农业生产资料。当然这些合作社在可能的情况下，也会尽力为成员提供技术服务。

四、私营公司

在澳大利亚，“私营公司”也是农民进行合作的专业形式，作为农民专业合作组织以“私营公司”运营的前提是该组织为非营利机构，否则必须按正常的公司运营。农民专业合作组织到底是协会还是私营公司，首先取决于该组织的业务范围，如果所成立的合作组织仅在一个州内开展业务，那么采用协会的方式比较简单，所遵循的法律依据以所在州的法律条文为准。当一个组织在多个州开展业务时，当然也可以采取协会的形式，但是需要在所开展业务的州分别注册协会，因此这时候很多合作组织则采取私营公司形式，因为私营公司在澳洲境内为会员提供服务不受地域限制。其次，要看成员是否有足够的能力和专业知识来管理公司，与协会相比较，公司运行所必须遵循的法律条文要比协会复杂得多。在违反法律条文规定时，公司承担的责任要比协会重很多。在业务人员配置上，公司往往要求有专业人士熟悉相关的法律条文和各种规定，相对比而言协会运作上不用考虑这些要求。最后，成立公司的前期费用要比成立协会高得多，是否有足够的资金来维持公司运作也是在确定合作组织结构时所必须考虑的问题。

也正是这种原因，很多州级的农民合作组织都多以协会的形式构建，当农民合作组织跨州或者为全国性时，这时候即使是以协会方式组建，其在实际运作时多采用私营公司的方式。在澳大利亚合作组织的架构形式可以很容易的转换，无论是协会还是合作社当发展到一定阶段需要转型私营公司时，都非常容易。在前节提到的穆雷古尔合作社就是由合作社发展成为国际公司的例子，也就是说，现代的私营公司同时也是合作社。

第四节　农民合作组织的特点、矛盾及其与政府的关系

一、农民专业合作组织的特点及矛盾

澳大利亚农民专业组织的特点如下。

1. 农民专业合作组织灵活多样

澳大利亚农民专业合作组织最为明显的特点是种类繁多，形式灵活多样，规模大小不一。不仅在形式上有常见协会和合作社，还有理事会、联盟、学会和私营公司等，在规模上既有区域性的，也有州级和全国性的。农民专业合作社在发展过程中还可以根据需要简单地转换合作组织形式，以保障农业服务适应发展需要。

2. 农民专业合作组织功能多样

与澳大利亚农民专业合作组织的多样化相适应，农民专业合作组织在功能上也多样化。在澳大利亚的农民专业合作组织中，其合作目的包括：提供技术服务、政策游说、追求规模化生产、农业生产资料供应和农产品销售以及农业技术教育等。几乎是只要农民有需求存在，就有相应的专业合作组织存在。

3. 合作组织在竞争中发展

澳大利亚农民合作组织经济来源主要是会费，而农民不仅组建组织程序简单，而且加入和退出组织都十分自由。这样一来，一个组织能否有足够的会费来保证经济的持续性，无疑决定于会员的数量和会员费的额度。会员看中协会的服务质量，衡量所交会费是否物有所值，否则则可以建立或者加入类似的协会。这种竞争客观上促进了专业合作组织大力发展服务水平，以吸引并留住更多的会员或成员。

4. 政府不干预农业合作组织的建立和发展

澳大利亚政府对各种农业合作组织的建立持不干预政策，只是在法律条文上粗线条规定了成立专业合作组织必须遵守的规则。正如现有的

一些以政策游说为主的合作组织，政府明明知道这些组织的功能在很大程度是代表农民会员与政府进行“对抗”的工具，即使这样政府也不会进行干预限制，毕竟这类组织代表了某个农民群体，政府有义务为纳税人服务，而组织也是为农民群体服务，二者的目标是一致的。

5. 规范的农民专业合作组织管理

澳大利亚农民合作组织都有健全的管理机构，各组织不仅都有明确的宗旨和纲领，而且管理机构通常设置董事会、委员会以及负责某类具体事务管理的负责人或团队。对于规模较大的农民合作组织，特别是州级和全国的协会和合作社，在日常运作上都采取了现代企业运营、公司化的管理模式。这可能是因为澳大利亚的农业企业发展水平高，农业生产面向国际市场并参与国际贸易竞争，与农业企业的发展水平相适应，对农业合作组织的服务水平要求也高，农民合作组织只有采取现代的公司管理模式才能及时有效地为现代化的农业企业提供高质量的服务。规范的组织管理还体现在组织的财务公开透明，财务透明增强了成员对合作组织的信任和组织的凝聚力。政治上中立也是农民合作组织的重要特征，在两个主要政党轮流执政的情况下，政治上中立确保了组织不受执政党更替的影响。

6. 农业专业合作组织存在的矛盾

澳大利亚农民专业合作组织，特别是那些中小规模的组织所面临的最大问题是活动经费的紧张。在组织活动经费紧张的情况下，所提供的服务质量就难免要打折扣，因而不少生产者认为农民组织的作用在不断减弱，由此造成一些农民组织成员进一步减少，其结果是会费减少，而会费又是组织经费的主要来源。澳大利亚国内普遍认为，面对新形势，农民组织应进一步转变职能，开展收费服务和培训等业务，保证组织经费来源和正常的运行。然而，专业合作组织要转变职能必须和社会上的农业技术服务公司进行竞争，而这又受制于技术储备和财力，在实践上难以操作。

部分中小型农民合作组织的管理水平不理想，影响了组织功能的发挥。由于缺少系统的教育培训体系，一些合作社缺乏专业人才，缺乏规范管理制度和科学运作机制，对商业模式、经营管理等缺少必要的知识。很多中小型的农民合作组织，其管理人员都是由会员兼职，属于自愿行为，无私奉献。非专职的组织管理人员，特别是管理层的人自己也要从事农业生产，一方面时间上无法保障，另一方面管理者也不一定具有完全胜任组织管理能力，这无疑要影响其服务效率。

在一些大型的农民专业合作组织中，通常都有专业的管理人员，但是由于组织庞大，组织机构与基层农民成员的有效交流往往会成为问题，这样就造成不少基层成员的意愿得不到及时表达，甚至被忽视。

农业生产的社会经济环境在不断发生变化，而且这种变化日新月异。任何组织都必须不断调整自身功能才能适应这种变化，否则一系列的问题就无法避免。也正是由于组织中出现这样那样的问题，才促进了澳大利亚农民专业合作组织的进化。澳大利亚农民专业合作组织之间的合作、合并，新组织的建立和旧的组织的解散都充分说明了这一点。

二、农民合作组织的作用

在澳大利亚政府对农业生产投入逐年减少的情况下，农民合作组织在农业发展中所发挥的作用却是逐渐增强的。这些农民专业合作组织在农业服务、农业技术推广以及增强农业在国内和国际市场的竞争力方面都发挥着重要的作用。

1. 促进了农业生产的规模化和现代化

澳大利亚的农业合作组织在农业发展的规模化、现代化道路上发挥作用巨大。尽管澳大利亚单个农场规模相对较大，但是单独投资现代农业生产必需的机械设备在经济上仍不合算。合作社的形成，多个农场实现共同投资共享农业机械，既减轻了单个农场主的经济负担，也提高了设备的利用率。多个农场的联合，还确保了农产品的持续供应，并能直接和大型农产品购买商进行交易，这样农产品不仅可以共同卖个好价钱，而且也增强了农业企业开拓国际市场的能力。

2. 成为农业科技服务的主体

和很多国家一样，澳大利亚政府曾一度成为农业科技服务的主体，构建了遍及农村的农业技术推广服务网络，随着最近20多年来政府对农业投资的逐步削减，这些由政府资助的农业技术服务网络大部分已经撤销。在这种情况下，农民专业合作组织则更多地承担起为会员提供技术服务的职责。前节中很多农民合作组织的例子，已经充分展示了农民专业合作组织在为会员和成员的农业生产提供多方面的服务，不少农业专业合作组织还以农业教育为主要功能。

3. 农业技术推广的有效渠道

农业科研开发成果要想高效、大范围推广，必须依靠成熟的技术推广网络，在澳大利亚政府所建立的农业技术推广网络几近成为历史的情况下，农业科研开发成果的推广必须借助当前的组织网络，这时候各类农民合作组织则成为政府、科研单位和私营研发部门推广技术和产品的重要渠道。对政府和农业科研院所而言，借助现有的农民专业合作网络不仅可以节约时间和费用，同时还可以充分利用农民对所在组织建立的信任关系。政府通过农民专业组织进行推广农业技术和服务时，通常会给予农民专业组织一定的经济资助。这也是前节提到的例子中，不少农民专业合作组织的经费来源有一部分来自国家税收的缘故。可以说，农民合作组织填补了政府职能的不足，发挥了农业社会化服务主体的作用。

4. 联系政府和农民的桥梁

澳大利亚农民专业合作组织中，以政府游说为主要功能的组织遍布各个农业产业。这些游说组织，一方面是将基层农民的意愿以一个统一的声音转达给政府，并以为农民争取利益为目标同政府进行游说、对话和谈判。另一方面，这些组织也会将国家相关农业政策传达给农民，以保障农业生产符合国家相关法律条文。政府也充分利用农民专业合作组织的桥梁联系，每每制定农业新政策，或对旧的政策进行修改时，都会主动邀请这些农民组织参与讨论，多方听取不同农民组织的意见和建议，并根据农民组织所提出的意见和建议做适当调整，或就农民组织所提出的问题和质疑进行解释，最大程度上避免政策与农业生产实践相脱离的情况。

三、政府与农民合作组织的关系

澳大利亚的农民合作组织能把成员的共同意愿“以一个共同的声音”向政府进行表达，其能量足以影响到国家的农业政策，这也正是那些农业产业游说组织组建的最初目的。尽管是这样，政府仍采取对农民合作组织不干涉的立场。这是因为，澳大利亚的政府认为政府和农民组织的终极目标是一致的，两者都是为产业发展和产业从业者服务的。

政府作为国家的行政管理机构，对农民专业合作组织的管理也是原则性的。政府制定相关的政策法规，保障合作组织的正常运营，并对合作组织进行监督，但是不会参与和影响农业合作组织的任何操作。从农业合作组织一方，它会在国家规定的法律条文框架内运作，成员加入基于自愿、经济上独立于政府、政治上保持中立、在运作过程中保持财务透明，这样就保证持续赢得会员的信任，使农业组织能切实代表会员和成员的利益。

政府和农业组织的合作远大于对抗，政府对农业组织在农业发展过程中的作用高度认可。政府会利用农民合作组织网络的广泛性，传播政策、推广技术和产品，这种合作不是基于行政命令，而是基于互利合作，更像一种商业服务行为，政府通常会就此支付给农民合作组织一定费用。比如，政府会通过农业合作组织，来实施自然资源与环境保护相关的项目。一旦政府的政策和行动与会员或成员的利益相悖，农业合作组织会代表会员进行抗争（Cooper，Green，et al，2013）。

第七章

澳大利亚农业科技创新与推广体系

澳大利亚各级政府和农业企业一致认为，成功的农业科技创新与推广体系成就了其农业高度机械化、集约化、产业化，同时也确保了其在农产品国际市场的重要地位。澳大利亚重视农业科研开发与技术推广，以确保农业生产的高效率、可持续。最近几年澳大利亚在农业研发与技术推广方面的投资大约为每年 16 亿澳元，其中联邦政府和州级政府的投资占总量的 75%（PC，2011）。澳大利亚作为国际上重要的农产品出口国，其主要农产品生产都是以出口国际市场为导向，澳大利亚政府坚信未来农业发展必须进一步提高农业生产效率、并确保农业企业效益和农业资源可持续利用，只有这样才能继续保持农产品在国际市场的竞争地位。与之相适应，澳大利亚政府适时对其农业研发与技术推广体系进行评估，并做出相应调整以适应新的农业产业发展需求（PC，2005，2011）。澳大利亚在农业产业发展过程中，建立了独具特色的农业产业科研开发公司运营模式，并发展成为现今多渠道并存的农业技术推广体系。本章的内容包括澳大利亚的主要农业研究机构，澳大利亚农业科研开发的公司运营模式，与时俱进的澳大利亚农业科技创新与推广体系等。

第一节　主要农业科研机构

澳大利亚的农业科研机构主要有澳大利亚联邦科学与工业研究组织（CSIRO）、澳大利亚大学、州级政府下辖的农业研究部门和针对不同农业产业成立的联合研究中心（Cooperative Research Centre），部分农业产业组织或企业也独立开展科研实验活动。

一、澳大利亚联邦科学与工业研究组织

澳大利亚联邦科学与工业研究组织始建于 1926 年，当时主要为解决限制农产品出口的病虫害、杂草问题，后来其研究领域逐渐拓宽，目前该组织的研究领域涉及能源、环境、信息技术、健康、矿业、制造业和农业与自然资源（Mallawaarachchi，Walcott，et al，2009；CSIRO，2013）。澳大利亚联邦科学与工业研究组织是由联邦政府资助的最大的农业研究组织，2012 年 62%经费直接或间接来源于联邦政府（CSIRO，2013）。而涉及农业与食品的研究领域，联邦政府的投资比例更大，农业研发资金的 60%直接来自联邦政府，另有 10%的资金来源来自农业产业研究开发公司，而产业公司的主要资金来源也是联邦政府（Core，2009）。

澳大利亚联邦科学与工业研究组织立足于多学科专业和分支机构遍及各州的地域优势，通过澳大利亚联邦的科研旗舰项目（National Research Flagship Program）开始进一步整合科研资源，并与国内外科研机构密切合作，以开展影响国计民生并涉及自然、社会和经济发展的复杂问题研究（Core，2009）。澳大利亚联邦科学与工业研究组织总部设在堪培拉，共有 45 个分支研究机构分布在澳洲各州和地区（CSIRO，2013）。

二、州级政府农业研究机构

澳大利亚各州级政府密切参与农业科学研究和技术推广活动，各州级政府都下设农业管理和科研部门（类似中国的农业厅），并构建了遍布辖区广大农区的农业科研试验站网络，这些试验站肩负农业科研、田间实验、农业技术服务与推广的多重责任，以服务于周边农区农业生产。因此可以毫无悬念地说，综合对比各主要科研

机构，澳大利亚州级政府农业科研对农业发展的贡献最大，充分体现在各州或地区的政府在农业基础设施建设上，也体现在农业科研从业人员的数量和农业科研项目广泛性等方面（Core，2009）。未来澳大利亚农业发展，州级政府的农业科研部门仍将发挥至关重要的作用。

在过去十几年里，随着澳大利亚社会经济发展和农业在国民经济中的地位逐渐降低，加上各州级政府在财政预算方面的缩减，致使这些州级政府所属的农业科研部门开始萎缩，分布在广大农村地区的农业试验和技术服务网络正逐步消失。研究表明，造成州级农业科研网络萎缩的原因还在于，由于现代研究设施建设需要的投资规模扩大，州级政府很难再像以前那样独立建设研究设施，在这种情况下州级政府多会与辖区内的大学共建研究设施，致使新增研究设施向大学集中。另外，州级政府的很大一部分的项目经费来源于农业产业研发公司，为减少管理环节的支出，这些农业研发公司则直接与从事科研的单位对接，省去了州级政府这个中间环节（Core，2009）。

三、大学

大学和澳大利亚联邦科学与工业研究组织曾一直是澳大利亚农业研究的主力军。但是大学在农业科研方面的诟病为重基础研究而轻应用研究（Core，2009）。在近二十几年的发展过程中，大学在农业科研中发挥的作用日益增强。一方面在于联邦政府对大学的投资规模扩大，联邦在科研方面的预算30%直接进入大学（Core，2009）。另一方面还在于农业产业研发公司对大学的投资力度也逐渐加大。农业产业研发公司与大学间的合作更加密切，与州级政府和大学在科研设施建设与科研合作密切相关，大学与其他科研单位和组织在科研方面的广泛合作以及智力资源方面的优势，也使大学在农业科研中的作用日益突出。

澳大利亚没有专门的农业大学，但是很多大学都设有农学院。澳大利亚以农学研究见长的大学为：墨尔本大学（University of Melbourne)、悉尼大学（University of Sydney)、昆士兰大学（The University of Queensland)、新英格兰大学（University of New England)、阿德莱德大学（The University of Adelaide)、西澳大学（University of Western Australia)、西悉尼大学（University of Western Sydney)、科廷大学（Curtin University)、拉贝托大学（La Trobe University)、查尔斯特大学（Charles Sturt University)。

四、农业联合研究中心

在澳大利亚从事农业研究的机构中，还包括各种农业联合研究中心（Cooperative Research Centres)，联合研究中心的设立是为了解决困扰产业发展的重大问题，此类问题通常需要多部门的密切合作，并进行中、长期联合研究。联合研究中心在运营过程中还肩负培养产业高级人才的功能，也就是通过招收研究生让其参与实际科研，通过科研实践来培养农业发展所需的高级科研和管理人才（CRC Australia，2013)。有关联合研究中心的详细信息见本章的第六节。

五、其他从事农业科研的单位

相对于政府出资从事科研，一些产业组织和企业也从事农业科研，由于农业产业特征即多数农业企业都为中小型企业，企业自身很难承担起科研投资，多数情况下为小型的农业实验。当然有的农业产业自己也组建研究单位，这类情况通常是其他科研单位中现有科研条件不足以满足产业发展需要。前面所提到的澳大利亚葡萄酒研究所就是由行业协会组建，其科研经费来源一方面来自于产业税，另一方面则是间接申请政府的资助，比如，从产业研发公司中间接申请经费（Core，2009)，但是这类现象并不普遍。大型的农业企业，也会开展一些实验性的研究。总体而言，开展这类研究的私营单位或产业并不普遍（Core，2009)。

第二节　农业技术推广

现代农业生产力的提高主要依靠农业科技创新，其中一方面取决于农业科研和开发能力，另一方面取决于农业科研成果的转化规模和效率，澳大利亚农业发展得益于其建立的广泛且富有成效的农业技术推广网络。澳大利亚农业技术推广体系始建于19世纪末期，当时英国殖民者急需在完全不同于欧洲的农业生产环境下发展粮食生产（Hunt，Birch，et al，2012）。到20世纪90年代，澳大利亚的农业技术推广网络发展到鼎盛阶段，充分体现在技术推广网络的规模，技术推广人员的数量，以及现代技术科技在推广中应用等诸多方面，澳大利亚农业技术推广体系在国际上具有较高的声誉，得到国际同行的高度认可（Hunt，Birch，et al，2012）。20世纪90年代之前澳大利亚的农业技术推广活动一直是政府主导型，政府工作的重点是推广以提高生产效率为核心的农业新技术，当时对农业生产管理和农产品营销还不太重视（Cary，1993）。澳大利亚政府主导的农业技术推广，其经费主要来源于联邦和州级政府，但是技术推广经费通常是预算在科研经费之中，因此农业科技推广经费具体数额并不太明确（Kondinin Group，1995）。

从20世纪90年代开始，受澳大利亚国家农业政策的影响，农业技术推广体系开始发生一系列的变化。这种变化主要表现在政府逐步退出由其主导的农业技术推广体系，取而代之的是公私并存的多元化农业技术推广体系，其发展趋势最终是以私有咨询公司、农业企业为主体的农业技术推广体系（Marsh and Pannell，2000）。目前从事农业技术推广的主体包括：联邦和州级政府资助的技术推广人员、各类农业私营咨询顾问、农产品供应商雇用的技术推广人员、销售网络的工作人员、也包括银行经济顾问等。2005年的一组统计数据显示当时在农业领域的技术推广人员大约为4 045人，其中政府资助的人数为2 748人（Coutts，Roberts，et al，2005），在过去的十几年里政府资助的农业技术推广人员一直呈快速减少的趋势，许多原来由政府设置在农村地区的农业技术推广网络已经不再运营（PC，2011）。

第三节　澳大利亚农业科研、技术人才培育

农业科技研发成果的推广应用，依赖于不同层次的各类农业技术人才，这些人才可以简单划分为科研型、技术型和应用型。

科研型农业科技人才指那些接受过系统的科研训练，并取得研究生学历的农业科技人才。如前所述，尽管澳大利亚的教育体系中没有专门的农业大学，但是很多综合性大学中都设有农业学院，并设有本科、硕士和博士专业课程。因此，可以说澳大利亚的大学仍然是培养农业科研人才的主力军之一。作为澳大利亚规模最大的农业科研机构，澳大利亚联邦科学与工业研究组织也承担培养高层次农业科研人才任务。很多的农业科研项目的预算中都设有研究生奖学金，主要用于培养与农业科研实践密切联系的、不同专业的农业科研人才。

澳大利亚的农业技术型人才主要来源于各涉农大学的培养，通常取得农业相关的高等学历，包括学士学位或专科文凭。澳大利亚的很多农业技术推广人员，很多农业企业的管理者都属于这类人才。随着政府资助的农业技术推广网络的规模逐渐缩小，很多富有经验的农业技术推广人员成立了农业技术咨询公司，这些农业技术人员以其丰富的实践经验和系统的理论知识相结合而深受农业企业信赖。

澳大利亚的农业教育体系还培养应用型技术人才，承担这类任务的组织主要是一些农业技术学校（Technical and Further Education，TAFE）和一些农学院（Agricultural Colleges）。农业技术学校注重传播与农业生产相关的实用技术，注重培养学生在农业生产实践中的动手能力和操作技能。农学院分布在农业主产区，历史上农学院的数量很多，后来有一部分就并入了本区内具有影响力的大学，成为的大学的一部分，比如现在昆士兰大学的 Gatton 校区，就是原昆士兰州最早的一个农学院。农学院提供的课程多样，涉及不同农业产业，其授课方式也

灵活多样，既可以在分布于昆士兰州的不同培训中心就近全职学习，也可以参加讲座的方式逐步学习不同的知识模块，甚至还可以选择让老师到自己家的农场进行实地授课。课程内容涉及农场管理以及农业商务，以昆士兰州的农业学院协会提供的信息为例，培训的内容涵盖肉牛养殖业、屠宰技术、土地保护与管理、马养殖技术、园艺、家禽养殖、农场管理、兽医、蔗糖生产、绵羊养殖，总之这些课程都是以提高农业生产所需实际能力为根本目标的能力培训。从农学院毕业的学生不仅获得技术等级证书，更重要的是为直接从事实际农业生产和管理做好了准备。

第四节　农业研发体系及其运营机制

澳大利亚的农业研发体系的特色在于它采取了农业研发公司运营模式（Research and Development Cooperation，RDC）。也就是在联邦政府农业部的指导下，根据农业行业组建了若干农业科研开发公司，由这些农业科研开发公司代表农业产业和联邦政府从事科研的组织和管理，确定产业科研开发总体方向、负责科研资金的发放、使用，行使监督和管理职能、促进科研成果的转化、应用推广和商业化，部分科研开发公司还代理农业部行使征收产业税收（Industry Levies）的职能（PC，2011）。

一、农业研发公司模式

在澳大利亚联邦政府的指导下目前运营的农业科研开发公司有14个，分别是：

棉花研究与开发公司

澳大利亚乳业公司

澳大利亚蛋禽公司

渔业研究与开发公司

澳大利亚林业与木制品公司

谷类研究与开发公司

葡萄与葡萄酒研发公司

澳大利亚园艺公司

活畜出口公司

澳大利亚肉类与牲畜公司

澳大利亚肉类加工公司

澳大利亚猪业公司

农村产业研究与开发公司

糖业研究与开发公司

这其中既有具有依照相关法令（Statutory）成立的公司，也有产业自己组建的公司。在现有的14个产业研发公司中，只有农村产业研究与开发公司涵盖众多的农村产业，其他公司都具有很强的针对性。

二、资金来源

农业研发经费的主要来源包括两个方面，一方面为农业产业税，另一方面为联邦政府的匹配资金。产业税根据其征收方式又分为两类，一类为法律规定的产业税，这种税收是强制性的，占产业税种的绝大多数；另一类则为农业企业自愿缴纳的产业税。对产业税的征收额度，也因产业不同而灵活确定。比如，大型牲畜养殖业，则按养殖动物的数量计税，肉牛养殖业的产业税率为每头成年牛征收5澳元，而对牛犊征税则为0.90澳元每头；针对绵羊而言，则规定税率为销售价值的2%，同时也规定了税额的上限，比如每头羔羊不超过1.5澳元（MLA，2014）。联邦政府在财政预算中会按科研开发公司所征收的产业税总额，给予各产业科研开发公司大致1∶1的匹配资金，同时也规定最高配套限额通常不会超过产业产值的0.5%（PC，2011）。这样就形成了联邦政府和产业共同筹集资金来源，用于本产业科研开发与技术成果推广的农业科技创新体系（PC，2011）。除了产业税和联邦政府的匹配资金外，版税收入、州级政府也会因合作需要提供少量资金（PC，2011）。

现今澳大利亚的农业研发与技术推广体系仍是以政府为主导，产业和私营企业积极参与的模式。这一点充分体现在农业科研资金来源上，联邦政府投资占到47.8%，州级政府占到27.8%，产业及企业投资占24.4%（PC，2011）。值得注意的是澳大利亚政府将农业研发和技术推广看成一个有机的系统，因此研发资金实际上也包括将技术成果推广的费用（DAFF，2013），州级政府农业厅在农业技术推广方面肩负重要的责任。联邦政府农业研发资金预算还受来自其下属创新产业和科研部（Department of Innovation，Industry，Science & Research）、教育就业和劳动保障部（Department of Education，Employment and Workplace Relations）的政策影响（Core，2009）。

三、农业科研开发体系

2011年澳大利亚联邦政府对农业研发体系进行了系统评估，评估报告以研发资金的来源和流向为主线描述了澳大利亚的农业科学研究体系（图7-1）。事实上澳大利亚的农业研发体系要远比图中所描述复杂得多，一方面农业政策对农业研发的重点领域会适时调整，另一方面各部门和单位既相对独立又彼此合作，具体到研发资金流向上，同一个项目的研究资金可以因合作需要分配到不同研究单位（PC，2011）。

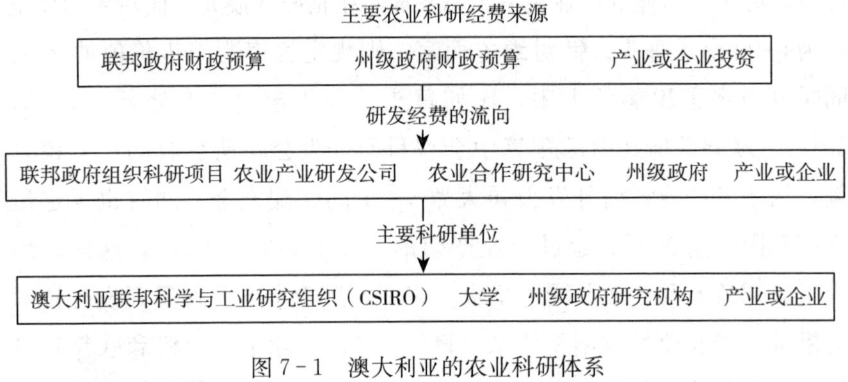

图7-1 澳大利亚的农业科研体系

资料来源：Productivity Commission.

四、农业科研开发公司运行机制

1. 农业研发公司行使管理职能的途径

研发公司行使管理职能的途径主要是将国家的农业发展战略重点转化成为期五年的发展规划和指导性的年度工作计划，并对阶段性的计划执行成效进行咨询和评估。咨询和评估的方式既可以是正式的，也可以是非正式的，一个突出的特点是进行咨询评估的过程中包括政府和产业从业人士都有机会参与，将意见和建议进行反馈并集中体现在下一步的执行计划中。

2. 成立董事会行使对研发公司的监督管理权

对农业研发公司的领导和管理则是通过组建董事会来实现，董事会成员则是通常由独立的选拔委员会来提名。联邦政府 1989 年的农业与能源产业研发法规（Primary Industries and Energy Research and Development Act 1989）规定，具有法定性质的研发公司，其董事会的成员和董事会主席需要由农业部长来任命。与之相对应的，那些由产业自发组织的产业研发公司，其董事会的成员和主席则通过层层民主选举产生。其共同点则是任何研发公司的最高行政管理者，也就是首席执行官的任命要由董事会来任命。

3. 确定农业科研开发重点的领域

确定研发公司的重点研发领域是研发公司的基本职责，成立研发公司的初衷就在于，通过建立公司来管理政府和农业产业对科研的共同投资，以最大限度地满足产业发展实际需求，而不是由科研人员来自主确定重点科研方向。2011 年由澳大利亚生产效率委员会对农业研发公司进行了系统的评估，评估报告中将农业研发公司确定研究重点的程序归结如图 7-2 所示。

农业研发公司确定研发重点领域的根本依据为联邦政府制定的方向性战略规划，即国家和农业研究优先领域（National and Rural Research Priorities）。因为产业研发公司行使管理职能的主要途径是将国家和农业研究优先领域，转化成具体的 5 年科研发展规划。因此在每个

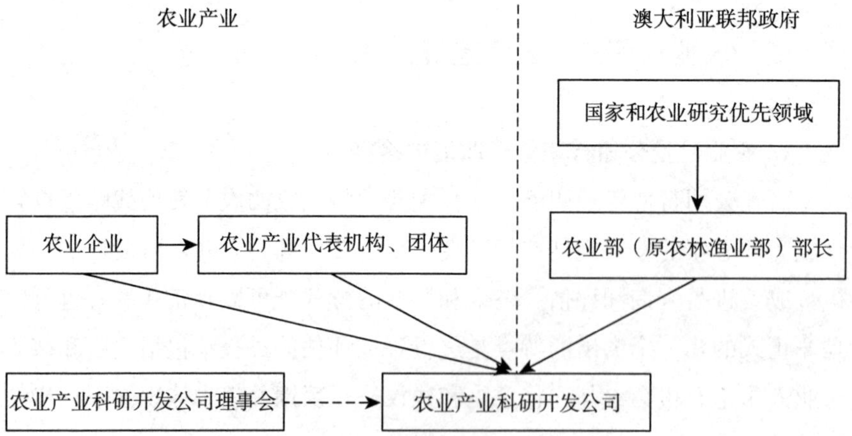

图 7-2　农业研发公司确定研究重点的程序

产业公司制定的科研发展规划中，就需要对国家的发展战略和发展重点进行详细的解读，并转化成可执行的规划方案。不仅如此，各研发公司还要进一步制定出年度执行计划，在年度执行计划中明确要重点资助哪些研究项目、资助额度，并对各公司的收支和项目执行过程中的行政支出做出概算。

值得强调的是农业研发公司对研究规划的制定过程中，对农业产业代表机构和农业企业的广泛咨询必不可少。也就是说，制定的研发规划会充分体现产业代表机构和很多农业企业代表的具体要求。产业代表机构会将意见和建议直接反馈到研发公司，农业企业也可以将自己的观点和建议或直接反馈到研发公司，或通过产业代表机构来反馈自己的意见和建议。这种广泛的公众参与和畅通的意见和建议反馈机制，确保了制定的产业研发规划更符合产业发展的实际需求。另外，农业研发公司协调机构——农业产业研发公司理事会（Council of Rural Research and Development Corporations），还会在各个研发公司之间进行沟通协调，这样一来既可以避免各研发公司之间在制定规划时可能出现的对同一研究内容进行重复投资，又为必要时分工合作创造条件。由研发公司制定的五年发展规划，最后还要送交产业和政府相关部门进行审阅，以确保规划的科研开发重点既符合国家发展战略又符合农业产业发展需求。在整个规划的制定过程中，农业部也会派政府人员进行参与与监督，以确保国家农业发展战略在执行规划中得到具体落实。

农业产业研发公司中，具有法定性质的公司其五年规划和年度执行计划，都要由农业部长批准后才可执行，相比较产业自有的研发公司制定的规划和计划则并不需要由农业部长批准。政府对不同性质的产业研发公司在对产业代表机构和农业企业进行咨询也有不同的要求，比如那些具有法定性质产业研发公司，必须要向政府指定的产业代表机构进行咨询，而产业自有的研发公司就不受这种限制，可以自主确定咨询对象。在就研发重点对产业进行咨询时，其方式灵活多样，既可以是正式的会议，也可以直接与农民对话，也可以是调查报告等。有的产业还建立区域性的产业论坛，通过论坛的方式将企业和产业的意见和建议加以汇总，来实现更为广泛的公众参与。

4. 研发公司的绩效评估

产业研发公司负责管理使用产业税收和政府匹配资金，因此按照相关法规的规定其绩效如何要接受评估和监督。对产业研发公司绩效的评估主要是根据公司的年度总结报告，报告中不仅要阐明本年度计划的执行情况，同时也要汇报本年度的工作是否按预期实现五年研究规划中的年度目标。年度总结报告要符合公司法，相关农业法律规定，并突出主要考核指标，包括项目进展进度，资金使用情况等。

对应具有法定性质的研发公司，其年度报告要报国会审议。而产业自有的研发公司，则会根据公司与政府的协议向农业部部长提交年度报告，并请专业的独立咨询机构对报告进行评审。评审的结果和建议则作为下一步年度计划甚至下一个五年规划的调整依据。

5. 研发公司间的合作

农业产业之间具有很强的关联性，澳大利亚联邦农业部也鼓励各研发公司之间进行密切合作，以有效地使用研发资金。在各研发公司的实际运作过程中，各个研发公司也确实进行着密切的合作，2011年对研发公司的综合评估报告中也提到，在研发资金的使用上，大约80％研发资金是通过不同研发公司联合投资科研开发项目来实现的，联合投资既充分考虑科研开发项目的需要，又充分遵循了相关法律、法规的规定。农业产业科研开发公司理事会在各研发公司的合作中也起着关键性的协调作用。每年理事会会组织各研发公司的负责人参加年度会议，尽管只有法定性的研发公司要求必须参加，但是历年来所有的产业自有研发公司都会积极参加。日常工作中，理事会的会长和秘书的主要职责就是来对各研发公司的合作进行协调。除了研发公司之间的合作，研发公司还与主要研究机构包括大学，国外的重要对口科研机构进行合作。

6. 研发公司模式的主要特点

澳大利亚的农业研发公司具有其独特性，也就是农业科研开发的公司运作模式，而不是多数国家采取的单纯的行政管理模式。其主要特点具体可以归纳如下：

(1) 根据产业税收，1∶1 匹配科学研发资金。可以说这是一种非常有效的激励机制，也在客观上增强了对农业研发的投资力度。

(2) 研发公司构建了一套确保利益相关者有效参与机制。农业企业、农业产业代表组织和机构的参与，使资金的使用和产业的具体研发需求密切结合，保障了研发资金使用的有效性。

(3) 农业研发资金的分配，是根据研发单位的实际科研能力和优势来分配的，这样就确保了研发资金的高效利用。

董事会协调下的各研发公司之间的合作，既避免了科研领域的死角，同时也最大程度上降低了不同研发公司对同一研究领域进行重复投资的可能。董事会的协调确保了农业研发项目满足产业发展需求，有助于实现产业资金使用效益最大化。

研发公司的绩效评估，使科研经费分配和使用透明公开，最大程度上规避了科研经费被挪用的风险。

第五节　农业研发与技术推广体系创新

澳大利亚农业研发体系与技术推广体系的创新，充分体现在它们的演化和完善过程中。

一、农业研发体系创新历程

据农业研发公司评估报告中介绍，澳大利亚最初对农业征收产业税用于农业研究开发，是由农民自发组织的。1900—1997 年间，昆士兰州的蔗糖生产企业开始缴纳产业税，用于糖业局试验站的科研开发活动。类似的还有草业研究信托基金（Pastoral Research Trust），麦田土壤肥力研究基金（Wheatgrowers' Soil Fertility Research Fund），都是由农户自发自愿缴纳税费并成立的。自发成立的科研基金面临的最大问题是"搭便车"现象，也就是那些不缴纳税费的农户一样能受益于研发成果的推广应用。

1936 年澳大利亚开始对羊毛生产企业征收产业税，是第一个由产业发起政府主导征收的强制性产业税。从 1956 年起政府开始对羊毛产业税实施 1∶1 的配套，用于产业的研发活动，政府也组建了一个具有法定性质的顾问委员会致力于管理这些研发资金。进入 20 世纪 80 年代，农业其他产业开始纷纷效仿，这样由农业产业税收和政府配套相结合的科研资金筹集体系逐渐形成。

20 世纪 80 年代，两个重要法案的颁布实施为当今农业科研开发公司管理模式奠定了法律依据。第一个法案是"农业产业研究法案"（Rural Industries Research Act，1985），第二个法案则是"农业产业及能源科研开发法案"（Primary Industries and Energy Research and Development Act，1989）。第一个法案阐明了政府资助农业研究的操作规程，先废除了各产业原有的产业研究委员会（Individual Research Committees），在当时涵盖的 14 个农业产业中分别建立了产业研究理事会（Industry Research Councils），负责科研经费在科研机构的分配，因为科研经费中有一半是来自联邦政府，各产业理事会有义务向联邦政府汇报政府配套资金的使用情况。该法案还就各农业产业研发资金的使用范围做出了统一规定。第二个法案的提出，起因于人民对农业研发经费使用管理产生质疑。这些质疑包括各研究理事会之间缺乏协调，研发经费使用决策过程不够透明。当时政府也认为，作为产业理事会不仅需要继续加强与所服务产业联系，还要确保自身在商业化运营中的生存活力。

农业研发公司的创新还表现在废止旧产业公司并适应产业发展需求成立新公司。废止的旧研发公司包括能源研发公司（Energy RDC），水土资源研发公司（Land and Water Australia），烟草研发公司（Tobacco RDC）；新成立的公司如澳大利亚蛋禽公司（Australian Egg Corporation）。农业研发公司的创新还表现在，根据产业发展需求将一些具有法定性质的产业公司转换为产业自有公司，现有自有产业公司除了澳大利亚蛋禽公司外，都是由法定性质的产业公司转换而成。

联邦政府正考虑消减政府对产业研发资金的配套额度，由原来的1∶1配套降至1∶0.5配套。联邦政府配套资金额度的变化，必将引发新一轮产业研发体系调整和进一步创新。

二、农业技术推广体系调整

澳大利亚农业技术推广体系在近二三十年发生的变化，或许还不能算得上创新，因为很多国家在农业技术推广方面的改革已经走在了前列。比如新西兰在农业技术推广方面的改革，要先于澳大利亚很多年，因此我们这里仅称之为农业技术推广体系的调整。

澳大利亚与很多欧美国家一样，在过去很长时间里其农业研发成果都是通过政府组建的农业技术推广网络来完成，但是从20世纪90年代开始，澳大利亚农业在国民经济中的地位逐渐降低，相应地国家对农业发展政策进行了大幅调整，最为突出的方面则表现在政府农业财政预算相对减少，迫使澳大利亚州级政府逐步关闭一些一直以来都是其资助的、遍布农村地区的农业技术推广站点，相应地原来便捷免费的农业技术推广服务也就几乎不再存在。政府退出农业技术推广的理论依据是农业生产是商业生产活动，而商业活动则应靠市场规律调节，农业技术推广服务则相应地转变为谁受益则由谁来付费，而政府也不应该再为农业技术推广来买单。

伴随着州级政府在农业技术推广领域的逐步退出，一些私营农业咨询公司应运而生，这些咨询公司的出现，是对原州级农业技术推广服务功能的补充。当前，政府还没有完全退出农业技术推广领域，但是以前针对农民一对一的服务被以农民群体为对象的服务所代替。政府还设立了专门的基金，用于激励农民参与以提高技术技能为目的的短期培训。与此同时，农业生产资料供应商，也加强了农产品推销队伍的建设，在客观上也起到了农业技术推广的作用。但是很多专业人士对政府完全退出农业技术推广领域深感担忧，主要基于私营咨询公司主要是以营利为目的，当所推广的技术只具有社会公共效益时，比如针对生态环境保护领域的技术，则私营咨询公司参与推广的积极性并不高，存在市场失灵现象。

总之，澳大利亚农业技术推广体系正处于一个变革的过程之中，旧的推广体系还没有完全消失，新的多元化的农业技术推广模式也还没有最终成熟。值得注意的是现代信息、通讯技术在澳大利亚的农业生产中已经得到广泛应用，其在农业技术推广中的作用日趋重要，在强大信息技术支撑下农业技术推广模式也正悄悄发生变革。

第六节　澳大利亚国家级联合研究中心

澳大利亚联合研究中心（CRC）项目始于 1990 年，联合研究中心的建立是以解决困扰产业发展重大问题为目标，以多个研究单位通力合作为途径，建立的国家级联合研究机构。联合研究中心可以看成是澳大利亚的重大科研项目，因其着眼于通过开展中长期（10～15 年）的联合科研来解决各产业中面临的重大挑战。在众多联合研究中心中，有不少是针对农业问题而设立的，也有与农业密切相关的。联合研究中心的监管部门为澳大利亚联邦政府的产业部（Department of Industries）。

一、与农业有关的农业联合研究中心

2012 年 CRC 的年度报告中显示，在当时的 44 个联合研究中心中，

有11个运行联合研究中心与农业有关。在2014年运营的联合研究中心为仅为36个，其中与农业相关的有8个。

这8个联合研究中心分别是：

澳大利亚海鲜食品联合研究中心（Australian Seafood CRC）

猪肉产业联合研究中心（CRC for An Internationally Competitive Pork Industry）

林业联合研究中心（CRC for Forestry）

国家植物生物安全联合研究中心（CRC for National Plant Biosecurity）

绵羊产业联合研究中心（CRC for Sheep Industry Innovation）

乳业联合研究中心（Dairy Futures CRC）

入侵动物联合研究中心（Invasive Animals CRC）

禽业联合研究中心（Poultry CRC）

二、联合研究中心的主要特色

联合研究中心强调解决产业重大需求，强调科研人员、产业和社区密切合作。也就是说研究中心建立之初，就充分考虑了如何将科学研究成果直接应用于产业。所以任何研究中心的成立都要求至少一个澳大利亚的产业终端用户参与，但对产业终端用户的要求并不高，产业终端客户可以是私营企业、政府机构甚至社区都可以；也必须有一个教育单位参与，或大学或附属于大学的研究单位。这说明了联合研究中心在强调科研的同时，也同样重视科研成果的最终应用，可以说农业联合研究中心是科研活动与成果推广应用的有机结合体。

联合研究中心还强调其教育功能，强调在联合研究中心的项目中要至少有一个针对终端客户的教育项目，用以培养具有产业实践经验的科研创新人才，因此，每个联合研究中心都在预算上设立奖学金以培养产业需要的硕士或博士研究生。

联合研究中心的运营具有一定的期限，首次建立时通常设定为5～7年，根据绩效和产业需求可延长至10年，原则上最长不超过15年。

因此，很多旧的研究中心已经被撤销，新的研究中心不断成立。2012—2014 年撤销的农业研究领域的联合研究中心包括：棉花产区联合研究中心（Cotton Catchment Communities CRC）、肉牛产业基因工程联合研究中心（CRC for Beef Genetic Technologies）、未来农场联合研究中心（Future Farm Industries）。

第七节　中澳农业科研合作

从 1984 年开始，中国和澳大利亚两国就签署了农业合作协定，签署该协定的主要目的是增强两国在农业领域的广泛合作，发展农业双边贸易，通过农业合作论坛开展农业科学信息交流，基于该协定双方还资助农业科研人员互访。从 2013 年 4 月起，中澳农业科研合作领域进一步扩大，新的澳中农业合作协定（Australia-China Agricultural Cooperation Agreement Programme）为农业科研合作掀开了新的篇章。

中澳农业科研合作项目资助有利于促进双边农业科研合作，促进中澳双边农业贸易和中澳农业科研信息交流。目前澳大利亚方面重点资助的研究领域涉及食品安全、动物饲养、可持续农业生产技术、农业联合投资研究以及农产品贸易研究。

第八节　澳大利亚科研开发推广体系对我国的启示

毫无疑问澳大利亚农业产业的成功，其农业科研开发与推广体系提供了重要的动力。在清醒认识到中国与澳大利亚两国国情迥异的情况下，澳大利亚农业科研开发体系的高效运营，仍能为我们国家农业科研开发与技术推广改革与创新提供新的思路。

（一）以政府为主导，整合农业科研资源

澳大利亚的农业科研机构主要包括，联邦科学与工业研究组织、大学、政府农业科研部门和私营农业公司。这些农业研发机构除了私营公司外，从农业科研资金来源衡量，澳大利亚的政府仍是农业研发最主要的资助者。由于农业企业多为中小型企业，企业本身没有能力从事相关领域的农业科研，因此，政府在可预见的未来将仍是农业科研投资的主体。由澳大利亚政府资助的农业科研机构属于不同的独立系统，其管理体制也存在很大差异，这在一定程度上不可避免地发生重复投资，研发资金利用效率不高的现象，多年的农业科研开发实践也充分证明了这一点。为此澳大利亚政府就农业科研机构进行进一步改革，在科研基础设施投资，科研项目立项等方面倾向于多组织合作。

（二）农业科研开发公司运作扩展了农业科研经费来源

政府组建农业科研开发公司负责科研开发管理工作，基于农业产业税收实现1∶1配套科研经费，大幅度扩展了农业科研开发经费来源。澳大利亚能够有效增加农业产业税收，是与澳大利亚农业企业的规模以及主要农产品面向国际市场密不可分的。澳大利亚不断实现农业科研开发资金绝对量增加，归功于充分调动社会力量对农业科研及推广做出贡献，其推动科研成果尽快商业化的做法，非常值得我们借鉴。

（三）科研立项重视与终端用户衔接

澳大利亚的很多农业科研项目，在项目设计之初就将有一定数量的终端用户参与作为最基本的资助条件。这样就将科研成果与其大范围实际应用的距离最大限度地缩小了。

（四）利用多渠道进行农业技术推广

在过去很长的一段时间内，农业技术推广是依靠分布在全国各地的农业推广技术网络，由政府资助的农业技术推广员遍布各农区。后来随着政府在农业领域投资的相对紧缩，农业技术推广体系也发展成为当前依靠信息技术、农业专业组织、农业咨询公司、商业公司等多渠道并存的复合农业技术推广系统。

（五）重视农业资源可持续利用和农业可持续发展

澳大利亚从政府到农民，总体上非常重视农业资源和环境保护。总体农民环境意识已经达到了很高的水平，这样一来政府关于资源和环境的管理规定能非常及时有效地得到贯彻执行。比如土地资源作为最重要的农业资源，农民非常重视土地资源保护，很大一方面的原因在于澳大利亚土地资源属于私有，土地资源的质量直接决定土地的价值，而任何一个农场主保护属于自己的土地资源，就等同于保护自己的财富。相对而言在中国，总体农民环境意识还没有发展到应有的高度。以适当的方式有效开展农民环境意识教育，是保障农业资源可持续利用和农业可持续发展的重要前提。

（六）提高农业生产效率是农业研发的核心之一

澳大利亚农业科研的核心目标之一就是提高农业生产效率，也就是通过提高农业资源利用率，实现减少农业资源利用，生产出价值更高的农产品。为此，澳大利亚的农业研发重视育种技术、农业机械化、信息化、管理高效标准化等多方面，并不断加大对农业的科研投入和开发，加快农业科研成果的推广和应用。

（七）建设农业科研开发软环境

科研软环境建设是国际科研合作最基本的条件，国际知名的农业研发公司很多都在澳大利亚设立分支机构，并与澳大利亚本地的科研部门进行密切合作，这与澳大利亚非常完善的知识产权保护软环境密不可分。明晰的知识产权及配套的法律体系，使国际农业科研合作顺畅，实现合作方互利共赢。

为此，我国农业科研体制改革方向，应是政府加大对农业科技的投入，确保基础研究在重要领域的优势，对一般应用性开发研究要大胆推向社会，形成多元化的农业科研推广体系；在健全有关法律、规章的前提下，支持民营企业投资于农业科技领域，参与农业科研成果推广应用实践，提高科研成果转化率和应用率，满足农业发展多样化需求。农业科技创新和科技推广是优化农业结构和提高农产品竞争力的钥匙，也是农业生产效率提高和提高农产品质量的有效途径。

第八章
澳大利亚农业科技进展及趋势

澳大利亚是当今世界范围内农业和农业科技最为发达的国家之一。作为一个农业高度发达的国家，已经拥有世界范围内先进的畜牧业技术、完善的现代农业科技推广体系和灵活多样的农民合作组织，在现代农业发展过程中发挥着重要作用。澳大利亚现代农业特色突出，充分体现在农业新技术的广泛应用及其农业生产的规模化、专业化、自动化、信息化等方面。

澳大利亚农业现代化发展特点主要表现为：一是农场规模化趋势明显。得益于澳大利亚的地广人稀，欧洲移民到澳大利亚开展农业生产之初，所建农场的规模就很大。特别是近二三十年来，很多规模较小的农业企业随着生产成本的急剧攀升，生存受到严峻挑战，很多小型农业企业则将农场变卖或通过收购兼并扩大规模来改善企业生存条件。因此，也就造成了澳大利亚的农场数量越来越少，而单个农场的规模却越来越大的局面。二是农业生产专业化、集约化程度高。澳大利亚农业企业的规模化为其农业生产的专业化提供了条件。农业生产专业化的最大优势在于有助于提高农业生产效率并降低单位生产成本，因此，在澳大利亚的农业企业中，绝大多数大型农业企业以从事专业生产为主。甚至农业生产的一个环节都发展成独立的农业企业，比如澳大利亚的肉牛生产，其中育肥环节衍生了很多专业肉牛育肥企业。澳大利亚农业生产的专业化，也促进了农业生产的集约化，发展成为了闻名的澳大利亚北部、东南部沿海肉牛生产区，澳大利亚东南部的奶牛养殖区，小麦生产带，棉花生产带，热带水果产区和温带水果产区等。三是农业机械化、电气化发展迅速。澳大利亚在20世纪60年代就实现了农业机械化，计算机自动控制技术在农业机械上、畜牧业和乳业生产等方面得到了广泛运用，农用航空和保护性耕作技术普及程度非常高。四是农业信息化程度高。得益于澳大利亚覆盖全国的宽带工程，澳大利亚成为世界上电脑网络普及率最高的国家之一，现今计算机网络已经成为澳大利亚农业企业进行信息获取，生产资料购买和农产品销售的重要渠道（李晓俐，2012）。

第一节　农业科技发展趋势与特点

澳大利亚现代农业发展所取得的成就，一方面得益于其丰富的农业资源禀赋，另一方面则源于广泛的农业科技推广应用。澳大利亚的农业科技发展始终以提高农业生产效率、降低农业生产成本并确保农业可持续发展为整体目标。概括起来，澳大利亚的农业科技发展具有以下特点：

（1）澳大利亚政府重视农业科技发展。澳大利亚的联邦政府和州政府是农业科研投资的主体，充分体现了政府对农业科技发展的重视。农业作为澳大利亚的立国产业，在国民经济的发展历史进程中曾一度发挥主导作用。直到20世纪的前半叶，农业产值仍为国民生产总值的四分之一左右，当时的农产品出口更是占到出口贸易总额的70%～80%。尽管农业产值在国民经济中的比重呈逐渐下降的趋势，当前农业产值仅为国民生产总值的3%左右，但是农产品及服务的出口总价值仍占到国家总出口额的20%左右。而且农业在提供就业，确保国家生态环境保护目标的实施过程中仍具有不可代替的地位。因此政府对农业科研的投资在未来的很长一段时间内都将处于主导地位。

（2）世界一流的农业科研水平。澳大利亚的总体科研水平位于世界前列，半数以上的大学为世界一流大学，也就是我们常说的世界500强大学，这为农业科研开发奠定了良好的条件。澳大利亚的农业科研主体包括国家科研组织，如澳大利亚联邦科学与工业研究组织（CSIRO）、诸多大学、产业联合研究中心（CRC），也包括政府行业管理部门，如各州农业厅下属农业科研单位。同时澳大利亚重视国际合作，特别是与欧美发达农业国的科研合作，很多国际大型的农业科研公司都在澳大利亚建立了研究中心，通常与澳大利亚的大学和科研机构密切合作共同开展农业科学研究。

（3）农业科研项目科研目的明确，注重研发和推广相结合。澳大利亚科研从源头就重视农业科研成果的推广应用，因此很多农业科研课题的立项一个基本条件就是需要有一定数量的终端用户参与，确保科研目的明确、科研成果实用。澳大利亚政府部门非常注重科研、教育培训、推广、产业化的整体协调和商业实用性，实行与企业、外贸、个体农场联合开发一体化科技发展战略。

（4）科研项目的纵深配置比例较为科学合理。通过基础研究、高新技术研究和应用研究的有机结合，充分保证了科研上、中、下游生产技术的配套性和连贯性，因此，其研究开发成果的市场针对性相对较强，科技成果实际转化率较高。

（5）积极进行农业技术推广体系创新。澳大利亚还曾建立分布在全国农业区的技术推广体系，在其农业发展的鼎盛时期，澳大利亚政府构建了分布在全国各个农区的技术推广服务网络，针对当地农业企业提供技术推广服务，同时也提供免费的农业技术指导。近年来由于农业产业对各类农业服务需求的多样化，加上政府财政政策的紧缩，由政府资助的技术推广网络逐渐减少。而为农业提供有偿技术服务的私营农业服务公司却逐渐增多。这些私营农业技术服务公司在从业实践中发挥越来越重要的农业技术推广作用。另外，国际大型农业科研公司，为推销自己的产品也通常组建自己的产品销售队伍，虽然推销员的主要目的是推销产品，实际上也扮演了农业技术推广员的角色。

第二节　农业科研重点领域

充分认识到农业科技发展、农业科研成果在实践中的推广应用是农业发展的基石，澳大利亚联邦农业部确定了国家农业科研开发的优先领域（Australian Rural Research and Development Priorities），这些优先发展领域充分体现农业科研的重点，它包括了农业 5 个大方面：

（1）农业生产效率和农业企业增加利润：在提高农业生产效率的过程中要平衡兼顾传统农业产业和新兴农业产业。

（2）农产品供应链和市场：做到充分认识了解国际、国内市场对农产品需求的变化，确保信息在农产品供应链中的畅通，供应链的范围包括农产品从生产到消费间所涉及的各个环节。

（3）自然资源管理：全面支持并确保农业自然资源的有效管理，确保农业在经济和环境方面都能做到可持续发展。

（4）气候波动与全球气候变化：全面建设农业生态系统，增强其适应和抵御气候波动与全球气候变化的能力。

（5）生物安全：确保澳大利亚的社区、农业和环境免受生物安全的威胁。

为推进这五个优先研究领域发展以提供技术支撑，政府一方面着手加大科技人员创新技能培训力度，提高从业人员的科研水平以及对科研成果进行推广应用的能力；另一方面，进一步加强农业新技术开发，以及加大现有技术在农业产业中的推广应用。

随后，联邦政府根据所确定的农业科研开发的优先领域和所掌握的国内外农业资讯进一步制定了农业科研开发战略投资规划（National Strategic Rural R&D Investment Plan），同时也针对国家的重要农业产业制定了国家农业产业科研、开发和推广框架［the National Primary Industries Research，Development and Extension（RD&E）Framework］，具体指导全国范围的农业科研开发活动。

澳大利亚的国家农业产业科研、开发和推广框架于 2009 年由当时的农业产业部长理事会（the Primary Industries Ministerial Council）联合州和地区政府、农业研发公司、澳大利亚联邦科学与工业研究组织和若干大学共同制定，构成该框架的是多个专属农业行业和跨行业农业产业的科研开发与技术推广战略。制定该框架的主要目的在于确保国家在农业科研、开发与推广体系的投资实现持续创新，实现澳大利亚农业的生产效率持续提高和农业可持续发展。就澳大利亚全国而言，每年直接用于农业科研开发和技术推广的资金大约为16亿澳元，实现这些资金的高效利用意味着既要做到突出行业特色，同时又要兼顾不同行业的合作需求。目前制定了14个专属农业行业战略，这些行业包括肉牛、棉花、奶牛、渔业和水产养殖、林业、谷类作物、园林业、家禽养殖、养猪、羊肉、蔗糖、葡萄酒、羊毛以及新兴农业行业。另外还有8个跨行业战略，包括动物福利、生物柴油与生物农业、全球气候变化、农业用水、动物生物安全、食品和营养、植物生物安全和土壤。

农业科研开发需要资金投入，农业科研开发战略投资规划则为农业科研资金的投入领域指明了方向。现行的农业科研开发战略投资规划是由澳大利政府于2011年制定完成的，制定该计划的目的在于对澳大利亚农业科研开发与成果推广投资给予宏观指导，特别是在平衡面向传统和新兴农业产业科研开发投资方面发挥调节作用。为制定该投资战略规划，联邦政府专门于2009年成立了农业科研与开发理事会（Rural Research and Development Council）来协调这项工作。农业科研与开发理事会在对当时的科研开发体系进行详细评估基础上，得出的结论是："在未来的几十年里，澳大利亚的农村和农业产业部门将面临包括气候变化、资源环境保护压力、持续增长的食品需求以及提高农业生产效率实现农业可持续发展等多方面挑战。有效地应对这些挑战，澳大利亚的农业科研开发体系势必要进行一系列的调整和改革，以确保整个农业产业链上的企业健康运行。澳大利亚要通过提升自身农业科研开发实力来确保农业健康发展，积极获取并应用世界先进的农业生产技术与管理知识，为世界农业发展贡献科技力量。"

农业科研开发战略投资规划中所制定的科研投资目标包括：

通过农业科研开发与推广体系的运行进一步促进农业发展并增强农业适应环境变化的能力；

通过技术创新实现农业产业链上的企业增值，实现农业产业共担风险并减少对自然资源的利用程度；

将农业自然资源的管理与农业生产有机结合，提高对自然资源的利用效率；

通过模型模拟和情景分析技术，分析、预测并全面认识全球气候变化对农业的影响，在此基础上探索适应气候变化的生产实践，提高农业生产系统抵抗全球气候变化的能力；

通过教育和培训培养农业生产、科研所需的各类人才；

对那些在农业领域做出突出贡献的人才进行奖励；

推进农业社会学研究，开发广谱适用的工具来协助并促进农业从业人员适应农业从业环境的变化，降低由变化所带来的不良影响，并促进农业新技术推广使用；

重视开发优势基因资源农业新技术，培养基于多学科知识的解决各类农村和农业问题并抓住新的发展机遇的能力；

加大跨领域的科研开发合作，比如在与生物能源、生物基产品、食品与营养等领域的合作；

以解决澳大利亚和全球农业共同面临的问题为切入点，扩大与国际先进团体的合作，提升获取国际研究资金、市场和知识的能力。

相应的投资主题包括五个方面，它们是：产业发展、可持续生产、农业科研开发与推广体系的转型、人员培训和增强国际间合作。澳大利亚联邦政府确定这五个投资主题的依据在于：首先，农业产业发展与其科研开发与推广体系的升级转型是相互依存、密不可分的；其次，农业从业人员作为系统中最具有能动性的组成部分，通过对从业人员能力的培训更能够激发他们的积极主动性，提升从业人员科研开发与推广能力是农业科研开发和推广体系建设最有效的途径；然后重视国际合作则涵盖其他所有主题，充分意识到澳大利亚的农业和农村部门面临的许多挑战是全球性的，因此澳大利亚的研究人员必须一如既往地成为国际农业研究网络的积极参与者。

第三节　作物种植及园艺科技进展

一、小麦育种科技进展

小麦是澳大利亚的主要谷类作物，澳大利亚重视对小麦育种。一方面，通过对小麦育种来实现增产、抗疾病以及抵抗自然灾害和环境变化的能力，另一方面，则通过育种来实现不同品质的小麦生产，以适应不同的用途。

1. 澳大利亚小麦育种主要机构及管理体制

在澳大利亚从事小麦育种的机构主要有四个，他们分别是澳大利亚谷类技术有限责任公司（Australian Grain Technologies Pty Ltd）、interGrain 育种有限责任公司（interGrain Pty Ltd）、LongReach 植物繁殖有限责任公司（LongReach Plant Breeders Pty Ltd）和 HRZ 小麦育种有限责任公司（HRZ Wheats Pty Ltd）。

负责资助小麦育种的管理部门为谷类科研开发公司（Grains Research & Development Corporation），它对小麦育种研究的资助始于预育种研究。预育种研究主要是向有实力的科研单位投资，以发现新型的小麦基因和性状为基本目标，重点性状目标包括抗旱、抗霜冻、抗盐碱和抗疾病等，重点针对的疾病包括小麦锈病、冠腐病和线虫病等。在谷类科研开发公司的协调和联系下，那些被发现具有价值的潜在小麦品种则交付育种公司进行繁育。澳大利亚的四个公司通过自由竞争来确定最终由哪个公司来繁育潜在小麦新品种，四个小麦育种公司积极产业竞争，因为公司的收入将主要取决于对市场份额的占有程度，以及所收取的终点使用费（End Point Royalties）。经育种繁育好的种子，则由澳大利亚小麦质量检验公司（Wheat Quality Australia Limited）进行质量评定和分级。分级后在全国不同的地区进行试种，试种工作也是由谷类科研开发公司进行资助，负责试种的机构为澳大利亚新种子试验机构（National variety Trials）。只有试种合格的种子资源才可以销售到农户和企业，育种公司则从终端用户那里获取终点使用费。

2. 澳大利亚育种资源、育种技术及育成品种情况

为了提高澳麦在国际市场上的竞争力，澳大利亚非常重视小麦育种及其基础研究工作，特别是小麦品质的改良。澳大利亚的整个科研体系国际化程度非常高，在农业科研领域也不例外，因此，澳大利亚的育种资源并不局限于国内现有资源。澳大利亚在农业科研领域与欧美国家进行密切合作，基于全球化的农业研发模式决定了澳大利亚的小麦育种资源实质上是非常丰富的，广泛的国际合作与国际贸易使澳大利亚可以获取国际上大多数优质种质资源。一方面澳大利亚的科研院所，在开展农业科研的过程中与国际同行密切合作，另一方面不少跨国种子公司都与澳大利亚的育种机构有密切合作，甚至是持有澳大利亚育种公司的股份。国际种子公司孟山都（Monsanto）、杜邦（DuPont）、先正达（Syngenta）等都与澳大利亚的育种公司有密切的合作。

澳大利亚小麦生产有近两百年的历史，由于相对恶劣的自然条件，迫使澳大利亚在探索小麦育种方面加快了脚步，并取得了非凡的成绩，特别是近二十多年里随着分子生物学技术特别是基因技术领域所取得的突飞猛进的发展及在作物育种方面的广泛应用，澳大利亚小麦育种技术也随之进一步提高。当今的育种，主要是利用现有的分子生物学技术，通过对小麦性状实施分子标记，鉴定并分离具有特质性状的基因，再通过细胞培养、生物工程等技术进行新品种培育，以适应不同地域、不同需求的用户对小麦的种植要求。澳大利亚小麦育种重视三个方面，一是提高小麦品质，包括小麦的营养成分，特别是小麦蛋白的含量；同时也重视小麦淀粉特质，这决定了面粉的用途。二是小麦对环境变化的适应能力，主要注重小麦对抗温度和水分变化的能力。三是小麦抗病虫害的能力，比如抗锈病和根腐病等。

澳大利亚最大的小麦育种公司的网站显示，澳大利亚小麦品种主要包括四个大类。第一类为通用类，此类小麦所生产的面粉可以用于日常生活的多种用途。此类小麦有很多品种，分别试种在不同的地理位置，对农业生态环境的要求，特别是温热的要求有所差异。第二类为除草剂高抗类，这类小麦携带了提高对除草剂抵抗的基因，该类小麦品种为使用除草剂，消除田间各类杂草提供了便利条件，所包含的品种也适用不同的自然环境条件。第三类为多用途类，主要是冬小麦类，冬季可以作为牧草放牧，放牧后仍能保持较高的产量。第四类为硬质小麦类，主要用来生产高筋面粉。

3. 育种配套技术

小麦新品种的培养和繁殖主要涉及三个重要阶段。第一个阶段为通过基因组合实现小麦新品种的预期性状，这个阶段通常是在实验室内完成，依托分子生物学与基因工程学以及先进的实验设施为育种基础保障。比如，把小麦的高产性状基因与高品质性状基因组合，也可能将高产性状基因与某种抗病基因组合。第二个阶段是将具有潜力的新品种进行自交种植以确保组合基因能在植物中稳定遗传，也就是最终确保所培育的品种具有稳定的组合遗传性状。第三个阶段至关重要，是将所培养的具有稳定目标性状的种子进行广泛试种，试种需要在不同的环境中进行，并持续观察新品种对环境的适应性以及对各种胁迫因素的抗性。因此试种的全过程都伴有详细的记录，这些数据是对新品种进行系统地评估的依据，为新品种的认证和市场发售做基础。基因技术和分子标记已经成为现代作物育种的核心技术。通过分子生物学标记，优选优良性状基因并进行重组，不仅使作物的品质更加符合生产需求，同时也大幅缩短了育种周期。

随着科技全方位的迅速发展，农作物育种配套技术也进入了自动化和信息化时代，原来主要依靠人工和人力来育种的情形在澳大利亚已经成为历史，自动化设备在作物育种中取得广泛应用。就播种而言，自动化的播种机不仅可以精准、一致地进行作物种植，而且还可以根据不同的品种调整各种种植参数，这不仅确保了种子的准确用量，而且还可以根据具体实验要求将不同品种的种子按所设计的地块布局精准种植，这样一来既保证了试验田中数据获取的精准性，更有利于对种子品质进行评估和优选。现代化大型温室的广泛应用大幅度提高了育种的效率，以往作物育种受制于季节，通常每年只有一次最佳育种季节，而现在自动化智能温室的普及则突破了气候和季节对育种的限制。另外育种过程中用到的分子生物学技术，对环境条件的要求相对苛刻，只有在温室气候条件下才容易成功。智能温室的普及在提高育种效率的同时，也为种子的优选以及胁迫环境因子的实验提供了便利。精准农业技术在谷物育种和生产实践中都得到了广泛的应用，现在由全球定位系统导航的播种机，其精度可将播种误差控制在 2 厘米以内。就灌溉而言，喷灌、滴灌以及覆盖大田的中心枢轴和线性灌溉设备更是非常普及。信息及计算机技术，更是在育种过程中取得广泛应用，因为来自试验田的海量数据数据，涉及成百上千个实验品种、数以千计的试验田，每个品种成百上千次地观测，加上诸多的专业数据库，使数据管理和分析只能依靠计算机科学技术来实现。

4. 加工

从育种基地收获的种子，需要经过一系列的加工处理，才能进行商业出售。种子加工程序通常包括几个基本环节：种子的接收和存储，从育种基地收集种子，测试种子的品质和水分，并根据存储要求进行干燥，以确保种植种子保持最佳生命活力；种子清洁，在此环节去除种子中的杂质，并对种子进行筛选、分级；对种子进行品系和品质认证；对种子进行进一步处理，例如种子包衣和丸化等；包装、销售或存储。整个的加工过程，最大的特色就是机械化、自动化、标准化（Seednet，2015）。与其整体农业发展水平一样，澳大利亚种子加工业也已经完全实现了高度的机械化和自动化。澳大利亚种子的质量控制体系、种子加工标准体系与经济合作与发展组织（OECD）保持一致，因此确保了种子产业的国际化。澳大利亚种子产业的标准化事务，主要由澳大利亚种业管理局（Australian Seeds Authority Ltd）来负责。种子产业的标准化，贯穿种子生产基地的自然环境条件要求、生产流程、田间管理、生产记录、种子加工、种子处理、种子认证、种子的包装及标示等各个环节。澳大利亚种子联合会（Australian Seed Federation）作为澳大利亚的种业产业组织，对种子加工和处理也制定了具体的操作规范。

对种子做进一步技术处理，已经成为当前种业种子加工产业必不可少的环节。与未经处理的种子相比，根据处理方式和处理剂的不同，经处理后的种子具有多方面的优势。例如，可以根据作物种类和不同区域的病虫害防治对象选择适当的杀菌剂、杀虫剂或灭鼠药，通过拌种或浸种处理种子，达到减轻上述防治对象在种子萌发和幼苗生长期间的危害，保证苗齐和增产的目的。当然，也可以根据作物需肥特点与不同地块的肥力状况，利用有机肥、无机肥和微量元素处理种子，具有促进种子萌发和幼苗生长，提高作物产量、改善产品品质、增强幼苗抗性等作用。利用激素或植物生长调制剂处理种子，则有利于促进种子萌发、增加出苗、提高幼苗活力、提高抗性等；利用生物菌剂（如根瘤菌、固氮菌、磷细菌等）处理种子，则可以提高作物的固氮能力和肥料利用率，进而增加作物产量。物理处理也是比较常用的种子处理方法，处理方式包括温度处理、水分处理和电、磁场处理等不同方法。低温处理、变温处理、温汤浸种可消除某些种子的休眠现象，促进种子的萌发，温汤浸种还可杀死种子表面的病菌；干湿处理（即让某些种子吸湿到一定程度后再干燥）可提高种子活力和抗性；用适当强度的电、磁场处理，可以促进种子萌发和幼苗生长，提高种苗活力。

在澳大利亚的种子处理技术主要通过三个途径来实现，第一是拌种（Seed Dressing），这是对种子处理最为普遍的方法，拌种对技术要求不高，因此农民既可以自己来拌种，又可以聘请专业的拌种服务商来代为处理。第二项处理方式为种子包衣（Seed Coating），包衣对技术的要求非常高，因此对种子进行包衣处理通常是专业服务商来完成。第三种处理则是种子丸化（Seed Pelleting），种子丸化是指通过对种子处理，使处理后的种子改变其物理性状以便于播种，种子丸化对技术和设备的要求极高，而且费用也非常高，因此只有专业的商家才能够承担种子丸化处理的任务（Australian Seed Federation，2010）。

5. 借鉴及下一步与中国合作的重点领域

高产、抗病与优质有机地结合在一起一直是小麦育种专家所追求的目标。在澳大利亚，优质是第一位的，只有达到一定品质要求的小麦品种才能推广，当然还应有良好的抗病和丰产性。同时明确不同种植环境对品质的影响，对于合理地发挥品种的潜力是非常重要的，这对于我国小麦品种改良以及品质等级划分有很好的指导意义。

二、葡萄及葡萄酒科技进展

澳大利亚葡萄种植与葡萄酒产业历经200多年的发展，已经从零星的小农场种植发展为举世闻名的葡萄酒产地，澳大利亚葡萄及葡萄酒产业的快速发展得益于其科研成果及其推广应用。目前澳大利亚的葡萄及葡萄酒产业的科研重点领域包括：全球气候变化对葡萄及葡萄酒产业的影响以及如何增强产业对全球气候变化的适应能力；与产业相关的生物安全问题；提高水资源的利用效率；保护土壤；提高葡萄及葡萄酒生产效率；培养行业人才和人力资源积累。

葡萄酒的生产具有农业和文化双重产业特色，在澳大利亚的各葡萄酒产区，不仅有保持传统生产工艺的小作坊，同时也拥有现代化的工业生产加工工厂。与其他农业生产一样，商业化的红酒生产是以现代化的工业生产为基础的。从葡萄种植上，所有葡萄庄园建设无论是规划还是布局，都符合大型机械设备操作基本条件。田间管理，除了在冬季进行必要的剪枝由人工来实现，诸如灌溉、施肥、除草、病虫害防治、葡萄的收获都是依靠高效的机械设备和完善的田间基础设施。就灌溉而言所有的商业基地都采用了高效的滴灌方式，并且对农田回水进行重复利用，在用水配额上政府不断提高用水效率要求，产业组织也从农业可持续发展和环境友好角度出发，不断探索新的节水措施（Wine Australia，2015）。

规模化的葡萄酒生产产生了大量的副产品，包括果梗、皮渣、葡萄籽。对于果梗和皮渣的开发，目前主要限于转化成堆肥和牲畜饲料。而对于葡萄籽的开发则经过精加工和提取生产成了保健品和食品，已成功实现了商业化，目前常见的保健品包括葡萄籽精华和葡萄籽食用油（The Australian Wine Research Institute，2015）。

当前澳大利亚的葡萄及葡萄酒产业的科技发展水平体现在产业的各个环节。从产业布局上，澳大利亚已经形成了著名的葡萄酒产区，并且每个区都有自己的特色。南澳大利亚州是最重要的葡萄酒生产区，其产量基本占到澳大利亚全国的年产量的50%。南澳大利亚拥有全国最为知名的红酒品牌，年龄最长的葡萄藤以及相关的历史遗产。南澳大利亚的地中海型气候，丰富的土壤类型以及洋流的冷却效应使南澳大利亚适合生产多种不同品系和风格的葡萄酒。南澳大利亚的巴罗莎谷（Barossa Valley）、麦克拉伦谷（McLaren Vale）、库纳瓦拉（Coonawarra）和克莱尔谷（Clare Valley）生产高档葡萄酒，而河地地区（Riverland）的种植面积和产量最高，葡萄压榨量占到全州的57%。在新南威尔士州，悉尼市的周边地区葡萄种植历史最悠久，原始种植的葡萄藤于1788年，后经扦插辗转迁徙至其新南威尔士州的其他地区、维多利亚州和南澳大利亚州。新南威尔士州最为著名的葡萄酒产区是猎人谷（Hunter Valley）地区、西南部的中央山脉（Central Ranges）区域、大河地区（Big Rivers）、滨海沿岸（Riverina）产区。维多利亚州在19世纪曾是澳大利亚最主要的葡萄酒产区，目前该州葡萄酒生产量位于澳大利亚的第三位，其中的路斯格兰（Rutherglen）地区、雅拉谷（Yarra Valley）地区具有非常高的声誉。西澳大利亚的葡萄酒产量仅次于维多利亚州，其葡萄酒产地主要分布在首府珀斯周围地区，著名的葡萄酒产区为玛格丽特河（Margaret River）。塔斯马尼亚州则盛产高档起泡酒（Sparking Wine）和白葡萄酒，该州著名的葡萄酒产区为泰玛谷（Tamar Valley）。

与其他产业联袂协同发展，葡萄酒产业作为食品产业的重要组成部分，其他产业，特别是旅游业和餐饮业的发达程度对葡萄酒的消费具有重要的影响。也正是基于这个原因，澳大利亚葡萄酒产业组织与政府密切合作，开展了拉动国内红酒消费和增强出口贸易的营销活动。在澳大利亚国内主要葡萄酒产区都常年举行免费品酒活动，以增强消费者对产品的认知，培养葡萄酒消费文化。而且把品酒和酒庄的一系列活动作为葡萄酒产区最为主要的旅游产品进行推介，通过旅游业拉动红酒的消费和销售，同时也提高葡萄酒产业的国际影响。政府和产业组织除了进行常规的葡萄酒推销活动，在澳大利亚的主要红酒产区——南澳大利亚州，还将南澳州的首府阿德莱德市授予了澳大利亚的“葡萄酒之都”的称号，以突显红酒在该州的地位，政府还将美食和品酒作为南澳大利亚州主要旅游产品同时向国内和国际市场推介。

三、蔗糖

澳洲的蔗糖业在国际上具有较高的影响，在国际业界以注重产业技术创新和可持续发展而闻名，澳大利亚也是当前世界上的第三大蔗糖出口国，出口量仅次于巴西和泰国（Statista，2015）。澳大利亚的蔗糖生产主要集中在东海岸的平原和河谷地带，这些地区天然降雨丰沛，便于灌溉。昆士兰州的蔗糖产量占到澳洲的95%，而新南威尔士州的产量占到5%，前者主要生产未经加工的原糖（Raw Sugar）出口国际市场，而后者生产的蔗糖则主要供应国内市场，因此会根据不同的用途对蔗糖进行深加工。

澳大利亚蔗糖业的发展受益于多年来的持续科技与实践创新。一方面，澳大利亚政府对蔗糖的出口贸易没有补贴，和其他农业产业一样，蔗糖产业参与国际贸易竞争靠的提高生产效率和产品质量，因此不断地科技创新是唯一的出路。另一方面，随着自然资源保护的意识以及可持续发展观的逐步深入人心，政府对农业生产企业的资源利用效率正逐步提高标准要求。

澳大利亚蔗糖产业的科技创新体现在蔗糖生产机械化程度逐步提高，生态环境友好的生产实践，以及农业生产的多样化等方面。

机械化程度高是澳大利亚蔗糖生产的特色，这与澳大利亚劳动力短缺有一定关系，机械化的高效率能大幅度节约劳动力成本。蔗糖生产的重要环节，包括种植、田间管理到甘蔗收获，直至运输到蔗糖加工厂都依靠大型的自动化机械。为满足机械化操作对田间条件的要求，政府和产业组织不断制定和更新“最佳农业生产实践的技术指南”，从农田布局、甘蔗种植密度、田间管理等各个方面加以规范化（Schroeder，Panitz，et al，2009）。甘蔗的收割到压榨加工环节要求很高的时效性，从甘蔗收割到完成压榨期间的时间越短，产糖率和质量就越高。为了提高从甘蔗收割到压榨过程的生产效率，澳大利亚的整个蔗糖产业从1979年起全部实现了机械化甘蔗收获，而且随着机械设备的逐年升级，生产效率也在进一步提高（Canegrowers，2015）。与收获效率的提高相匹配，蔗糖生产区既有专门的铁路运输专线也有完善的陆路交通网络。

与其他农业产业相比，澳大利亚蔗糖产业所面临的最大挑战是如何降低对资源环境的影响。澳大利亚的主要蔗糖生产区与举世闻名的世界自然遗产“大堡礁”毗邻，独特的生态系统对蔗糖生产在生态环境保护方面提出了更高的要求。澳大利亚的蔗糖产业在生态环境保护方面取得成就主要包括几个方面。第一，甘蔗种植企业目前广泛采用保护性耕作，实施少耕或免耕，减少甘蔗生产对土壤的扰动。减少耕作次数，意味着减少了大型机械操作对土地的碾压，既保护了土壤结构，又降低了地表径流对土壤的侵蚀。第二，随着精准农业设施的成本逐年降低，地球定位系统逐步成为自动化机械设备的重要组成部分，精准的农业设施使农业企业提高了用水效率并减少了化肥和农药的使用量。第三，在过去二十多年里，很多农业企业从业者自愿参与了化肥使用技术培训，争取减少使用化肥和农药，不仅降低了生产成本，更减小了对生态环境的污染和破坏。第四，鉴于甘蔗生产成本中灌溉占到了六成，因此节约用水成为甘蔗种植企业节约成本的首要任务，目前各农场都对土壤湿度进行定期检测，适时适量进行灌溉，而且还对农田回水和地下水进行检测，已掌握土壤营养成分的运动规律，为合理施肥提供数据基础。第五，加强了农田绿化，特别是加强了河岸带的树木保护，对新开发蔗田进行防护林建设，河岸带的生态建设，减少了土壤侵蚀，增强了对农田面源污染物的缓冲和净化，并为区域动植物种群提供了生态廊道。防护林的建设，还有效控制了灌丛数量，抑制了蔗田杂草，减少了鼠害威胁，因此降低了病虫害的防治成本。

在病虫害防治方面，澳大利亚采取病虫害的综合防治措施，积极探索生态治理。尽管蔗田蟾蜍的引进最终演变成了一场生态灾害，但是这并没有阻碍澳大利亚在生态控制和病虫害的综合防治的积极探索。目前蔗田病虫害的首选药剂为生物制剂。与此同时，产业和科研组织合作，培育新的抗病虫害品种，以及逐步推广更为科学的农田生产实践活动。一个很好的例子就是，自 2006 年甘蔗黑穗病在澳洲出现，蔗糖产业快速应对，设置了疫区，加强了检验和检疫，并很快就开发了高抗病性的新甘蔗品种在甘蔗生产区实现了推广，培育高产、高抗病性新品种的工作在持续进行中（McCarthy，Hough，et al，2014）。

在蔗糖生产副产品的综合利用方面，澳大利亚也取得了非凡的成绩。蔗糖生产的主要副产品包括蔗渣（Bagasse Fiber）和糖蜜（Molasses）。为利用蔗渣，澳大利亚建立蔗渣发电厂，不仅可以实现蔗糖加工厂能源自给，而且还能向国家电网输电。蔗渣还被制成用于园艺和作物生产保护土壤水分的地表覆盖物（Mulch）。糖蜜在工业上被用作工业酒精的原料，在农业上被做成了牲畜的饲料添加剂。澳大利亚非常有名的朗姆酒也是由糖蜜发酵而成，精炼的糖蜜还做成了食品，而且是当地非常受欢迎的日常食品。

四、棉花产业

澳大利亚的棉花产业集中在新南威尔士州和昆士兰州，其中72%的种植面积来自于新南威尔士州，昆士兰州的种植面积占28%。

澳大利亚的棉花产业，不仅在产品质量，而且在产业技术创新、新技术推广使用和资源环境管理等方面都走在产业发展的前列（Fitt，Wilson，et al，2009）。棉花产业的科研重点着眼于提高产品质量和生产效率、推进自然资源的可持续利用和管理，特别重视提高水资源和肥料利用效率，并着力减少温室气体的排放。目前棉花产业从事的科研所涉及的方面包括：提高产量、提高棉花质量、提高灌溉效能和用水效率、提高生产效率促进产业技术创新、河流和水体健康、保护生物多样性（Cotton Australia，2015）。

澳大利亚的棉花产业发展，棉花新品种的成功开发起到的至关重要的作用，当今澳大利亚的棉花品种近乎100%都是经过生物技术改造过的品种，也就是通常所说的转基因棉花，而全球范围内仅有21%的棉花种植面积来自转基因品种。澳大利亚的棉花产业组织以为，完全实现转基因品种不仅降低了对资源环境的影响，而且提高了棉花产业的效益。

澳大利亚从1996年开始种植转基因棉花，是世界上除美国之外最先种植转基因棉花的国家。澳大利亚的棉花产业组织声称，转基因棉花的种植大幅减少了杀虫剂的用量，在过去的十几年里棉花产业杀虫剂的用量减少了80%，甚至有的棉花都实现了免用杀虫剂。相应的，其他经济、社会和环境效应还包括：棉田生态系统中昆虫和野生动物数量增加；减少了农田径流中杀虫剂的含量，客观上起到了减轻土壤和水体污染的作用；减少棉农受农药毒害的风险；减少了劳动力投入并节省了能源；改善了土壤的质量；降低了生产成本；增加了棉花产量；降低了病虫害在棉花生产区的扩散风险。以具体的经济效益数据为例采用转基因品种，给棉花生产者增加的利润平均为180澳元/公顷。澳大利亚的棉花产业组织认为，经过仅20年的转基因棉花生产实践，未发现转基因棉花对生态系统和环境产生不良影响。这也许得益于转入棉花的基因来自土壤有机物。当然转基因棉花在澳大利亚广泛种植之前，其风险已经按照国家规定的程序由相关管理部门组织进行了严格的审核和风险评估。

全程的机械化生产也是澳大利亚棉花生产的特色。在发展中国家，棉花采集通常属于劳动密集型产业。而在澳大利亚，棉花的收获是由棉花收割机来完成的，在棉花成熟后，集中喷洒化学试剂，实现植株落叶，同时促使棉花集中开放。然后由大型的联合收割机作业，棉花收集的过程直接实现打捆并将秸秆粉碎还田。

第四节　畜牧业科技进展

一、肉牛产业科技进展

1. 育种技术、重要品种及管理制度

肉牛生产是澳大利亚的主要农业产业，在澳大利亚主要牧区，其农业自然环境，特别是澳大利亚的北部热带地区相当严酷。培育适合当地生产条件的肉牛品种的重要性对肉牛产业来说不言而喻。澳洲的肉牛生产覆盖干热带、温热带、亚热带和温带等地区，受气候和草场条件等影响，北部（含西澳洲北部、北领地和昆州）和南部（含西澳洲南部、南澳洲、新州、维州和塔州）在土地载畜能力、肉牛存栏数、品种以及销售等方面差异较大。北部土地载畜能力相对低，养殖规模化程度高，存栏量大，多以适应热带气候的印度系肉牛（Bos Indicus）品系为主。南部土地载畜能力强，养殖相对分散，农场规模和存栏量相对小，以欧洲系肉牛（Bos Taurus）为主。澳洲主要肉牛品种欧洲系主要包括安格斯（Angus）、海福特（Hereford）、夏洛来（Charolais）、西门塔尔（Simmental）。印度系肉牛的品种包括：贝尔蒙特红牛（Belmont Red）、婆

罗门（Brahman）、布兰格斯肉牛（Brangus）、布拉福德（Braford）、抗旱王肉牛（Droughtmaster）和圣热特鲁迪斯牛（Santa Gertrudis）。澳大利亚的印度系牛除婆罗门为直接引种自美国外，皆为两系杂交的后代（中国驻布里斯班总领事馆，2013）。

澳洲引进肉牛良种已有100多年历史，澳洲充分利用来自欧洲、亚洲和非洲的多元牛基因库，通过使用基因改良方案和标记技术，扩展肉牛基因库，采用先进的遗传和繁殖技术改进肉牛的生产性状，培育肉牛优良品种。肉牛产业的发展同完善的良种繁育体系密不可分。为加强选育，每个主要肉牛品种都成立了以品种选育提高为主的协会，制定了品种选育计划。协会主要职能是开展遗传评估、进行优良种畜登记、促进种畜的场间交流和出口等。澳大利亚肉牛良种繁育结构比较合理，由核心种公牛站、种牛生产场、扩繁场、商品育肥场几个环节构成。由于肉牛人工授精的难度较大，而且数量众多，一般生产采用自然交配。种公牛一般由种牛生产场和扩繁场培育。为促进种牛培育，协会每年组织赛牛会，评出不同生长阶段的冠军牛，给予奖励，激发生产者开展种牛培育（梅特国际肉类咨询网，2015）。

在肉牛育种技术上，澳大利亚曾专门建立了肉牛联合研究中心，而且是专门利用基因技术对具有特定性状的基因进行标示，并建立数据库，用于肉牛的繁殖过程中进行优选决策。基于基因技术所建立的肉牛的基因评估系统（BREEDPLAN）能够根据肉牛的基因型对个体牛的综合繁殖价值进行估算，其繁殖价值的预测值为估算繁育价值（Estimated Breeding Values，EBVs）。估算繁育价值取决于牛性状的基因型组合，现在农业企业在购进种牛和母牛时，“估算繁育价值”已经成为衡量种牛繁殖能力的重要指标（Breedplan Editor，2015）。相比较而言，农业企业购买优质种牛的成本非常高，不少养殖户依靠人工授精技术来实现种牛繁育。为了提高肉牛的繁殖率，超声检查个体牛的怀孕非常普遍，这样农民可以及时鉴别那些繁育能力不高的母牛，通过及时育肥出售来提高草料利用效率，降低肉牛生产成本。

2. 养殖技术

在澳大利亚的北方肉牛养殖体系，面积小的农场也在几千公顷以上，面积大的则为数十万公顷。因此，肉牛饲养多以在原生植被上进行散养，定期驱车观察供水情况和牛群的健康状况，每年一两次将牛群进行集结。每次对牛群进行集结，都为牛群的具体管理提供条件，比如：对不健康的牛，或者是具有攻击性的个体牛进行剔除、分离牛犊和母牛、对育肥公牛犊进行阉割、移除牛角、防疫、杀除寄生虫、调控牛群数量等一系列的管理活动都在这个时期集中开展。鉴于农场的规模很大，日常农场管理中所采用的交通工具通常为摩托车、汽车或小型飞机。澳大利亚的北部的肉牛养殖企业，为了快速将牛群集结，多借助用直升机来实现。

现代迅猛发展的通讯和网络技术在肉牛生产的管理中也得到了广泛的应用，远程视频监控系统为农业企业定期监控牛群提供了便利，不仅提高了效率也大幅节省了费用。计算机网络的普及还使农业企业非常方便地获取各种信息，计算机网络所带来的便利在澳大利亚的北部肉牛生产体系下体现得尤为明显。

太阳能发电技术在肉牛生产企业中也取得了广泛的应用。澳大利亚的农场因为面积巨大，电力作为日常动力无法普及，因此，以前为牛群供水多采用风力，由风车带动水泵将地下水或河水引入出水管。但是风车动力非常受制于天气状况，而且效率不高，一旦出现故障维修非常困难。太阳能发电尽管也受天气影响，但是它便于操作、管理简单、噪声小等特点，非常受农户的欢迎。太阳能发电还使小型设备和电器的使用成为可能。

澳大利亚的很多肉牛生产企业使用生长激素（Hormonal Growth Promotants，HGPs）促进肉牛的增长速度，大幅度缩短了育肥期。但是使用激素所生产的牛肉，不能通过欧盟的有机认证。不使用生长激素的肉牛增重速度相对慢，但是单价较高，农户可以根据目标市场选择肉牛育肥方式。

为了提高牛肉中脂肪的含量，改善肉质。澳大利亚的肉牛生产企业还有专门的育肥企业。这些企业将一定重量和年龄的肉牛集中饲养，根据供应市场进行为期不等的集中育肥，具体途径是喂食营养成分更高的谷物和其他高蛋白质饲料，经过集中育肥的牛，所产的肉品质较一致，源于日本的“和牛”（Wagyu Cattle）只有经集中育肥，其肉质才能达到优质。

在南方肉牛生产体系中，通过牧草改良，喂食添加剂的方法进行育肥非常普遍。另外围栏轮牧（Cell Grazing）也被认为是提高农场载畜量的重要手段，因为南部农场面积相对小，围栏建设容易实现。围栏的作用，一方面能迫使围栏内的牛进一步消耗围栏内的牧草，提高草料的利用效率；与此同时也为休牧的围栏内牧草提供了更好的再生环境。另一方面，围栏轮牧更便于农场主掌握农场的承载力，可以根据草料调整牛群数量。

澳洲政府成功在全国范围内推广实施了国家畜产业识别系统（National Livestock Identification System，NLIS)，它是基于无线射频辨识（Radio Frequency Identification，RFID）的身份识别系统。通过对每个家畜植入芯片，以芯片对每一个生长环节进行记录，该系统既是肉牛生产质量保证体系，也便于农场对牛群进行管理。NLIS是由澳洲政府委托科技开发公司所开发出来的一套中央资料库（Central Database)，可以用来记录个体牛的移动状况，通过固定在牛身上的标签，以及建构在各个环节的感应器，可以及时全面记录每个个体牛从出生、交易、饲养到屠宰和销售的全部过程。这样一来，无论是发生病疫情还是牛肉产品出现质量问题，管理者可以利用NLIS系统准确及时地找到问题发生的源头，相关部门可以快速掌握信息，并且进行处理。

澳大利亚在肉牛养殖过程中规范生产并保障肉牛的福利，充分体现了人类文明的提高。澳大利亚政府在广泛征求业界意见的基础上已经制定了针对不同用途牛的福利保障标准和指南“The Australian Animal Welfare Standards and Guidelines for Cattle”，该指南已经按照法律程序向农业部提交，等待批准。该标准和指南，详细规定了在牛的整个生命周期各个环节，从业者应该如何保障它们的福利。

3. 疫病防控技术

肉牛的致病因素有很多，这既包括细菌、病毒和真菌，也包括寄生虫感染。肉牛代谢紊乱，乃至营养不良或过剩、营养不均衡等都可以成为肉牛的致病因素（Meat & Livestock Australia Limited，2015）。疫病疫情每年都给肉牛业造成巨大损失。在诸多可能发生的疫病中，对肉牛养殖业造成经济损失最为严重的五种疾病为：牛蜱（Cattle Tick）、病毒性腹泻（Bovine Viral Diarrhoea Virus）、牛蝇（Buffalo Fly）、难产（Dystocia）和新生牛犊不明死亡（Neonatal Calf Mortality of Unknown Cause）。经估算，每年由这五种疾病造成的总损失可高达5.68亿澳元之多（Nason，2015）：

针对肉牛病疫情的控制，主要是积极采取预防措施。澳大利亚政府所辖农业机构密切关注病疫情的动态要求农场主发现疫情必须及时上报政府设立的免费的疫情信息热线（Emergency Animal Disease Watch Hotline）。政府建议农场主采取以下基本措施预防疫情发生（Meat & Livestock Australia Limited，2015）：

熟悉当地牲畜的常发疾病，力求掌握发病规律；

预防为主、治疗为辅；

掌握动物群体在农场的运动规律和路线，这些地点可能存在致病因素；

制定农场病疫情防治计划，谨慎购入新的个体，以免购入个体将病原带入；

建立有效管理、预防性处置、防疫和积极治疗多管齐下的综合防治体系；

增强动物营养供给，增强个体的免疫力；

在经济可行的情况下，尽可能地开展预防接种；

对购入的新个体动物进行隔离、检验，最大限度降低引入新病原的可能性；

在可行的情况下，尽量增加动物群体监控的频率；

发现患病个体，及时治疗和处置；

隔离、检疫，突然死亡、不明原因死亡和意外死亡的动物个体；

遇到任何不明原因的动物健康问题及时向兽医咨询。

4. 加工

澳大利亚对从事牲畜屠宰加工的企业要求十分严格，必须硬件、软件达到要求才获得由政府批准的许可，对屠宰厂的严格审核标准仅仅是澳大利亚食品安全保障体系的一个环节。严格的食品安全保证体系贯穿于牲畜饲养、牲畜交易、运输、屠宰和肉产品的质量等级认证。商业屠宰必须由专业的加工企业屠宰，在澳大利亚大型屠宰企业占主流，其生产标准非常严格，基于自动化的生产线生产效率非常高（Meat & Livestock Australia Limited，2015）。

总体上屠宰厂整套设备多为不锈钢材料，设备材料优良，生产工艺先进，生产自动化程度高。工厂的工人多做些辅助工作，特别是在吊挂、剥皮、分割后部位肉传送、物流配送、副产品加工等环节，自动化应用非常普遍。为保证产品质量，澳大利亚在屠宰场车间环境控制上也非常严格，比如对车间温度、加工用水的水质以及从屠宰到肉产品进入冷库的时间都有详细的规定。澳大利亚对牛肉进行分割，仍属于劳动密集型产业，但是对分割后的肉类产品进行分类、记录等则依靠软件识别系统，按照产品数字标识自动分类，使相同部位肉产品进入同一条传送带，到达包装环节。澳大利亚已经做到了对任何牛肉产品来源的追溯，得益于在产业中推广普及的“国家畜产业识别系统”（Australian Meat，2015）。

5. 借鉴及下一步与中国合作的重点领域

澳大利亚的肉牛养殖业非常发达，在全世界范围内走在产业的前列，特别是在肉牛育种、提高生产效率和管理等很多方面都值得我们学习。澳大利亚肉牛生产全程质量监控体系非常值得我们借鉴，对比而言，我国牛肉生产在质量安全保障方面还面临诸多挑战。另外，澳大利亚的肉牛育种技术也非常值得我们借鉴学习，澳大利亚农业科研部门与产业组织密切合作，在引进新品种的基础上通过杂交培育适合澳大利亚气候特征的品种，并在产业范围内推广，被认为是澳大利亚肉牛产业取得成功的关键因素之一。基因技术也被广泛应用在了肉牛产业中，通过基因标记和筛选，综合繁育抗病、环境适应性强、生长速度快、肉质质量高的肉牛新品种。为了便于技术推广，还将肉牛基因技术所取得的成果集成开发了肉牛的基因评估系统（BREEDPLAN），来估算某个个体的“估算繁育价值”（Estimated Breeding Values，EBVs）。

二、养羊业科技进展

1. 育种技术、重要品种

养羊业曾一度作为澳大利亚农业产业最重要的组成部分，羊毛则是主要农产品，1930—1950年澳大利亚羊毛出口价值占到了澳洲国家出口贸易额的30%。但是随着国际市场羊毛价格的持续走低，澳大利亚的牧羊业规模逐渐萎缩的同时，也朝着羊肉生产为主导的方向转型。尽管养羊业的产业规模减小，但是其所养殖的品种仍以美利奴（Merino）为主，占到总量的75%，另有12%的基于美利奴与边区莱斯特绵羊（Border Leicester）的杂交品种，用于生产高品质的羔羊肉。另有大约9%的基于美利奴的杂交品种用于兼顾生产羊毛和羔羊肉。其余则是以杂交育种为主要目的的英系长毛品系和短毛品系。长毛品系主要包括：边区莱斯特绵羊（Border Leicester）、罗姆尼羊（Romney Marsh）和切维厄特羊（Cheviots）；短毛品系主要包括：无角陶赛特羊（Poll Dorset）、陶赛特有角羊（Dorset Horn）、萨福克羊（Suffolk）、南丘羊（Southdown）和南萨福克羊（South Suffolk）。在整个农业生产实践中，通过将不同品系的绵羊进行杂交以满足市场需要，充分利用子代的杂交优势，目前仍是澳大利亚绵羊繁育的最主要措施。

基因技术业同样应用于绵羊的繁育中，澳大利亚的科研部门基于基因技术所取得的科研成果开发了绵羊繁育能力决策系统（LAMBPLAN）。牧羊养殖企业可以利用决定绵羊繁育能力的综合指标——澳大利亚绵羊繁育值（Australian Sheep Breeding Values，ASBVs）来优选公羊和母羊，通过有针对性地将具有某些特质的基因引入所饲养的群体，来实现对羊群所需特质的改善和提高。目前，决定绵羊生长速度、羊毛质量和产量、繁殖能力、抗体内寄生虫能力、个体体型等特征的基因组都能在该系统中分别体现（Government of Western Australia，2015）。

2. 养殖技术

澳大利亚的养羊业技术先进性综合体现在育种、饲料改良、日常羊群管理和疾病预防等诸多方面。饲料改良体现在牧草品种人工改良、青贮饲料加工和添加羊群饮食中的微量元素含量。尽管澳大利亚的天然牧草资源非常丰富，由于天然牧草的质量通常都有季节变化，仅靠天然牧草仍难以保证羊群的全面营养。澳大利亚的养羊企业通常都会对天然牧草进行改良，通过人工种植营养含量更高的牧草提高羊群的营养水平。州级政府农业厅会在网站上公布改良牧草的技术信息，还会根据本州不同地区的区域特征，推荐适合种植牧草的品种和种植、管理技术。农民合作组织和商业组织也会提供牧草改良信息，并提供相应的技术服务。生产青贮饲料也是非常普遍的提高羊群营养水平的途径，很多谷类和豆科农作物以及种植的牧草都可以做出青贮饲料，需要指出的是，澳大利亚农场在青贮饲料的制作过程中，其收割、粉碎、打捆都是由专业的机械设备在田间完成的，效率非常高。在羊群的饮食中增加微量元素也是行业内普遍采用的增强羊群营养的措施，各种微量元素通常被做成块状供羊舔食或加在羊群的饮水中。

在对羊群的日常管理方面，澳大利亚的农业企业通过完善农场基础设施建设来实现，其目标是实现高效管理同时又节省劳动力投入。这么做的原因也非常简单，那就是农村劳动力短缺，劳动力成本也非常高，况且牧场日常管理不仅仅需要劳动力，更需要有农业生产经验的劳动力，加上澳大利亚劳动者权益保护体系都要求农场主支付雇工工资以外的很多费用，导致农场主最大限度地减少雇工而通过改善基础设施来提高管理效率。牧场建设通常包括围栏和围场建设，围栏建设不仅可以通过轮牧提高牧草利用率，减少羊群对牧草的压力，还便于羊群的管理。围场建设更能体现一个农场的管理水平，因为它是对牲畜进行检查、处理、防疫等一些活动的场所。围场的设计不仅需要对牲畜管理的高效，同时也要保障动物福利，因此行业组织对围场都制定了相应的设计标准。不少现代围场的设计都增设了电子计数、称量和扫描装置，这样农场主只要引导羊群通过围场，就能实时监控羊群的健康和生长状况。比如澳大利亚政府在养羊企业中也开始逐步推行国家畜产业识别系统，当羊群通过围场，安装在围栏上的扫描装置就能精确测定个体羊的生长状况，将信息自动输入数据库。在围场安装超声设备用于检查母羊的受孕情况在澳大利亚养羊业中也非常普遍，相比依靠人工经验判断，超声装置既准确又高效，大幅减少了误判率。另外，澳大利亚的畜牧业还普遍实现了牧场载畜量的预测，政府通过发布预测气象气候数据和决策软件系统，使农场主可以非常简单地计算未来一年的牧草生产状况，并以此来确定载畜量，从而能够采取预防措施来最大限度地规避生产风险。

3. 疫病防控技术

澳大利亚优良的农业生产环境，远离各大陆的地理位置再加上严格的边境检疫，使澳大利亚的畜牧业有幸避免了大规模破坏性的传染病，比如澳大利亚是全球范围内为数不多未发生口蹄疫的国家。澳大利亚的政府农业部门重视疫情预防和控制，不仅建立了疫情上报制度，各州农业厅都根据本州的产业特色制定了非常详细的牲畜防疫计划，在产业中成功推广，因此一些常见的传染病都通过规范的免疫体系成功规避。据统计，澳大利亚养羊业造成经济损失最严重的五种疾病主要包括：新生羔羊死亡、肠胃寄生虫、难产、羔羊断奶病和蝇蛆叮扰。也就是说在澳大利亚的养羊业中造成经济损失最大的五种疾病，只有肠道寄生虫属于传染病类。即使是这样，整个产业针对肠道寄生虫病的预防也尽量减少兽药的用量，以综合预防为主，采取轮牧、与其他牲畜特别是牛混合放牧、适时监控等措施，尽量减少兽药的用量。疾病的综合防治不仅降低防治成本，保障了质量，还避免了寄生虫抗药性的发生。

4. 加工

澳大利亚的牲畜屠宰场和加工厂通常都是综合性的，既可以屠宰加工肉牛也可以屠宰加工羊，因此在产品加工所遵循的质量保障体系上是一致的。澳大利亚牛肉和羊肉都属于红肉生产，所制定的很多规范和标准统一涵盖整个红肉产业，毕竟代替政府管理这两个产业的科研开发公司都是一个，即澳大利亚肉类及畜牧业协会（Meat and Livestock Australia，MLA）。

5. 借鉴及下一步与中国合作的重点领域

澳大利亚养羊业根据市场调节内部产业结构，转羊毛生产为羊肉和羔羊肉生产，通过繁育多功能品种，实现羊肉生产和羊毛生产兼顾，这种产业转型适应市场值得我们学习。当然政府部门在为产业提供服务，特别在疾病预防中疫情上报，规范防疫体系建立，以及利用信息技术为农业企业传播技术信息等方面也值得我们学习和借鉴。

三、奶牛养殖业科技发展

澳大利亚的奶牛养殖业从1980年到现在的三十多年间，在产业结构不断调整的同时实现了生产效率大幅提高。每头牛的年均产奶量从1980年的2 900升发展到2010年的年均5 900升。单位面积牧场的生产力也得以大幅度提高，在澳大利亚的主要奶牛养殖区维多利亚州，其1980年的平均每公顷牧场的年产奶量为2 878升，而到了2010年则达到了年平均产奶量8 419升。

1. 澳大利亚的奶牛品种

在澳大利亚的主导品种是荷斯坦奶牛（Holstein），占到总数的大约65%。其他重要的品种包括娟姗牛（Jersey）、荷斯坦奶牛与娟姗牛的杂交品种、瑞士褐牛（Brown Swiss）、爱尔夏牛（Ayrshire）以及澳大利亚的本地牛澳大利亚红牛（Australian Red）和伊拉瓦拉牛（Illawarra）。

2. 澳大利亚的奶牛养殖技术

澳大利亚的奶牛养殖业所取得的成绩主要基于产业的科技进步。奶牛产业科技进步主要体现在三个领域：一是奶牛品种改良，澳大利亚奶牛产业对奶牛的品种改良包括利用基因技术筛选优质品种，也包括从全球范围内引入良种通过人工授精技术改善奶牛种群基因构成，通过改善奶牛品种来实现提高饲料转化成牛奶的效率。二是牧草改良，通过种植更富有营养的牧草来提高牧场的载畜能力。与其他畜牧业相比，奶牛养殖对牧草质量的供给保障的要求更高，因此澳大利亚的农场主还会定期监测农场牧草状况，以全面了解牧草长势和牧草存量，为轮牧和饲料储备做准备。三是通过添加饲料来提高奶牛的营养水平，通过生产青贮饲料，在奶牛的饲料结构中增加高蛋白的谷类、豆类、棉花籽、蔗糖渣等提高奶牛的营养水平。

具体到技术层面上，新技术在澳大利亚的奶牛业中得到了广泛使用，比如：在牧草管理环节广泛采用电子草量测度计（Electronic Pasture Meters）测度牧草生长速度和存量。在牲畜管理环节利用配置在奶牛项圈的电子识别系统，配合传感器可以对个体牛的健康状况进行检测，监测指标包括日常活动量、体重和血液变化，产奶量以及个体牛的瘤胃参数。这种自动检测装置不仅有助于疾病预防和繁育，而且还能根据奶牛个体特征科学实现饲料精准供给，从而减少饲料浪费，节约生产成本。在牛奶收集环节，全自动的挤奶机器人在无人参与的情况下自动完成奶牛集合，并实现奶牛局部清洗、挤奶、消毒等各个环节。更重要的是还能及时测定牛奶质量，对质量异常的牛奶会导入单独的收集，而不是混入正常的牛奶收集罐。不仅保证了奶产品质量，还有利于农场主及时对个体牛进行处理。

3. 奶制品的加工

澳大利亚的奶牛数量大约为174万头，年产奶量为97.31亿升，其中31%用于加工奶酪，27%用于加工脱脂奶粉，25%为饮用奶，8%用于加工全脂奶粉，其余的9%为其他用途。澳大利亚的奶制品加工企业既有家庭企业也有大型的跨国公司，还有奶制品合作社。从加工量上衡量，绝大多数奶制品经由大型的奶制品公司，一度在澳大利亚的牛奶加工企业中占主导地位的穆雷古尔合作社，其市场占有份额仍占到全国奶制品加工量的37%。来自新西兰、日本和法国的跨国奶制品加工公司，在澳大利亚的奶制品加工中也占有很大的份额。大型的加工企业和跨国公司在澳大利亚奶制品加工中占有主导地位，它们之间的竞争促进了奶业加工效率的提高和技术创新。大型公司主导澳大利亚奶制品加工业也更有利于贯彻执行国际化的质量标准体系。

第五节 渔业科技进展状况

澳大利亚四周被漫长的海岸线包围，使澳大利亚拥有世界第三大海洋专属经济区，海洋专属经济区的面积达 1 000 万平方公里，广阔的海洋面积为澳大利亚海洋渔业提供了得天独厚的条件。以渔业产值衡量，60%多的渔业收入来自天然捕捞，只有不到 40%收入是来自渔业养殖。

在天然渔业捕捞方面，澳大利亚的科技发展充分体现在对渔业资源的管理。澳大利亚的渔业企业不是追求产量最大化，而是在确保渔业资源可持续发展的基础上确保效益。澳大利亚渔业管理局（Australian Fisheries Management Authority）根据科研与资源调查，对可捕捞的鱼类品种给出具体的规定，并确定可捕捞的年度配额，这些配额再分配给全国的渔业企业。重要的是，澳大利亚政府重视对渔业配额使用的管理，每个月都要求渔业企业将使用捕捞配额向政府汇报，这样政府能及时了解渔业资源的利用情况，并将年度捕捞配额剩余量按鱼类品种及时公布在网站上。和其他国家一样，澳大利亚政府也制定季节性休渔期并对商业捕捞使用的渔具有明确的技术规定，渔政管理部门对违反规定的处罚极为严厉。澳大利亚的商业捕鱼通常集中在据海岸 3 海里以外的海域。而娱乐性捕鱼则主要集中在 0～3 海里之内，各州政府对辖区内的娱乐性捕鱼按鱼类品种规定了具体的尺寸，以及每人每天所允许的最大捕获量，并形成了民众积极监督和行政执法协同保护渔业资源的传统文化。娱乐性渔业在澳大利亚极具规模，也组建了不同的钓鱼协会，协会不仅担任管理娱乐性渔业的角色，同时还及时为政府提供捕获信息，供政府了解渔业资源状况。尽管澳大利亚政府规定了许多可以商业捕捞的鱼类品种，但从最近几年内政府公布的渔业捕捞情况看，商业渔业只是集中在那些价值高的鱼类品种，包括三文鱼、龙虾、海虾、鲍鱼和金枪鱼，这五类鱼占到渔业捕捞产值的 63%，很多鱼类品种几乎没有渔业企业去专门捕捞，最终年度配额使用为零。澳大利亚捕获量最多的鱼种为沙丁鱼，绝大多数被做成了饲料用于水产养殖。政府组织科研部门从事科研减少附带捕获，从渔具的结构和作业方式上进行改进，近些年附带捕获量降低了一半以上。

澳大利亚的水产养殖也是主要集中在附加值高的几个鱼类品种上，分别为三文鱼、金枪鱼、虾、食用牡蛎和珍珠牡蛎。三文鱼和金枪鱼的养殖方式为基于海洋的巨型网箱，其中以三文鱼的产值最高，占到了渔业养殖业的40%多。澳大利亚的三文鱼养殖技术非常成熟，目前饲料以鱼粉和添加剂的颗粒饲料为主，产业科研方向正着力研究如何用植物和动物蛋白代替以鱼粉为主的饲料。金枪鱼的养殖主要是对捕获的未成年鱼进行网箱人工饲养，而金枪鱼科研重点则是繁育，政府投巨资探索蓝鳍金枪鱼的繁殖技术，主要是金枪鱼作为洄游鱼类，其资源量在逐年减少，养殖业的发展越来越受制于捕捞野生育苗量。

第六节　农业高新技术

一、农业生物技术

现代生物技术是以生命科学为基础，利用生物（或生物组织、细胞及其他组成部分）的特性和功能，设计、构建具有预期性能的新物质或新品系，以及与工程原理相结合，加工生产产品或提供服务的综合性技术。农业生产本质上是利用各种生物生产人类所需要的食品和原料，现代生物技术在农业中的应用是现代农业生产效率提高，产品质量改善的重要原因之一。

澳大利亚发达的现代农业生产与其现代生物技术应用密不可分，当然一个国家的农业生物技术发展水平由这个国家的整体生物技术水平所决定。在过去的十几年里，澳大利亚的生物技术水平发展迅速，2014年的统计数据表明，澳大利亚拥有88家生物技术上市公司，其总市值为510亿澳元。全球范围内，澳大利亚的生物技术综合发展水平在2013年已经排在全球的第七位。澳大利亚把在生物技术领域取得的进步归结为处于世界领先地位的科研组织以及高度透明、先进的科研管理体系，与国际科研机构的成功合作也是促进了澳大利亚生物技术快速发展的重要因素。

澳大利亚生物技术领域所取得的成就主要集中在科学研究和医学领域，相比较而言生物技术在农业中的应用主要集中在种植业和饲养业。转基因生物技术澳大利亚已经全面应用于其棉花生产，转基因油菜籽生产已经占了相当大的比重，近期澳大利亚政府又批准了转基因玫瑰花的商业种植，主要用于生产不同颜色的插花。对于非转基因生物技术在农业中的应用，澳大利亚农业部的自我评估结果见表 8-1。

表 8-1 澳大利亚非转基因生物技术在农业中应用的广泛性

技术领域	农业领域应用的广泛性			
	种植和饲养	后勤保障和支持	加工	废物处理
DNA 和 RNA	广泛	有限	有限	有限
蛋白质和生物分子	中级	有限	中级	中级
细胞和组织培养	中级	未见报道	有限	有限
过程生物技术	不适用	有限	有限	中级
亚细胞	有限	有限	未见报道	未见报道

二、农业信息技术

澳大利亚的自然条件并不优越，水资源短缺，极端气候条件发生频繁，但政府以信息化带动农业发展，通过大力发展网络基础设施建设、强化信息资源开发和共享。澳大利亚政府推动信息化建设启动了全国宽带网络建设（National Broadband Network，NBN），统计数据显示，到了 2014 年澳大利亚的企业宽带联网率已高达 99.2%（ABS，2015）。

计算机和宽带网络在澳大利亚农业企业中的普及，已经成为农业企业主获取农业技术和政策信息的重要渠道。首先，澳大利亚的各级政府都有完善的网站运行，政府都会将有关政策、信息和技术性服务文件在网站上公布，供农业企业自由浏览。农业企业与政府之间的各种税费缴纳与企业活动报表都直接通过网络系统来完成，这对于那些远离城镇中心的农业企业而言，其方便程度和在人、财、物力的节省方面几乎是革命性的。其次，农业专业组织除了自己的网站外，还通过电子邮件定期向会员发送通讯，就产业发展中的问题进行通报，或提供有针对性的技术支持。然后，计算机网络还为农业企业进行农产品买卖提供了平台，比如畜牧业开发了网络拍卖平台，可以将牲口在网上进行买卖，这种网络买卖平台非常受农业企业主欢迎，因为相比传统的农业集市买卖能大幅度降低运输成本、并大幅降低交易风险。

基于计算机网络，澳大利亚的科研部门还进一步将农业信息进行综合处理开发成软件，并开发研制农业智能决策软件系统，以供农业生产实践应用。比如由澳大利亚联邦科学与工业研究组织开发的土地类型信息系统（SoilMapp），该软件可以方便地下载到平板电脑上，农业企业可以随时调取来了解自己农场的土壤类型，用于指导农业生产实践。澳大利亚联邦科学与工业研究组织还开发了作物产量预测模拟系统（Yield Prophet），根据所掌握的农业生产信息资料模拟并预测作物的产量（CSIRO，2015）。利用计算机模型来进行农业生产决策在澳大利亚的农业产业中非常普遍（Climate Kelpie，2015），由澳大利亚多个农业研发公司所共同资助开发的计算机模型决策系统、功能特点见表 8-2。

表 8-2　计算机辅助决策模型系统工具列表

工具名称	适用对象	适用行业	适用区域	工具使用费用
黄曲霉素管理（AfloMan）	黄曲霉素污染	谷类、花生	全澳大利亚	免费
农场效益模拟（APSFarm）	农场效益最大化	谷类种植、肉牛养殖、绵羊养殖、奶牛业、棉花生产	全澳大利亚	免费
模拟工具（APSIM）	模拟工具为其他模型提供数据	谷类作物	全澳大利亚	免费
混合农业系统（AusFarm）	混合农业系统	小麦、油菜籽、肉牛和绵羊养殖	南部澳大利亚温带气候区	按年费收取
澳大利亚牧草（AussieGrass）	牧草产量预测	牧草	澳大利亚所有牧区	免费
大麦诊断工具（Barley Diagnostic Tool）	鉴定大麦生长限制因素	大麦	西澳大利亚州	免费

（续）

工具名称	适用对象	适用行业	适用区域	工具使用费用
生物多样性评价（Biodiversity Condition Toolkit for Grazed Lands）	评价土地健康和生物多样性	牧业	昆士兰州南部	免费
天气预报（CliMate）	地方性短期天气预报	所有农业行业	全澳大利亚	免费
作物病害预测（Crop Disease Forecast）	作物病情预测及相应对策	谷类作物	西澳大利亚和澳大利亚南部谷类种植区	免费
作物管理优化模拟（CropARM）	模拟不同管理方案下的作物产量	谷类、棉花	全澳大利亚	免费
牧草生产系统模拟（DairyMod）	模拟牧草生产系统	肉牛业、牧羊业和奶牛养殖	温带、亚热带和地中海气候区	免费
日均温度（Day Degree Report）	依据日均温度变化预测作物长势	棉花	澳大利亚棉区	免费
花期计算器（Flowering Calculator）	花期预测以及低温和高温风险	谷类作物	西澳大利亚州、部分南澳大利亚州	免费
牧草模拟（GRASP）	牧草模拟模型	肉牛业、牧羊业和奶牛养殖	全澳大利亚	免费
牧草长势（GrassGro）	肉牛、绵羊产期预测、载畜量估算、效益预测	肉牛绵羊基于人工改良牧草的混牧	南部澳大利亚	一次性购买
牧草需求量（GrazFeed）	根据牧业生产系统类型确定牧草需求量	牧业（肉牛和绵羊）	南部澳大利亚的温带和亚热带牧草	一次性购买
降雨与径流（How Often）	降雨概率与径流量计算	谷类作物	全澳大利亚	免费
土壤湿度（How Wet）	土壤湿度	谷类作物	北部澳大利基于黏土系统的谷类作物	免费
灌溉优化（Irrigation Optimiser）	作物用水量	所有作物	澳大利亚灌区	免费
有效花期（Last Effective Flower Tool）	对一个生产季节的有效花期进行计算	棉花	澳大利亚棉区	免费
气象预测（MetAcess）	历史气象数据和未来天气预测	所有作物	全澳大利亚	一次性购买

（续）

工具名称	适用对象	适用行业	适用区域	工具使用费用
氮肥计算器（Nitrogen Fertiliser Calculator）	氮肥需求量计算，产量估算	小麦和高粱	昆士兰州和新南威尔士州北部	免费
氮肥计算器（NitrogenARM）	优化氮肥施用量	小麦和高粱	澳大利亚北部谷物种植区	免费
牧草长势（Pastures from Space）	牧草生产效率，适用于当前和历史数据查询	牧草	温带地区、澳大利亚南部的地中海气候区	免费/订阅费
降雨预测（Rain Forecaster）	降雨概率以及对作物产量的影响	蔗糖业	昆士兰州、新南威尔士州北部	一次性购买
降雨预测（Rainman Stream Flow）	降雨概率	所有农业行业	全澳大利亚	免费
灌溉记录器（Scheduling Irrigation Diary）	记录降雨与灌溉	所有农业行业	昆士兰州的东南部	免费
季节性气候分析（Seasonal Climate Analysis）	分析季节性气候对棉花生长的影响	棉花	澳大利亚棉区	免费
作物产量预测（Seasonal Crop Shire Yield Forecast）	以镇为单位的产量预测	谷类作物	澳大利亚的主要作物种植区	免费
牧草模型（SGS Pasture Model）	牧草	所有农业行业	全澳大利亚	免费
气候在线数据库（SILO）	在线气候数据	所有农业行业	全澳大利亚	部分免费、部分需要支付订阅费
农药施用决策（SprayWise Decisions）	与当地气候相匹配的农药施用计划	棉花、作物、谷类和葡萄种植	全澳大利亚	支付订阅费
氮肥施用决策（Select Your Nitrogen，SYN）	氮需求量	谷类作物	西澳大利亚州	免费
小麦诊断工具（Wheat Diagnostic Tool）	鉴别小麦生长过程中的限制因素	小麦	西澳大利亚	免费
小麦产量限制因素计算器（Wheat Yield Constraint Calculator）	鉴别制约小麦产量的限制因素	小麦	澳大利亚小麦种植区	免费

（续）

工具名称	适用对象	适用行业	适用区域	工具使用费用
氮肥、产量计算器（WhopperCropper）	氮肥需用量、产量	澳大利亚南部小麦、油菜籽生产；澳大利亚北部主要农作物	澳大利亚主要作物区	一次性购买
作物产量与氮肥计算器（Yield and N Calculators）	氮肥需求量和作物产量	谷类与油菜籽	澳大利亚南部的旱作农业	免费
产量预测（Yield Prophet）	产量潜能	小麦、大麦、高粱、油菜籽、燕麦	包括旱作农业和灌区	订阅费

遥感技术与地理信息系统在澳大利亚的农业应用中非常广泛，这是因为遥感技术与地理信息系统是很多数据和信息在空间上集成的平台，它们不仅是很多农业辅助决策系统的基础，也是精准农业重要的技术基础。在表 8－2 中所列出的农业生产辅助决策工具，很多都涉及数据在空间上的分布，很多数据来自于遥感监测，而支持这些数据的技术平台基本上都是靠地理信息系统。遥感已经普遍用于农作物生长动态监测和草场生物量变化，以及农作物估产。澳大利亚的农业生产中使用的很多大型农用机械都安装了全球定位系统导航，用于精准导航或自动化控制。很多农用机械也安装了定位系统，农用机械的定位不仅在水平方向上，也包括垂直方向上，比如蔬菜种植往往需要在农田整理时建立垄沟，农用器械就可以根据需要设定垄的高度，同时利用了水平和垂直定位，而且定位精度可以实现误差不超过 2 厘米。

精准农业也是澳大利亚现代农业发展的方向之一，是信息技术与农业生产全面结合的一种新型农业。精准农业的核心是建立一个完善的农田地理信息系统，综合集成全球定位系统、农田信息采集系统、农田遥感监测系统、农田地理信息系统、农业专家系统、智能化农机具系统、环境监测系统、系统集成、网络化管理系统和培训系统来形成一个现代农业生产系统。精准农业生产依托高效的计算机信息处理、大型农业机械自动控制、遥感与地理信息系统技术支持以及精准的传感器技术和发达的无线网络通讯能力。精准的定位系统是精准农业的重要技术基础，在这方面澳大利亚已经达到了极高的水平，充分体现在各种大型农业设备都安装了定位系统和农业环境信息收集系统上，但是田间变量实施技术（Variable Rate Technology）的应用仍然十分有限。在西澳大利亚州的一项调查显示，尽管农场主都能清楚地意识到农场土地和环境存在差异，而且这种差异影响农场效益，但是大约70%的农场主还是依靠生产经验来判断，相比较而言，采用技术手段来确定这种差异则是通过土壤测试（57%）、利用产量地图（30%）、咨询农业经济师（12%）或利用遥感影像（8%）。正是由于精准农业所涉及的领域广泛，对技术水平和设备条件要求都很高，因此精准农业在澳大利亚的发展总体仅处于早期发展阶段，在基础设施建设上特别是在澳大利亚的广大农村地区，无线数据通讯网络速度还不能满足数据传输和精准定位的需要。相信不久的将来，澳大利亚国家宽带通讯网络将建成并投入使用，特别是无线宽带网络在广大农村地区覆盖范围的不断加大，将会大幅度推动精准农业的发展。在农业生产一线从事生产的农民看来，限制精准农业技术在农业中广泛应用的因素主要还是他们不能熟练地应用这些技术（Mandel，Lawes，et al，2010）。

三、设施农业技术

澳大利亚地广人稀，农业土地资源丰富，其农业生产总体上还是基于大田农业，特别是大宗农作物种植主要还是依靠天然条件，辅以必要的施肥和病虫害防治。设施农业主要集中在有限的农业行业。

温室大棚是澳大利亚种植业最为典型的设施农业，据统计每年由温室大棚生产的蔬菜和花卉产值占到整个蔬菜和花卉业的20%左右，新型现代温室大棚的投资回报率高达20%～25%，因此温室大棚的规模在以平均每年4%～6%速度扩大（Protected Cropping Australia，2015）。

澳大利亚的畜禽养殖业，其设施农业的发展水平体现在若干生产环节。典型的设施农业包括肉牛养殖业中的育肥场，通过将接近出栏的肉牛在人工控制的条件下，按计划供应高营养饲料，以实现提高生长速度、提高肉质或确保肉产品质量的一致性。澳大利亚奶牛养殖业也充分体现设施农业的特征，很多奶牛养殖企业在自动化生产和管理的道路上，都是依靠完善的设施建设。不少企业已经实现了饲料供给、牛群管理的远程控制，包括最为复杂的挤奶都依靠机器人来完成。禽类养殖业无论是肉禽和蛋禽，其生产环境多数是在工厂化的生产环境下进行，尽管这种工厂化的禽类饲养仍然是主要的生产模式，具有很高的生产效率，由于人们对动物福利的日益关注，散养禽类肉蛋产品越来也受到人们的欢迎，且养殖规模不断扩大。

在渔业方面，大型的网箱养殖，比如金枪鱼则是以高密度网箱和人工喂食养殖的，包括渔业饲料也开始逐渐由基于海产鱼类加工饲料，向以植物蛋白为主的陆生合成饲料过渡。澳大利亚设施渔业非常有影响的例子当属尖吻鲈鱼的人工饲养（Barramundi，也称澳洲肺鱼），整个生产过程包括孵化到成品鱼的收获都是人工控制环境下进行的，而且网箱养殖的密度非常高，通常为 30～40 千克/立方米或更高（NSW Department of Primary Industry，2015）。

四、农业机械技术

澳大利亚的农业生产实践普遍实现了机械化。尽管澳大利亚农牧业生产经营总体上比较粗放，但由于机械化水平高，采取合理的经营方式，农牧业生产的效率较高。澳大利亚的小麦、水稻、大麦、燕麦、牧草等作物早在 1970 年左右就实现了生产机械化，至今保持着高度机械化水平。这主要是因为澳大利亚的农产品以出口国际市场为主，农场要提高农产品的国际竞争力，在劳动力本身就短缺的情况下，必须依靠机械化并不断采用新技术来降低生产成本，同时提高生产效率，因此农业生产的各个环节都实现了机械化（陈百明，2006）。以耕作为例，1950 年 1 个劳动力每小时耕作 12 公顷；20 世纪 60 年代末 70 年代初使用 160 马力拖拉机，每小时可耕作 40 公顷；80 年代使用大型农机每小时可耕作 100 公顷，农业机械化程度的提高促进了生产效率的大幅提高（官涛，2008）。近年来对拖拉机的使用量虽没有明显增加，但拖拉机的使用效率却在提高。为了提高拖拉机的使用效率，澳大利亚的拖拉机和牵引农机具正在向大型宽幅、联合作业方向发展，作业机具和项目在向成套发展。发展大马力和高速的拖拉机，通过集成信息综合处理系统发展智能农业机械设备服务精准农业和信息化农业是今后的趋势（王平，2013）。

澳大利亚的农业机械化制造和研发技术方面，澳大利亚和其他国家一样走引进、联合研发和自主创新一体化的路子。澳大利亚作为经济合作与发展组织成员国中农业现代化水平高度发达的国家，国际上很多大的跨国农机公司都在澳大利亚设立了分公司，因此国际上最为先进的农业机械设备都会在澳大利亚率先进行推广。这些国际公司包括：爱科（AGCO）、约翰迪尔（John Deere）、久保田农业机械（Kubota）、凯斯（CaseIH）、兰弟尼（Landpower）等。在新的农业机械设备研发方面，澳大利亚政府和企业也同样重视研发投资，很多澳大利亚的本土农业机械制造企业也发展成为了跨国公司，将农业机械产品推向国际市场。由澳大利亚本土公司发展成的国际公司包括：前进农业机械（Forward Farming）、达肯农机设备（DAKEN Farm Equipment）等。以服务于本地为主的农机生产企业为主，而专长于某一方面的农业专业技术设备的制造商其数量更多。在科研方面，澳大利亚的联邦科学与工业组织、大学、农机制造商等都一直在不断就农业机械的进一步开发和改进开展科学研究。澳大利亚联邦政府发布了《农业竞争力白皮书》，在未来的10几年里投资40多亿澳元以提升澳大利亚农业的营利性，使其更具活力和持续发展能力。其中，技术创新也是投资的重点之一，此举将进一步推动澳大利亚农业机械化水平的提高。

五、育种技术

现代农业生产效率的提高，高质量的种子是关键的环节之一，尽管澳大利亚不是全球范围内种子生产大国，但是澳大利亚在种业发展上拥有技术和资源优势，并建立了完善的种子管理制度。

现代农业育种主要依靠生物技术，而生物技术领域的科研和实践恰恰是澳大利亚的优势领域。作为澳大利亚规模最大农业研究组织的联邦科学与工业研究组织、澳大利亚的诸多大学和很多生物科技公司都积极参与作物和家畜育种的研发。在作物育种方面，生物技术已经广泛应用于谷类作物育种、棉花育种和牲畜的优选与改良。除了依靠自身的生物技术外，澳大利亚的农业科研部门还与国际种业巨头孟山都、杜邦、先正达、拜耳等公司合作。比如转基因棉花种子就是由澳大利亚联邦科学与工业研究组织与孟山都合作而培育的，并将转基因棉花在澳大利亚进行了全面推广。

在种子资源方面，澳大利亚建立了不同农业作物基因库，比如位于维多利亚州的谷类作物基因库，它是全球战略基因库的重要组成部分，收录了来自全球的三亿多粒种子资源，是全球最大的温带作物基因库。在新南威尔士州的塔姆沃思（Tamworth，NSW）基因库，收集了澳大利亚的冬季谷类作物，主要包括小麦、大麦和燕麦品种。而在昆士兰州建有热带作物和牧草基因库，在南澳大利亚则建有全球最大的十字花科和温带牧草基因库，在西澳大利亚建有全球最大的“地三叶”基因库，在首都堪培拉则建立了本土植物基因库（Cawood，2010）。澳大利亚丰富的植物基因资源，为其未来种业发展奠定了坚实的基础。在农业畜禽品种方面，澳大利亚也有很大的资源优势，多年的农业生产实践通过引进和自主培育相结合的方式，已经培育出了适应不同气候条件的畜禽品种，尤其是在肉牛品种、绵羊品种和奶牛品种方面非常具有优势。

澳大利亚还具有非常先进的种业管理制度。首先是政府重视种业的科研投资，因此澳大利亚种业研发的资金非常充足。澳大利亚的种业基础科学研究资金主要包括两个来源：一是从农场主处收取的终点使用费(End Point Royalty，EPR)，二是政府根据各类的终点使用费数量提供的配套科研资金。向农场主征收终点使用费的理由是，农场主是基础科学研究和育种新品种研发的受益者，因此需要支付费用。农场主要想使用受到法案保护的种子品种，就需要签署合同，承诺在收获后申报作物生长的详细资料，并为出售、转让、交换或存留的粮食按吨支付使用费，也就是支付终点使用费。为了确保终点使用费收取及时、足额，收购粮食的公司向农场主支付购粮款时，会直接根据政府授权把终点使用费扣除下来，并通过固有机制转交政府和有关企业。

也正是由于实施终点使用费制度，再加上政府通过各农业研发公司投资种业研发，确保了种业研发单位能够得到合理经济回报，促进了种业研发工作的良性循环。其次，澳大利亚由独立机构对种子质量进行认证和检验。在澳大利亚，种子产业的最高政府管理部门为澳大利亚种子管理局（Australian Seeds Authority Ltd），种子管理局本身采取公司运行模式，是由联邦农业部授权的独立、非营利机构，主要负责澳大利亚种子的认证、检测和对种业从业人员的技术培训。澳大利亚是经合组织种子计划（Seed Scheme）的签约方，同时也是国际种子检验协会（ISTA）授权的具有认证资格的成员。澳大利亚种子管理局既可以按照经合组织的标准体系对种子进行认证，也可以按照本国的标准体系进行认证，按前者认证的种子主要是出口国际市场，而按后者认证的种子则是供应国内市场。不管是按经合组织的标准还是澳大利亚的标准来对种子进行认证，对质量的要求都是一样严格，之所以采用不同的认证体系是因为经合组织所认证的种子品种并不包含澳大利亚所能认证的种子。澳大利亚种子管理局对种子的检验也非常严格，在检验制度设立方面，澳大利亚政府是在基本遵循国际标准的基础上增加本国的需要。澳大利亚为用于本国和出口的种子制定了一套连贯的、全国适用的制度。该制度适用于澳大利亚所有的种子生产商，不管它们在哪个州运营。另外，种子生产商还必须保证遵守州、领地和联邦层面的所有其他相关法律。澳大利亚不仅对新品种种子进行检测，而且现有种子每隔 6 个月也会根据法律规定被要求重新检测一次。这种作法的目的是确保出售的种子质量。除此之外，法律保障育种公司利益。澳大利亚的《植物育种人权利法案》（PBR Act，1994）对育种公司给予了知识产权保护。育种公司可以向位于堪培拉的植物育种人权利办公室登记注册自己培育的新植物品种。注册后，意味着澳大利亚政府公开承认并授予育种公司这个品种新种子的所有权，育种公司享有营销该品种的排他性权利。法律禁止未经品种所有人同意就出售、以物换物或赠送已注册品种，或者未经授权进行商业化繁殖。终点使用费除部分用于支持种业基础科学研究外，另外一分部会成为有关育种公司的收入。

六、农产品加工技术

初级农产品通常需要进一步加工，以达到保鲜、便于储存和运输并满足消费者多样化的消费需求的目的。澳大利亚的农产品加工技术在国际上是领先的。一方面，澳大利亚作为西方的发达国家之一，其农产品加工是在市场规律调节下，由国际农产品、食品加工业巨头积极参与的农产品加工体系。基于澳大利亚完善的技术与知识产品保护体系和严格的食品加工标准体系，很多国际食品生产企业都会将先进的生产线设在澳大利亚，充分利用澳大利亚的农产品原料优势，以生产效率和产品质量来竞争国际市场份额。另一方面，澳大利亚本身就重视农产品加工技术的研发，广泛的国际科研合作保证了澳大利亚在农产品加工技术上处于国际领先地位。同时，农产品加工技术本身通常是开放的技术，罕有存在技术壁垒的情况，只要是经济上可行、农业发展又急需的技术，具有创新文化传统的澳大利亚农业加工企业都会及时引进。因此，如何对主要农产品进行加工并投入市场，则体现了澳大利亚农产品加工的技术水平。

由于大宗农产品所占比重大，澳大利亚农产品加工企业中发挥主导作用的主要是那些大中型企业。农产品加工除了采用先进的现代设备外，还具有农产品加工标准化程度高，产品质量控制严格，产品加工精细化，以及粗粮细作等特点。

在澳大利亚的谷类作物加工方面，作为主要谷类作物的小麦、大米、大麦、燕麦等通常以大宗粮食出口到国际市场。为了满足国内消费需要，一部分谷类作物需要进行不同程度的加工。以小麦面粉加工为例，首先澳大利亚以小麦的蛋白质含量为主要指标，制定了小麦质量分级标准，不同等级的小麦用于加工不同用途的面粉。通常高蛋白质含量的面粉用于烘培，低蛋白质含量的面粉用于糕点制作，而中等蛋白质含量的面粉则作为通用面粉（Wheat Export Marketing Arrangements，PC）。因此，在每批小麦加工前，都要经过严格的检验，以确定本批小麦是否达标以用于生产既定用途的面粉，只有达标的小麦才能进行加工，对于不达标的小麦则会考虑其他用途或作为牲畜饲料。澳大利亚的农产品加工企业自觉严格执行产品质量标准，一方面国家或产业组织制定了完善的产品质量标准体系；另一方面国家建立了完善的产品召回制度，一旦不合格的产品流入市场而需要召回必然会给企造成严重的经济损失，一旦涉及产品需要召回，不仅严重影响涉事企业声誉，甚至关系到企业存亡，也就不难理解为什么农产品加工企业会自觉严格控制农产品的质量。燕麦的加工不失为粗粮细作一个典型例子，受澳大利亚人普遍欢迎的早餐麦片就是由燕麦为主要原料加工而成。在肉类农产品的加工方面更能体现澳大利亚的技术水平。因为所有澳大利亚的屠宰场都是全密闭、全温控自动化的流水线作业。从屠宰场的入口导入活畜，在终端则是已经分割完毕，并完成包装的肉类产品。与澳大利亚农业生产企业的规模相适应，屠宰场都具有相当规模，以牛肉生产为例，屠宰场的日屠宰能力通常都在千头以上。澳大利亚的奶制品生产充分体现了农产品加工精细化的特征。澳大利亚的本土奶业企业和几个主要的跨国公司承担了澳大利亚大部分奶产品的加工。奶产品包括供应国内消费的鲜奶和保质期较长的长寿奶，当然也用于生产适合不同年龄段的婴儿奶粉、成人奶粉，以及品种多样的奶酪。蔬菜水果的加工则至少经过分级、清洗和包装，不少蔬菜做成了即食沙拉，或做成速冻蔬菜，既方便存储又方便再加工。

第七节　农业标准化管理及技术

澳大利亚是一个农业发达国家，该国高度重视农业标准化工作。澳大利亚农业标准的制定是以提高农产品质量，促进农业发展为目的，以市场为导向，以最大限度满足客户需求为重点，以为农业服务、为市场贸易服务为宗旨。澳大利亚现已建立了较完善的农业标准体系，包括产品品种、质量等级、生产技术规程、运输储存等方面的标准。澳大利亚的农业标准化管理在以下三个方面做了大量的工作。

一、不断完善农业标准体系

农业生产的标准化是现代农业机械化生产必备的条件之一，澳大利亚的州级政府农业主管部门、行业协会通常都会就农业生产制定强制执行标准，也会推荐最佳生产实践方案来指导农业生产。

澳大利亚农业标准的制定程序一般为成立一个由政府部门、加工商、农场主、行业协会等有关方面参加的工作组，根据市场需求，充分听取客户、生产者、大专院校、科研机构等部门的意见后，拟定农产品的质量及安全要求，确定一系列可行的技术指标。

因此澳大利亚的农业标准可以分成强制类标准和非强制类标准。强制类标准实际上是政府管理部门颁布的技术法规，涉及的范围较窄，主要包括：农产品的安全卫生要求，种子、农药和农产品的标识标准。比如农产品进出口的检验检疫标准，就是典型的强制性标准。大量的农业标准为非强制类标准，以行业自律为主，这些非强制性标准通常是由行业协会所制定，并主要依靠市场机制来调节。由于澳大利亚的农业生产是以出口国际市场为导向的，农业生产者清楚地知道高品质的农产品是保证其顺利出口国际市场的基本条件。那些面向国内市场的农业生产者更是重视农产品的质量。一方面，澳大利亚农产品的高品质已经根植于普通民众心中，消费者愿意在支付远高于进口同类产品价格的情况下，购买并消费本土生产的产品；另一方面，一旦发生任何农产品质量问题，特别是涉及食品安全事件，对涉事企业的影响是灾难性的，往往会面临破产的危险，因此农产品生产企业会自觉、自愿遵守由行业组织所制定的非强制性标准。

澳大利亚农业标准有较强的针对性和可操作性，便于标准的贯彻和实施。标准中的各项技术指标力求量化，有利于准确的检验和测试。由于澳大利亚的农业是外向型农业，农产品大多出口，其出口的农产品必须达到国际市场规定的标准要求，因此澳大利亚农业标准尽量与国际标准和国外先进标准保持一致（安徽农网，2006）。

二、农业标准贯彻和执行

澳大利亚强制类农业标准主要通过两种渠道向企业、农场主、社会进行宣贯，一是政府部门将制定和修订强制类标准，以政府公文形式向社会公布并按成本价出售，同时委托新闻媒体进行宣传；二是各级各类行业组织、协会、公司等群众团体出于维护企业利益的需要，利用所办刊物介绍标准，举办技术咨询活动讲解标准，寄发信函传递标准信息，同时还可以在互联网上查询标准。总之，澳大利亚农业标准宣传形式多样，信息传递畅通，标准一旦发布生效，便会很快得到贯彻实施。

澳大利亚农业标准的实施和监督是在政府部门和行业组织共同努力下得以落实和实施的：

涉及农产品的安全：由检验检疫局负责贯彻实施。进出口农产品必须按标准进行抽样检验，达不到标准要求的农产品一律不准进口和出口。对于国内市场上销售的农产品，不进行强制检验，靠市场机制运作，由买卖双方协商。

种子质量标准：由政府授权具有资格的商业公司执行种子检验，农业部会监督这些商业公司的运作。为了确保种子的质量，政府还制定了配套的贯穿种子生产全过程生产规范和质量控制措施。农业种子必须经种子检验部门依据种子标准检验合格并颁发证书后方可进入流通领域，而且合格证的有效期仅为 6 个月，这样就保证了种子的质量，有效防止了劣质种子流入市场给农场主带来损失。

农药安全标准：澳大利亚联邦政府下设澳大利亚农药和兽药管理局，负责组织监督和管理农药的注册登记，农药必须经国家注册登记后，符合各项标准的才能进入流通领域，农场主使用农药必须遵循农药安全标准使用规定。标准的贯彻实施不仅有效地遏制了剧毒农药的生产和销售，而且大大降低了农业环境影响和农产品有害物质的含量，保证了人民的身体健康。

食品质量标准：澳大利亚和新西兰联合制定了关于食品的质量标

准。食品质量标准的贯彻实施由各州级政府的农业厅负责监督。食品质量标准还包括产品标识标准，澳大利亚政府对农产品标识非常重视，要求必须正确标识，澳大利亚的消费者法律规定对违反标识标准的涉事企业会追究相应的责任。

三、加强农业质量管理体系建设

澳大利亚政府为了加强对农业的有效管理，主要体现在相关法律法规建设、对从业人员的培训、对农业相关质量标准体系进行回顾性评价并进行修改，以及在管理中适时引入国际标准化管理体系等（中国质量新闻网，2015）。

在法律、法规建设方面逐步完善相关法律法规。这些主要法规包括生物安全法令（The Biosecurity Act 2015）、出口控制法（Export Control Act 1982）、食品进口法（Imported Food Control Act 1992，Imported Food Control Regulations 1993，and Imported Food Control Order 2001）、检验检疫法（Quarantine Act 1908）等，这些系列法律文件为保障农业标准化实施提供保障（Australia Government，2015）。

澳大利亚还将产品质量管理纳入政府行为。如在粮食收购中，实行国家验级员制度。这些验级员都是经过专门培训，持证上岗，保证了检验的公正性和科学性。

政府重视加强对农产品质量的控制和引导。为控制农产品质量，澳大利亚制定了严格的农产品分等分级标准，完全实现了优质优价。如小麦不以水分含量、容重等指标作为主要分级依据，而是以蛋白质含量分等分级，对蛋白质含量不达标的小麦，通常只能改为他用，从而确保产品质量。

农业的很多行业在行业协会的努力下开始逐步引入标准化管理体系，澳大利亚谷物协会正在积极将 ISO9000 标准转化为本国农业生产过程质量控制标准，以此保证和提高农产品的质量。

第八节　农业知识产权和农产品地理标志管理

澳大利亚重视知识产权保护，而专利权（Patents）和植物育种者品种权（Plant Breeder's Rights）则是农业领域知识产权保护的重要途径。澳大利亚政府下设知识产权局（IP Australia），负责澳大利亚专利、外观设计、商标和植物育种权的运作，并提供检索和对现有知识产权信息评估。澳大利亚的专利局（Australian Patent Office）隶属于知识产权局。澳大利亚是专利合作条约（Patent Cooperation Treaty，PCT）成员国，澳大利亚的知识产权局也是国际专利申请的接收、检索和初审局。对知识产权的管理属于澳大利亚联邦政府的管辖范围，有关知识产权的纠纷由澳大利亚的联邦最高法院负责裁决（IP Australia，2015）。

一、农业专利、品种权

澳大利亚专利权分为标准专利（Standard patent）和创新专利（Innovation patent）。标准专利自申请日起保护期为20年（在某些特殊情况下可以延长至25年），对权利要求的数目没有限制，主要针对工业产品和工艺。需具备新颖性、创造性、实用性，标准专利需要经过实质审查才能授权，整个专利申请过程可以长达5年之久。创新专利自申请日起最长保护期为8年，但只能有5项权利请求。创新专利可专利性门槛低，适用创新性专利保护标准的是现有技术的改进，只要发明区别于以往技术且这种区别构成实质性贡献即可，通常2～3个月之内就可获得授权，不进行实质审查。但是创新专利所有权人只有在授权后提出实审请求，并获得澳大利亚专利局颁发的审查成功证明之后，才能提起侵权诉讼。澳大利亚的专利申请类型分为临时性申请和完整性申请，临时性申请的有效期为12个月，在此期间，申请人可以申请一个或多个与临时性申请相关的完整性申请，临时申请的专利内容仍处于保密状态，但是为申请人保护知识产权赢得更多机会。在澳大利亚，基因序列、核糖核酸、脱氧核糖核酸甚至是合成核酸，这些人类和其他生物体基因信息不适用于专利申请，但是相关分离技术和随后的实际应用往往符合专利申请条件。也就是这些基因一旦用于所培育的新种子时，该种子就可以申请知识产权保护。

在农业生产领域，通过利用植物育种者品种权保护知识产权的方式非常普遍，与专利保护相比，申请植物育种者品种权的门槛相对低，获得保护的程度也较低，这大概与植物育种所涉及的创造性比较低有关。澳大利亚全面实施种子终点使用费制度，这项制度的实施保护育种者的经济利益。

二、澳大利亚农产品原产地标识

澳大利亚广大消费者一致认为，对自己所购买的农产品应明确标识原产地，与此同时很多农产品和食品生产企业也认为原产地的标识非常重要。尽管标注原产地的根本目的并不是着眼保证食品安全，但是近期澳大利亚零星发生了几起进口食品中毒事件，而产品原产地标识在帮助政府确定污染源、并迅速采取控制措施起到了至关重要的作用。澳大利亚的消费者通常认为本国所生产的农产品质量上乘，而不同的国家对农产品的质量要求差异悬殊，因此农产品的原产地标识可以让消费者在购买农产品时做出明智的选择。

澳大利亚政府以法律和法规的形式规定了食品原产地标识。首先，澳大利亚的食品标准体系，澳大利亚、新西兰食品标准法规（Australia New Zealand Food Standards Code）中明确规定，无论是澳大利亚国内生产的，还是进口的食品和农产品，只要在澳大利亚境内销售都需要明确精准标识原产地，这项要求既适用加工后包装过的食品，也适用散装新鲜的未加工的水果、蔬菜、海鲜和各种肉类产品。澳大利亚的消费者法律（The Australian Consumer Law）广泛规定了包括食品在内的所有产品，禁止出现具有欺骗和误导消费者的产品信息，这其中也包括农产品原产地信息。

在澳大利亚，负责贯彻执行原产地标识相关规定并行使监督与管理权利的机构为澳大利亚竞争和消费委员会（The Australian Competition and Consumer Commission），该委员会发布一些关于农产品和食品原产地相关的指导性文件，并与州级政府相关部门合作共同执行实施消费者相关法律。

澳大利亚政府将持续致力确保食品标签清晰、准确，以便于消费者在购买食品时能作出明智的选择。在这个过程中政府会广泛征求消费者、食品生产商、食品加工企业和其他利益有关者的意见和建议，并设计不同的标签进行测试，根据测试所取得的成果会用来完善澳大利亚的农产品和食品的原产地标识。

第九章
澳大利亚农民教育与培训

澳大利亚农业十分发达，其农业现代化程度高，劳动生产率高，农产品商品率高，农牧产品不仅满足了国内需求，还有大量出口。这主要得益于该国重视农业职业技术培训，劳动者具有较高的综合素质。在澳大利亚，国家将农民职业培训上升到一个新的高度认识，认为农民的职业培训是提高公民劳动力素质，保证国民经济高质量、高效益运作的重要手段和保证（徐中意，2013）。

第一节　澳大利亚农民职业培训的职能部门

农村职业教育和培训是整个职业技术教育和培训的一部分。在澳大利亚，该项职责由各州的就业和技术培训部（或委员会）来执行，这些部门所履行的职能同我国国家或省教育委员会所履行的职能差不多。但是，由于澳大利亚各州所处的情况不一样。因此各州所实施的培训计划、培训方式以及组织形式都有不小的差别。为了统一全国的行动，澳大利亚成立了全国就业、教育和培训委员会，负责向联邦就业、教育和培训部长提供政策和技术咨询。

该委员会下设四个理事会，即初等教育理事会、高等教育理事会、就业和技术培训理事会和澳大利亚研究理事会。这些理事会根据委员会的要求进行研究和调查，提供建议和设想上交委员会讨论，得到通过后再呈交部长提请议会审议批准，形成法律条文或具体计划，在全国范围内实行和推广。

就业和技术培训理事会对各个行业和部门的职业教育和培训都有着很重要的影响。它负责就以下方面向委员会提供建议和咨询：

①就业和技术培训的政策、计划、服务项目及其发展；

②宣传和推广行之有效的培训计划和项目；

③技术培训学院的发展和联邦政府对其拨款等。

各产业部门也都成立了行业培训理事会，负责提供本行业职工技术教育和培训的建议，这是一些纯咨询机构。如农业培训理事会由政府部门（联邦和州政府的教育和培训部以及农业部）和农民的代表联合组成，它所负的职责包括：

①宣传和推广农村职业教育和培训，沟通生产单位同培训机构的联系；

②对现有农民职业培训情况进行调查和研究，包括培训机构的能力及其利用状况、农民的需求及可采取的培训途径等；

③参与制订全国培训标准、评价培训工作，包括具体的培训项目和学分转让机制等；

④促进新培训项目的开发和应用，等等。

由此可见，这些咨询理事会对职业培训的发展方向、管理政策和技术措施都有着很重要的影响。

第二节　澳大利亚农民职业培训的机构

澳大利亚涉及农村职业教育和培训的机构很多，可以将它们粗略地分为三类：

（1）技术学院，此类学院专门为成年人进行技术培训和文化补习服务。全澳共有200多所技术学院，其中135所在中小城镇和农村。技术学院在农村职业教育和培训中起首要作用。

（2）农学院，澳大利亚所有的农学院都开设多种多样的培训课程，专门为农民服务。许多学院除了积极开展校内培训外，还采取短期培训和函授教学等多种多样的形式为农民服务。

（3）非公立培训机构，这些培训机构由生产部门和公司本身经营管理，收取培训费。如澳大利亚培训服务公司、各产业培训委员会、公司自己所属的培训学校和社区成人教育中心等。其中，社区成人教育中心经常帮助政府推行一些全民教育计划，改进农村教育计划、全国土地保护计划和全国绿化计划等，因此能够得到政府的资助。

各种农民职业培训机构加强联系，互相配合，相辅相成，从而提高培训能力，改进培训效果。

第三节　培训方式

各种农民职业教育和培训机构由于服务对象和侧重点不一样，培训途径和方式不尽相同，主要有：

（1）全日制长期课程。这种课程可长达1～3年，主要学员是年轻人，绝大多数是农民的后代，他们希望通过学习和训练掌握知识和技术，从而成功经营和管理农场。

（2）半工半读式长期课程。这种课程每周上课一次到数次，或白天，或晚上，但时间固定。临近学校的农民可以学习这种课程。

（3）短期课程。这类课程持续时间短，但每周的课时多，农民多利用季节休闲和假期学习此种课程。

（4）函授教学。函授教学的方法很多，叫法也不一样，包括：开放学院、远程教学、校外学习和家庭自学等。培训机构或通过印发函授材料，或通过广播、电视和电话等通讯媒介进行培训。同时，学校也定期或不定期地组织教师周游各地，进行实地辅导，解决具体问题。

（5）外出教学。这是专门为边远地区和人口稀少的地方服务的一种方式。那些由于个人和家庭原因而不能外出就学的农民也可以享有这种服务。这种培训常常与推广工作结合进行。

第四节　澳大利亚农民职业培训的特点

澳大利亚农民职业教育最显著的特色就是政府职能部门、咨询部门和产业部门密切配合、协调工作。这种配合不仅表现为学校在资金和财务上得到生产部门的支持，或是生产部门同学校挂钩共同培训人才。这种协调贯穿于整个培训过程之中，包括方针政策的制订、培训计划的设计和实施、培训效果的检查和评价，以及证书的颁发和人员录用等。职能部门和教学部门向生产部门和咨询部门征求意见，生产部门和职能部门则要求教学部门和咨询部门进行研究和调查，了解人才市场需要，帮助制订人才培训计划和战略，共同实施人才培训计划。由各方面代表组成的培训理事会等咨询部门起着很重要的作用。

就具体的培训计划和课程而言，澳大利亚的农村职业教育和培训有以下特点：

（1）政府全力支持，建立了强有力的政策支持机构。澳大利亚十分重视农业职业技术培训的发展，国家专门设立教育、培训就业与青年事务部和国家职业培训局，实施规范有序的职业培训教育和发展的政策法规，使各类培训机构不断发展壮大，形成了多层次、多形式培训的格局。具体表现为：

①大力支持学生完成学业。政府为学生学习提供贷款，贷款在学生就业以后，年薪达到全国平均收入后还贷，否则可以不还。

②鼓励各大农牧场主、企业集团等开办农业职业培训机构，参与培训市场的竞争，并提供职业培训经费总额的20%～30%予以资助。同时对培训计划和培训项目公开招标，并逐年提高招标经费的比例。

③国家对各类培训机构的培训质量定期进行评估，以劳动力市场的就业率、产业部门的满意率作为考核培训机构是否合格的唯一指标。就业率低于60%的培训机构，国家将取消当年培训拨款计划，连续几年不能达标的将予以关闭。通过培训市场的激烈竞争，保证了职业技术培训事业的健康发展。

（2）具有稳定的经费筹资机制。技术与继续教育学院是澳大利亚全国性的专门的职业培训教育体系，目前在全国设立了230所学院，吸收了全国70%以上的中学毕业生，其办学经费的80%由联邦政府提供；同时，培训工作还得到了工商界的大力支持。澳大利亚《培训保障法》明确规定，年收入在25万澳元以上的农牧企业（场）雇主，应将其工资预算总额的15%用于培训。全国大型企业集团都建有自己的培训机构，投入巨额资金用于对员工开展农业职业技术培训。

（3）突出农业培训的职业性和实用性。具体体现在两个方面：第一，课程设置和市场需求紧密联系，很有实用价值，所有的培训课程都是在严格认真的市场调查和分析的基础上确定的。课程设置的一般程序是：培训机构先到农村访问，了解农民的实际想法和生产实践需要，继而进行课程设计，再到农民中广泛征求意见，在取得同意和批准后，最后安排授课人选，编写教材，实施培训。第二，课程实践性强。培训课程注重实际能力的培养，强调实践，具体做法包括：

①要求授课教师有实际工作经验，保证言传身教并重；

②教学环节多样化，学生经常走出校门，到农场参观和实习。许多学校一般都与附近的农场签有协议，共同担负培训任务；

③模拟训练，要求学生根据实际问题寻求解决方案和计划，学生相互讨论和比较，取长补短，提高分析问题和解决问题的能力。

（4）因地制宜，因陋就简。大多数培训机构本着节约的原则办学，充分利用外界的资源和条件，勤俭办事。大多数技术学院同工厂和农场联系，让学生前往实习，既使学生广泛地接触实践，又节省不少费用。

（5）因人施教。培训机构注意根据农民的不同需要，采取多种形式办学，除了正规的院校培训外，还有多种多样的短期培训和函授教学等。这些灵活多样的方式对于澳大利亚这种人口稀少的较发达国家非常有效。

（6）建立职业资格证书认证体系，实现教育体系沟通与协调。澳大利亚已经建立了全国统一的以行业为主导的国家教育与培训的框架体系和资格认证体系，能够使学生从资格证书水平转入到职业学历教育，帮助学习者在任何阶段计划自己的职业学习生涯，获得相应的证书，而且可凭借这种证书进入到相应的高等院校接受教育。

以新南威尔士的TAFE（技术与继续教育）学院为例，证书体系分为Certifice（相当于国内的短期职业资格鉴定证书）、Diploma（相当于国内中等职业教育）、Advanced Diploma（相当于国内高等职业教育）。Certifice共分为四级，获得一到三级Certifice共需6个月，获得四级Certifice需在获得三级Certifice的基础上再学习6个月；获得Diploma需要在获得四级Certifice的基础上再学习6个月；获得Advanced Diploma需要在获得Diploma的基础上再学习6个月。获得Advanced Diploma的学员如果要到大学学习相关专业的学士学位，可减免一年学时。即一名高中生直接上大学并获得学士学位需要三年，经过TAFE学习获得学士学位需要四年，虽然时间长一年，但实践能力强，学生就业竞争力明显提高。据新南威尔士的TAFE学院艾琳女士介绍，该学院毕业生就业率达到90%以上。这种办学形式和办学层次受到了学生和企业的欢迎。

（7）重视能力的培养。澳大利亚农业职业技术培训经过多年的探索和改革，已逐步形成了职业培训“市场化”的良性运作机制，使职业培训既适应产业部门的需要，又满足了受训者个人要求，使职业培训与就业有机地结合起来。如新南威尔士的TAFE学院的教育宗旨是“主要为农业及农业有关的产业提供职业教育”，该院十分重视实践性教学和学生实际技能的培养，为了保证教学与实际紧密联结，学院每三个月召开一次有关企业经营人员和农场主参加的座谈会议，收集需求信息，确定教育培训计划。为了突出职业性和实用性，教师必须是具有两年以上实践经验，而且以兼职教师为主；学生80%以上时间是在实际工作岗位上学习。如养羊专业，学生要在实际生产岗位，参加羊羔出生—剪羊毛—屠宰的全过程学习，要求每个学生必须掌握诸如机具操作与维护，放牧、饲养、剪毛等基本技能。并进行严格考核，实习成绩不合格者不能毕业。即使是大学的农业教育也是以实践教学为主。如查尔斯顿农业大学在校生仅有500多人，就设有500多公顷的示范农场，根据当地农业生产实际设有果园、牧场、葡萄园和各种常用农具等专供教师科研和学生实习（朱闻军，2007）。

第五节　澳大利亚农民职业培训的未来趋势

近年来，澳大利亚的农民职业教育和培训发生了很大的变化。最重要的是联邦政府对之愈加重视，进行宏观指导和管理。1988 年，联邦政府成立了全国就业、教育和培训委员会，负责就全国教育和培训方针向联邦教育部长提供建议和咨询。该委员会对于制订全国职业培训方针和战略，统一全国的教学规范和标准，协调各州的行动和计划等，都起着非常重要的作用。主要表现为：

（1）建立全国培训网。目前，澳大利亚许多地方的技术学院和成人培训机构联合成区域性网络。区域内的学院互通信息，互相帮助，并成立有专门的管理机构加以协调。联邦政府希望建立全国培训网，以增强全国的协调和联系，更好地满足不同地区的多种培训要求。

（2）制订农民职业培训的长期发展战略。联邦政府已经意识到农民职业教育的极端重要性和实施培训的艰巨性。政府必须有长远的眼光，制订出与总体全民教育目标相符合的长期战略措施，贯彻执行适用的培训计划，才能保证培训有长远的效益。

（3）发挥本地优势，积极发展新的培训方式，随着新技术的不断运用，培训途径和方式日益先进和多样化。全国培训委员会将研究和探索新的培训方式，以求提高工作效率和培训实效。

第六节　启示和建议

澳大利亚的职业教育已日臻成熟，有许多值得我们学习和借鉴的成熟经验。结合我国农业职业教育和农民培训的现状主要有以下几点启示和建议（丁志宏，2010）。

（1）要切实把开展农业职业技术培训工作摆到重要的位置，进一步加大政府的支持力度，建立强有力的政策支持机制。发展农业职业教育，开展农民培训，培养新型农民具有明显公益性，政府责无旁贷。当前中国农业职业技术培训工作还处于困难时期，农民受传统观念影响，自觉接受培训的积极性还不高。各级政府首先要把培养新型农民纳入新农村建设的总体规划，出台有利于农民教育培训事业发展的政策措施，通过各种优惠政策和激励手段，调动社会力量、培训机构和农民等各方面的积极性，逐步建立政府扶助、面向市场、多元办学的农民教育培训机制；其次要将培养新型农民工作纳入各级政府的目标考核，建立培养新型农民的组织保证机制，使培养新型农民的各项工作任务得到落实；然后要加快农民教育培训立法，建立农民教育培训的专项法规，通过法律形式对农民教育培训体系、农民教育培训机构、农民教育培训投入、农民接受教育培训的权益等提供法律保障。

（2）建立稳定的经费投入机制。培养教育农民的过程就是农村人力资本积累最有效的提高过程，应大幅度增加资金投入。一是要按照2006年中央1号文件要求，“各级财政要将农村劳动力培训经费纳入预算”，实现农民教育培训投入的制度化；二是积极运用金融、信贷、税收等手段，鼓励企业、个人和社会民间组织参与农民教育培训事业，逐步建立政府扶助，社会力量共同参与的多元化投入体制；三是进一步加大财政对农民教育培训专项的投入，大力支持新型农民科技培训工程、劳动力转移培训阳光工程和农村实用人才培养工程。财政补贴资金直接补贴农民。

（3）建立面向市场的运行机制。市场经济条件下，培养教育农民的核心是要提高农民适应市场的自我发展能力，增加收入。因此，培训新型农民的内容和方式要符合市场运行规律，发挥市场机制的作用。一是培训内容要根据市场需求确定。针对留在农村农民的科技培训，要围绕市场前景好，需求强烈，具有规模经济优势的主导产业的产前、产中、产后各生产环节的技术要求，确定培训内容、设置培训课程。重点是“围绕主导产业、培训专业农民、实行整村推进、打造一村一品”。针对转岗转业的农民，要围绕市场前景好，需求强烈的工种设置培训专业，按照用工单位的岗位职业技能的要求设计培训内容，实行订单培训。二是培训机构选择要市场化。要采取招投标形式，面向社会公开、公正、公平确定教育培训机构，使办学条件好、教育培训质量高的培训机构来承担农民培训工程项目。三是农民参加培训市场化。农民根据对市场需求和培训机构能力的判断，按照个人意愿，自主参加培训，自主选择培训专业，自主选择培训单位。

（4）建立开放式的合作机制。培养新型农民数量大、任务重，农民教育培训资源相对薄弱，要打破地方、部门和行业的界限，建立和完善开放式合作机制，综合利用农业、教育、科技、文化、党团等教育培训资源。大力实施面向农民教育培训的各种工程，如绿色证书工程、新型农民科技培训工程、农村劳动力转移培训阳光工程、农村党员干部远程教育工程、百万中专生计划、星火培训计划、农村妇女“双学双比”、一村一个大学生计划等，大规模培养新型农民。特别是在实施的新农村建设的重大工程项目中，有针对地培养新型农民。

（5）建立农民教育培训监管机制。农民教育培训的效果滞后性，要求对其工作过程进行有效监督和管理，保证农民教育培训质量。一是建立公示制度。要向农民公布培训单位名称、培训任务、培训专业、培训时间、收费标准、政府补贴标准、就业去向等内容。各省（市、区）要向社会公布承担项目的培训机构名称、培训任务、资金补助等内容，并公布举报电话，接受社会监督。二是严格执行检查验收制度。要对每个培训单位的培训班采取就业跟踪或深入农户的形式，进行检查核实，了解培训情况，保证教育培训质量。

（6）建立常态化的国际交流和合作机制。加强国际交流与合作，是促进中国农业职业技术教育快速发展的有效途径。通过加强与先进国家的交流合作，可以及时了解国外开展农业职业技术培训的情况，借鉴国外先进的教育思想和管理经验，推动中国农业职业技术培训事业的健康发展。

第十章
澳大利亚农村能源概况

澳大利亚辽阔国土蕴藏着极为丰富的能源资源，这既包括传统的煤炭、天然气资源，也包括丰富的核能资源以及广泛分布的可再生能源，如：水能、风能、太阳能、潮汐能、地热能和生物质能。澳大利亚是世界上主要的能源生产国和出口国，主要出口能源产品包括煤炭、铀矿和天然气，2012 年，澳大利亚所生产的能源 80%出口到了国际市场（Australian Government，2015）。这主要是因为澳大利亚的铀矿资源和煤炭资源特别丰富，目前探明铀矿储有量占到世界的 34%，而煤炭资源占到全球的 14%。澳大利亚天然气资源仅占到全球的 2%，但是由于澳大利亚的人口基数小，目前所生产的天然气仍有大于 50%出口到国际市场（BREE 2014，Australian Government，2015）。相比较而言澳大利亚的石油资源非常有限，对自产的原油进行精炼涉及长途运输，且原油品质不适合国内的主要炼油设备，因此开采的原油多数直接出口，国内的石油供给则主要依靠进口（BREE，2014）。

澳大利亚政府致力于能源产业发展，并把满足国家长期能源消费需求，为经济增长提供强劲的支撑为基本目标，在此基础上政府还大力推行清洁能源生产，以减少温室气体排放，切实履行国际责任。为了实现这一目标，一方面澳大利亚政府致力于能源市场改革，使能源产业的运行按市场规律运作，目的是避免政府对能源市场的不必要干预，因为基于现代经济理论政府干预通常都会推高能源生产成本。通过市场改革实现为全国各行各业提供充足、可靠的能源供给，并将能源价格控制在民众可以承受的范围之内。自由的能源市场还可以有效推动能源企业的竞争，提升其创新能力。另一方面，政府还与能源产业链的其他部门密切合作，通过政策调控提高能源生产力和使用效率，从而提高澳大利亚在国际上的综合竞争力。澳大利亚作为发达国家，在 20 世纪的 50 年代就在全国农村地区推行电气化，因此，澳大利亚的广大农村地区电力、天然气使用极为普及。农村地区对风能利用非常普及，近几年由于太阳能的利用技术日益成熟所带来的安装成本降低，同时在政府政策的激励下，广大农村地区越来越多地开始利用太阳能，部分农业企业生物能的利用也被证明具有显著的环境和经济效益。

第一节　可再生能源政策法规

澳大利亚的能源政策贯穿各级政府，能源政策的制定和执行主要是基于联邦政府和州政府（地区政府）的密切合作。澳大利亚的宏观能源政策立足于全面应对国家能源产业所面临的机遇和挑战，制定并落实国家对能源发展的长期目标，通过创造能源企业良性竞争环境为本国居民、企业和国际市场提供持续可靠并且价格合理的能源供应。为实现这一长远目标，政府从三个主要方面采取一系列措施。首先是培育健康的能源市场，政府认为良性的竞争有助于降低能源产品的价格，这符合能源用户的根本利益。其次，政府还积极推动并采取措施引导各行各业提高能源利用效率，借此来推动经济发展。然后，政府加大对能源行业的创新投资，实现能源行业就业增长和增强能源出口能力。

一、法律依据

澳大利亚作为《京都协议书》的签署国，逐步落实并履行国际义务，开展行动实施温室气体减排，也就是达到 2020 年澳大利亚的温室气体量为 2000 年排放量 95％的排放目标。要实现这一目标，澳大利亚的温室气体减排任务非常艰巨，因为在未来很长的一段时间内澳大利亚的能源消费结构将仍将以煤炭、石油为主，煤炭能源对温室气体的排放占到38%（IEA，2014）。澳大利亚政府一方面积极推广应用传统能源利用的减排技术，另一方面则是积极研发可更新能源利用技术。澳大利亚发展可更新能源的现行主要法律依据为：

可再生能源法——电力 2000［Renewable Energy（Electricity）Act 2000］

可再生能源法——电力 2010，小型企业未达标收费［Renewable Energy（Electricity）（Small-scale Technology Shortfall Charge）Act 2010］

可再生能源法——电力 2000，收费［Renewable Energy（Electricity）（Charge）Act 2000］

可再生能源法——电力 2001，管理［Renewable Energy（Electricity）Regulations 2001］

国家温室气体和能源报告计划 2007［National Greenhouse and Energy Reporting Act 2007］

碳信用法案（低碳农业计划）2011［Carbon Credits（Carbon Farming Initiative）Act 2011］

清洁能源法案 2011［Clean Energy Act 2011］

澳大利亚温室气体排放登记注册法案 2011［Australian National Registry of Emissions Units Act 2011］

二、能源白皮书

澳大利亚联邦政府不定期发布能源白皮书（Energy White Paper），通过能源白皮书对国家能源产业政策进行系统评估，并结合能源产业的现状，国家的中长期能源产业发展目标，调整能源产业发展方向、制定新发展战略措施、进行制度建设、落实产业投资等。能源白皮书是澳大利亚利用能源产业发展方向系统性文件，也是国家调整能源产业的技术性指导文件。澳大利亚最新能源白皮书发布于 2015 年 4 月，该白皮书系统阐述了澳大利亚能源产业政策、所面临的机遇和挑战，以及为应对这些机遇与挑战国家将重点采取的行动。在本次能源白皮书发布之前，政府还分别于2004年和2012年发布了能源白皮书。

三、强制性可再生能源目标

在世界范围内澳大利亚率先提出了可再生能源发展的总体规划——可再生能源目标（Renewable Energy Target）。2001年4月联邦政府出台了强制性可再生能源目标（Mandatory Renewable Energy Target），当时的目标是到2010年实现每年增加可再生能源电力达到9 500千兆瓦时。在强制性可再生能源目标推动下，澳大利亚可再生能源特别是风电和太阳能热水得到了有史以来的最快发展。2004年，联邦政府发布确保澳大利亚的能源未来白皮书，该能源白皮书对强制性可再生能源目标运行效果进行了回顾性评估（Australia Government，2004）。结合可再生能源的发展实践，2009年澳大利亚政府又重新出台可再生能源目标，确定到2020年可再生能源电力占电力总供应的20%，即年增可再生能源电力达到45 000千兆瓦时。为了实现这个目标，联邦政府将目标细化后落实到年度计划，要求电力供应批发和零售商证明他们实现了设定的年度目标。

四、可更新能源证书制度

保证能源目标落实的一项制度为可“更新能源证书”制度（Renewable Energy Certificates），作为可再生能源配额制的一项政策工具，“可再生能源证书”是指认证的“绿色”或“可再生”能源生产商所生产电力的环境属性的一种电子或纸质证书表现形式。“可再生能源证书”既能跟踪和核实配额义务的履行情况，又能够帮助配额义务主体完成可再生能源配额义务。澳大利亚的可再生能源证书单位为1兆瓦时，以1997年可更新能源量为基准，每增加兆瓦时可更新能源发电量为一个证书。政府根据电力企业向政府提交的证书数量，来考核企业是否完成了可更新能源的增加目标，当企业无法按计划提交证书数量时，政府将按每少提交一个证书折价65澳元对未达标企业实行经济性惩罚。澳大利亚还将增加可再生能源生产的任务具体分配到到大型发电企业和小型发电企业。其中大型发电企业承担 41 000 千兆瓦时的任务，而小型企业和居民则只承担4 000千兆瓦时的任务，政府在对待大型和小型发电企业的政策扶持上略有区别。

五、经济调控

各种政策和措施的落实都要靠具体的投资，澳大利亚政府在实施强制性可再生能源目标计划的过程中，可更新能源证书制度本身也是一种经济调控手段。为了使强制性可再生能源目标得到落实，2001—2012 年间澳大利亚政府共投资 185 亿澳元，用于可更新能源开发利用的基础设施建设。经测算在这期间澳洲的能源批发价格成功控制在了 10 澳元/兆瓦时，实现温室气体减排折合 2 500 万吨二氧化碳。2012—2020 年期间政府计划继续投资 187 亿澳元，用于可更新能源的基础设施建设，并希望将能源批发价格控制在 9 澳元/兆瓦时，同时实现燃气发电量减少 13%，燃煤发电量减少 12%的目标，以实现国家在《京都协议书》上签署的温室气体减排目标。除了对可更新能源设施建设投资外，政府还对可更新能源设备的运行进行适当补贴，比如澳大利亚推行的太阳能发展计划，政府对家庭和企业输入电网的太阳能发电进行补贴，各州都制定了相应的政策进行具体落实（SKM，2012）。

澳大利亚政府还组建了专门的政府机构来负责可更新能源政策的落实。2012 年 4 月澳大利亚政府成立了清洁能源管理机构（Clean Energy Regulator），隶属于澳大利亚环保部。清洁能源监管机构的主要责任基于气候变化法律（Climate Change Law），它主要负责管理、监督和协调与气候变化相关的国家计划和项目执行。2012 年 7 月联邦政府组建了澳大利亚可更新能源局（Australian Renewable Energy Agency），该局是一个按照商业模式运作的国家机构。它的主要任务是提高可更新能源产业的竞争力，增加可更新能源的供应。澳大利亚可更新资源局将通过投资 25 亿澳元于具体的更新能源项目建设、可更新能源的科研和开发活动，以及有关可更新能源技术与知识的收集和传播。

第二节　可更新能源发展相关计划

为实现国家可更新能源的发展目标，澳大利亚制定并实施了一系列的项目计划。这些计划包括国家温室气体和能源报告计划（National Greenhouse and Energy Reporting Scheme）、温室气体减排基金（Emissions Reduction Fund）、碳排放定价机制（Carbon Pricing Mechanism），并组建了澳大利亚国家温室气体排放登记部门（Australian National Registry of Emissions Units），制定了可再生能源发展目标（Renewable Energy Target）等，这些项目和计划都是在清洁能源管理机构的管辖范围内。尽管可再生能源发展目标也是澳大利亚可更新能源发展计划的重要组成部分，由于已在前节进行了详细的阐述，本节不再重复。

一、国家温室气体和能源报告计划

国家温室和能源报告计划构建了一个信息平台，通过这个计划实现收集、汇总并系统传播全国范围内企业能源生产状况、能源消耗状况和温室气体排放状况。在这个计划的要求下，那些要求给予温室气体排放限额的大型公司都要进行注册登记，并每年向政府提交一份本年度公司能源生产、消费和温室气体排放报告。

国家温室气体和能源报告计划在可更新能源发展和温室气体减排过程中，发挥着至关重要的作用。该计划收集的数据即是澳大利亚碳排放定价机制的基础，同时还为界定各责任实体的温室气体减排任务提供了依据。澳大利亚的国家温室气体排放清单也是由该计划收集的数据汇总而成，澳大利亚的碳排放清单是国家制定能源产业政策的基础，它使澳大利亚政府定期核算碳排放，落实温室气体减排任务成为可能。在联合国气候变化框架公约和京都议定书协定下澳大利亚向国际能源机构提供的报告也是基于该计划所收集的数据。

二、低碳农业倡议

澳大利亚政府于2011年制定了低碳农业倡议（Carbon Farming Initiative)，该倡议是一项基于农场主自愿的温室气体减排计划。根据这项倡议，获批项目的参与方可通过以下两种方式获得碳减排单位，参与农业每减排相当于一吨标准二氧化碳的温室气体量即获得一个碳减排单位：

①将碳量储存于土地中；

②减少土地温室气体排放。

尽管该倡议的运作不是碳排放定价机制的一部分，但是由温室气体减排所挣得的碳单位，仍可被出售给那些希望抵消其排放量或减少其在澳洲碳排放定价机制下具有付费义务的第三方。该计划明确规定了哪些活动可以挣得碳减排单位，哪些活动是不被认可的减排活动。该计划于2014年11月被终止，也就是澳大利亚国家温室气体排放登记部门将不再认定并发放新的碳减排单位证书，但是已获得的证书仍在2015年2月前售出。从2014年11月开始，低碳农业倡议计划被纳入温室气体减排基金（Emissions Reduction Fund）计划。

三、碳排放定价机制

这项计划主要是针对国内大型的污染企业，按照它们所排放的温室气体量进行收费。通常当企业温室气体年排放量达到25 000吨标准二氧化碳时，企业法人则有义务进行交税。大型企业的碳税（Carbon tax)，最终会转嫁给其客户，由所有消费者承担碳税。该计划于2014年7月1日终止，政府暂时取消了对大型污染企业的碳税征收，但是从长远看碳税的征收仍是势在必行，澳大利亚环保部也在积极呼吁并征求企业和民众的建议，建议在适当的时候恢复碳税机制。

四、碳减排基金

由联邦政府预算25亿澳元，用于企业和家庭用户采取切实有效的措施，减少温室气体排放以保护环境。碳减排基金是澳大利亚政府致力于应对气候变化的长期行动，对符合资助条件的项目以信用奖励（Credits）的方式支付给项目执行者，碳减排基金奖励澳大利亚经济各个领域减少碳排放的活动，它是继可更新能源发展目标等减排计划以外的又一重温室气体减排行动计划。有意向减排的个体或组织需要在澳大利亚国家温室气体排放登记部门（Australian National Registry of Emissions Units）进行登记，并向清洁能源管理机构（Clean Energy Regulator）汇报，一旦审查通过，项目执行者即可在澳大利亚国家温室气体排放登记部门设立账号，用于领取所应得的信用奖励。根据项目的性质不同，被认定的符合条件的企业可以领取为期7至25年不等的奖励。

第三节　澳大利亚的能源生产、消费和贸易

一、澳大利亚的能源生产

计入澳大利亚的能源生产统计量的主要是指一次能源生产，这其中包括煤炭生产、石油、液化气、天然气、核能（铀矿）和可再生能源。可再生能源主要包括风能、水能和太阳能。而由燃煤和燃气发电不计入澳大利亚的能源年生产量，因为这些发电为二次能源。能源统计中统一折算为热量，单位为皮焦（Petajoule），一皮焦约为2.78亿千瓦时，2012年澳大利亚的总能源产量为19 318皮焦。1976—2012年间澳大利亚一次能源生产量的变化见图10-1，主要能源涉及烟煤、褐煤、石油和液化气、天然气、可再生能源和铀矿。

图10-1显示了自1976年以来澳大利亚的能源生产量的变化，其

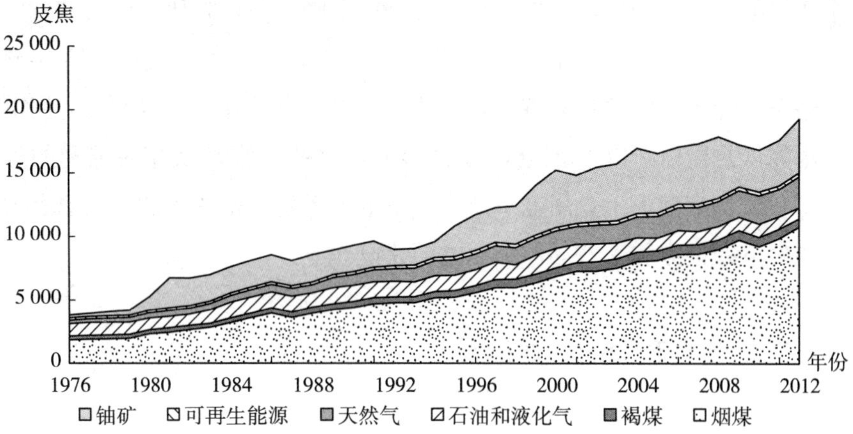

图 10-1　澳大利亚主要一次能源生产量

中烟煤、铀矿和天然气产量增长迅速，相比较而言褐煤的产量波动不大。因为澳大利亚的石油矿产储量有限，近几年石油和液化气的产量则出现减产的趋势。尽管澳大利亚的铀矿产量增长迅速，目前澳大利亚还没有运行的核电站，所开采铀矿出口国际市场。

电力是能源利用的最基本方式之一，澳大利亚的电能主要来源于火力发电，2012 年澳大利亚的电力 64%来源于煤炭火力发电，自 1991 年以来澳大利亚的电力能源来源见图 10-2。

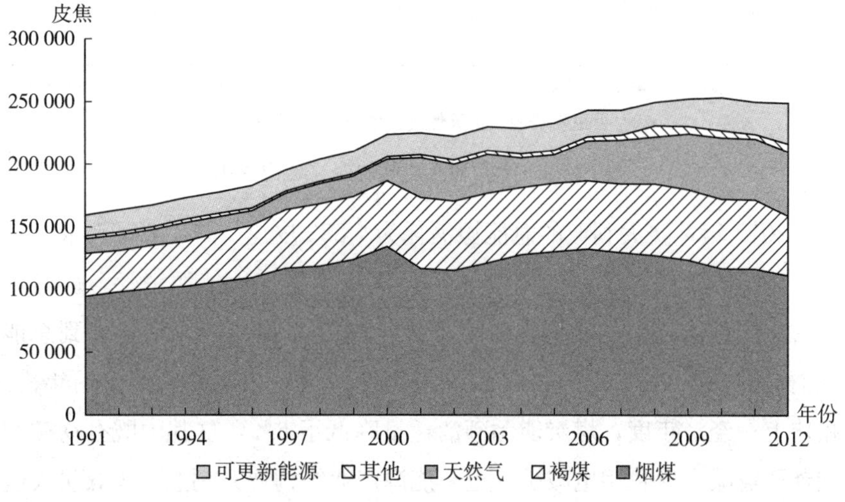

图 10-2　澳大利亚的电力来源

图 10-2 显示了自 1991 年来，澳大利亚电力能源的来源状况。一

个明显的趋势是，煤炭发电量在近几有所下降，与之相比天然气的发电量以及可再生能源的发电量则增加明显。在发电总量上，从 2011 年开始略微下降。发电总量的减少，反映了用电需求的降低，政府认为用电需求降低是受以下几个因素的综合影响，这些因素涉及相对温和的气候、在节能措施下工业用电负荷降低、电力零售价格的增加以及家庭太阳能发电的扩容和一些局部独立电网建设。

二、澳大利亚的能源消费

在能源消费上澳大利亚的能源结构则是以石油（包括原油、液化气和成品油）和天然气为主。自 1976 年来，澳大利亚消耗的能源结构变化见图 10-3。

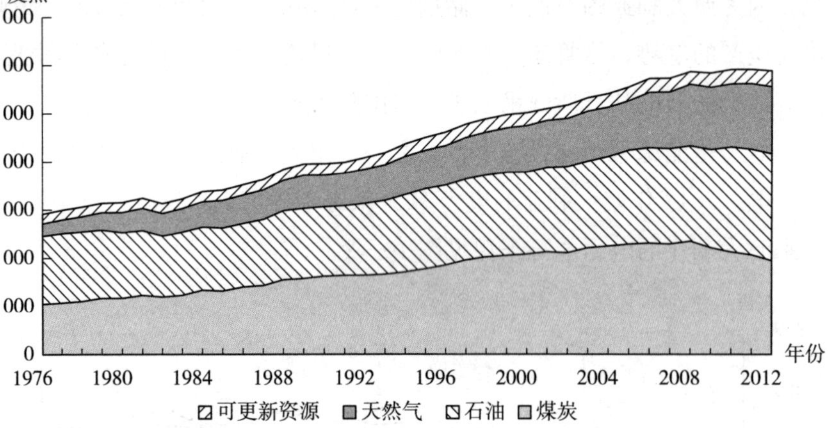

图 10-3 澳大利亚消耗的能源结构变化

2012 年，澳大利亚的总能源消耗为 5 883 皮焦。其中石油和液化石油气能源的消耗占到总能源的 38%。煤炭为第二大能源消耗，但是煤炭占总能源消耗中的比例在持续下降。2012 年煤炭能源消耗占到总能源消耗的 33%，是自 1970 年以来煤炭能源消耗相对份额最低的年份。相比上一经济年度，煤炭能源额消耗量降低了 6%，这其中既有铁矿和钢铁行业减产导致用电减少，也有能源产业结构提升刻意减少煤炭火电并积极开发利用更为清洁能源发电所致。天然气的消耗量在持续增加，2012 年天然气占到总能源消耗量的 24%。可更新能源的比例最小，占到总能源消耗的6%。

自1976年以来不同行业对能源的消耗见图10-4。澳大利亚能源利用的统计口径分为：农业、矿业、制造业、发电（包括电力生产和输送）、运输业、商业、居民生活和其他。一个明显的趋势就是，澳大利亚各行业对能源的消耗整体上一直处于增长的趋势。其中对能源利用最多的行业还是发电、制造业和运输业。

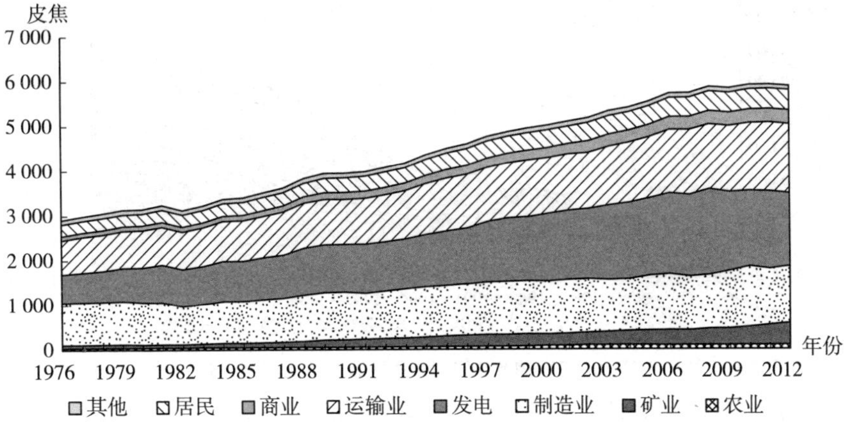

图10-4　1976年以来不同行业对能源的消耗

2012年，各行业的总用电量为5 884皮焦，各行业消耗能量的比例为：农业为1.7%、矿业为8.3%、制造业为20.7%、电力为27.6%、运输业为26.3%、商业为5.2%、居民消费为7.7%，其他行业为1.5%。

三、澳大利亚的能源贸易

澳大利亚是国际上的能源出口大国，所生产的能源只有一小部分供给国内而更多的则是出口国际市场，2012年，澳大利亚的能源出口总量达到了15 504皮焦，能源出口量占到当年度能源生产量的80%。主要出口能源产品包括煤炭、氧化铀和天然气。2012年度烟煤出口量占到能源出口量的61.2%，氧化铀占到25.5%，天然气占到8.4%，石油和液化石油气以及石油精炼产品的出口量仅占总量的5.0%。自1976年以来，澳大利亚的主要能源出口产品量的变化趋势见图11-5。

从图 10-5 可以看出，澳大利亚的能源出口总体上呈持续增长趋势，在出口的能源产品中煤炭和铀矿（氧化铀）的出口占比重最大，这得益于其丰富的煤炭和铀矿资源储备。天然气的出口量保持缓慢增长，而石油类产品的出则呈现缓慢递减的趋势，主要是因为澳大利亚的石油矿产储备相对较少，国内对石油产品的需求还要依靠从国际市场进口。

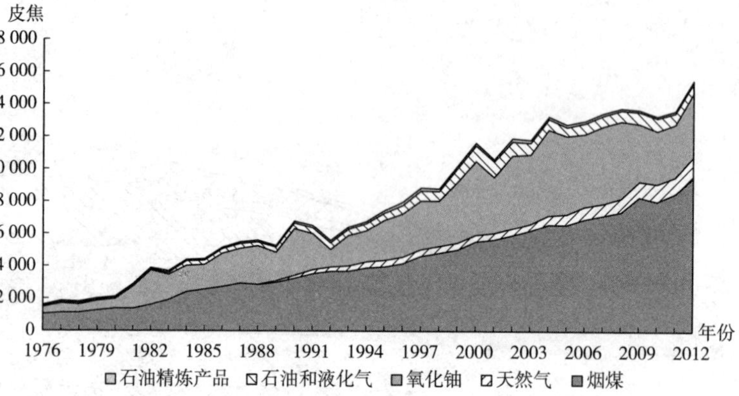

图 10-5　澳大利亚的主要能源产品出口量

澳大利亚进口能源产品主要包括石油和液化石油气、石油精炼产品、天然气和焦炭。在 2012 年，澳大利亚进口能源 2 310 皮焦。其中石油和液化石油气占到进口总量的 51.3%，石油精炼产品占到 38.1%，天然气占到 10.6%。澳大利亚大量进口天然气始于 2005 年，天然气的进口量增长迅速。而进口焦炭则始于 2002 年，进口量一直不大，2012 年焦炭进口量仅占能源进口量的 0.1%。自 1976 年以来，澳大利亚进口能源量的趋势见图 10-6。

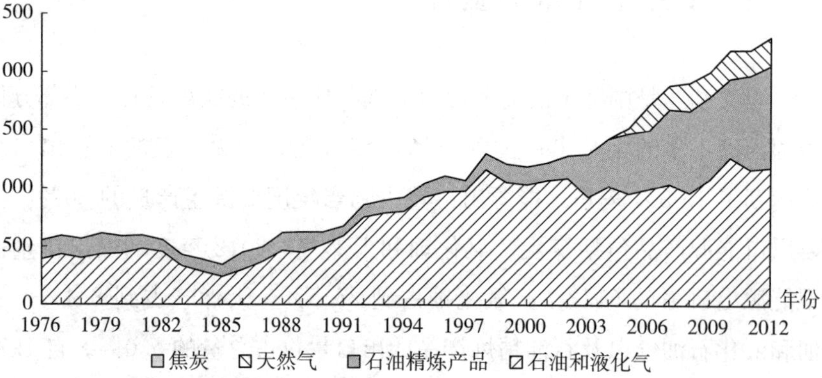

图 10-6　澳大利亚进口能源量

从图 10 - 6 可以清楚地看出，澳大利亚进口能源以石油和液化气为主，石油精炼产品和天然气的进口量在近十年内增长迅速。澳大利亚天然气的进口，绝大部分用于工业和发电，相比煤炭而言，天然气则是更为清洁的能源，更多的天然气用于发电与澳大利亚政府鼓励清洁能源利用的政策密切相关。

第四节　农业可再生能源产业发展

一、风能在农业生产中的利用

澳大利亚农业生产利用风能的现象非常普遍。直到现今，澳大利亚的许多牧场还依靠风车进行抽水。其实在澳大利亚的广大牧区，风车提水如此之普遍，乃至民众已经把风车作为牧区最明显的地标。利用风动力进行抽水也有非常明显的局限性，一方面就是在风力不足的时段内，很难提供供水保障；另一方面，为充分利用风能农场上的风车都会架设得非常高，而风车本身的机械零部件时常发生故障，这样一来需要农场主经常对风车进行维护，而高空作业则给农场主的工作增添了安全隐患，随着农场主平均年龄的逐步增加、太阳能发电技术的逐渐成熟和安装成本大幅降低，很多农场开始放弃使用风车提水，而由太阳能发电装置所代替。整体上澳大利亚对风能的利用，由传统的农场主直接利用风动力，开始转向公司运作的大规模的风力发电机组，将风能集中转换成电能，并入区域电网进而输送给终端用户。

澳大利亚风能资源丰富，开发利用潜力很大，是澳大利亚新能源发展的重点，其南部沿海风电场，风电机组年利用小时数一般在 3 000 小时左右，有的甚至高达 4 300 小时以上，是世界上条件最好的风电场之一。为了加快风能资源的开发和利用，2001 年以来，澳大利亚联邦政府通过建立观测网络和计算机模拟，绘制了全国风能资源分布图，并将所得的测风和模拟数据提供给风电开发商。

二、太阳能在农业生产中的利用

鉴于澳大利亚的很多农场通常远离主要中心城镇，单个农场面积巨大而生产能力并不高，架设常规输电网络的成本和收益非常不匹配，因此很多分布在偏远的澳大利亚大后方的农场，其电力供应能力非常有限，甚至很多农场仅有单项输电网络，目的是满足生活需要。这也是直到不久前农场抽水广泛利用风车动力的缘故。

澳大利亚地处南半球热带和温带区域，大部分地区年平均日照时间在 3 000 个小时左右，太阳能资源十分丰富。澳大利亚是世界上最早开展太阳能发电技术研发的国家之一，其光伏发电和太阳能热发电技术已达到世界先进水平。近几年随着太阳能发电技术的成熟，小型太阳能发电、存储设备大幅降价，加上政府在大力推行可更新能源战略实施，并对可更新能源设施提供资金补贴的大背景下，农场利用太阳能的情况已经非常普遍。小型独立太阳能发电装置受到农场主欢迎的原因包括，工作效率高，系统稳定，维护简单。很多农场开始停用风车动力而转向利用太阳能板发电，利用电力代替传统的风力。另外，澳大利亚的农场除了利用太阳能发电外，安装太阳能热水器的比率也很高。澳大利亚广大农村地区对太阳能的利用，不仅提高了生产效率、改善了生活环境，与此同时也减少了对常规能源的消耗，起到了保护环境的作用，毕竟很多偏远的农村地区，其电力供应还是来自于区域性的柴油发电机组。

三、生物能源的开发和利用

澳大利亚的农业生产也开始加大利用生物能源的步伐。利用生物能源最有影响的例子就是利用蔗糖生产蔗渣发电。在昆士兰北部的蔗糖生产区，由蔗渣发电不仅满足了糖业生产用电自给，还能将多余的电力输入电网，为工农业生产提供电力。澳大利亚生产生物乙醇的原料主要是小麦和高粱等，单厂年生产规模约 6 000 万升，目前正在计划建设 5 个年生产规模1.8亿升的新厂，生产生物柴油的原料主要是废弃食用油和动物油脂。

最近在政府的经济扶持下，部分大型的养殖业主也开始着手开发相应的生物能源。不久前，澳大利亚的养猪企业尝试性地将生猪养殖所产生的粪尿用于沼气生产，并发电。结果证实不仅电力实现了自给，还因将剩余的电力输入电网而获得收益。沼气发电使农场主由原来的每月电费支出大约20 000澳元，发展到每月收入5 000澳元。除了经济效益外，该农场还大幅节省了购买肥料支出，因为沼气生产过程所处理的猪粪尿，已经转化成了高质量的有机肥，当然，原来由猪粪尿所产生的环境影响也得到的大幅改善。澳大利亚生物质能资源丰富，包括动物粪便、废弃油脂、农林废弃物、城市生活垃圾、能源植物等。随着政府发展可更新能源政策的加强和经济鼓励措施，以及企业和个人环保意识的增强，生物能源在广大农村的利用将引发新一轮生物能源开发高潮。

四、澳大利亚可更新能源利用对我国的启示

澳大利亚为了发展新能源和可再生能源，采取了一系列有效的政策措施，推动本国经济跨越式发展。通过对澳大利亚新能源产业发展状况及有关政策的了解，我们感到澳大利亚新能源利用可以给我国以下几个方面的启示：

1. 增强能源市场竞争力

能源资源价格体系的结构性变化是市场化背景下能源资源优化配置的基础。实践证明，没有稳定的新能源市场需求，就没有新能源产业的快速发展。新能源开发利用初始投资和生产成本通常较高，如果没有相应的设备和技术及相应的资金作后盾，加之没有相关政策制度作保障，新能源产业发展也就成了一句空话。因此，我们应做好以下几个方面：一是采用政府财政转移支付（补贴新能源）制度，通过能源公开招标，政府在采购能源政策中优先考虑新能源；二是保障新能源企业的生产利润，提高企业的生产积极性，鼓励企业持续参与新能源开发

和利用；三是引导金融企业和投资机构建立新能源风险投资基金，鼓励民间资本参与技术创新，联合开发新能源技术；四是把新能源技术纳入国家科技发展战略，加大政府对新能源技术研发投入，提高新能源研发经费；五是建立新能源生产与消费税收优惠政策，对新能源生产实行免税或者降低税率、提供贴息或低息贷款，减少新能源企业的生产成本支出。

2. 提高自主创新能力

面对传统能源在应用过程中的种种弊端，新能源在我国得到了突飞猛进的发展，通过新能源产业的发展可以改善我国目前的能源结构，解决能源短缺与环境污染等问题，还能保证国家的能源安全，提升国家竞争力，并带动我国经济快速发展。基于此，我们应把握以下几个方面的重点：

一是坚持以完善科研院所研发体系为依托，以深入推进产学研结合为途径，大力支持新能源产业实现关键领域核心技术和关键设备研发的突破。

二是以龙头企业为依托，建立一批国家级新能源工程技术研究中心，突破关键技术瓶颈。

三是建立一批新能源重点实验室和产品试验检测中心，提高产品质量和市场竞争力。在相关高等院校建立基础技术研究实验室，在企业建立应用技术研究实验室，突破一批重大关键技术攻关项目，提高能源效率。

四是引进一流人才，培养工程专业技术人才，解决人才缺乏难题。一方面，重点引进国家急需的新能源高级技术人才，为他们提供安家费、专项津贴、专项研发资金，提供事业平台。另一方面，教育主管部门应积极鼓励高等院校新开设风电工程、光伏工程、核电工程、生物质能工程等专业，制定长远的人才培养计划，大力培养工程技术类本科、研究生人才，以满足新能源产业发展的需要。

3. 完善能源法律体系

与澳大利亚完备的能源法律体系相比，我国能源法律体系尚需进一步完善，尤其是在新能源和可再生能源领域。虽然法律体系的完善是一个渐进的过程，但应有其阶段性的重点；而当前我国能源法律体系的完善，工作重点是尽快将能源市场、能源效率和新能源领域立法列入重要议程。

一方面，制定《能源市场法》，推动能源市场由非市场机制的垄断性市场转向市场机制的竞争性市场。成熟的市场是能源产业发展的基础，特别是新能源的发展。能源市场涉及诸多环节，包括生产、需求、产业结构等方面，中国应当有一部能源市场基本法，其目的是为建立和规范能源市场确立基本原则和制度，推动新能源产业发展。在时机尚不成熟之时，可以借鉴澳大利亚的实践，首先进行单个能源市场立法，以点带面渐进地推进。

另一方面，制定《能源效率法》，促进能源效率的提高。能源效率的提高能间接地减少温室气体排放量，保护生态环境。当前，我国能源效率只有33%，比国际先进水平低10个百分点左右。法律政策的缺失是导致能源效率低下、高消耗和浪费严重的主因。因此，我国应制定《国家能源效率框架》以此提高我国能源利用效率，有效降低生产成本。

4. 继续深化国际合作

能源领域的国际合作既能有效地促进能源新技术的广泛应用、提升并推动世界各国能源科技研发实力，又能共同为促进世界能源持续供应、应对全球气候变化、保护生态环境及保持能源价格相对稳定作出新的贡献。实践证明，国际合作有力地推动了新能源产业发展，也带动了我国能源产业自主创新能力的提高。

在能源科技领域，先进的能源技术与中国巨大的能源需求市场可以形成互补。一方面，中国能源新技术与澳大利亚相比仍存在较大差距，一些技术尚处于低级阶段，如太阳能光电池、100千瓦以上大型风力发电技术、地热发电技术等。另一方面，中国能源市场潜力巨大。根据《国民经济和社会发展第十二个五年规划纲要》，到2016年把单位生产总值的能源消耗降低16%。因此，在能源领域，继续实施“走出去、引进来”战略，不断拓展合作渠道，创新合作方式，丰富合作内容，支持有条件的企业开展境外投资，引导外资投向新能源产业和可再生能源领域。

澳大利亚拥有丰富的可再生能源资源，在清洁能源技术和风能、太阳能方面一直是世界市场的领跑者，中澳两国工商界完全可以开展多层次、宽领域的科技合作。新能源国际合作必将开创能源领域世界各国共赢新局面。

第十一章 澳大利亚农业生态环境保护与可持续发展

尽管澳大利亚是一个地广人稀、土地与其他农业资源丰富的国家，但澳大利亚人并没有因此而忽视农业环境保护。事实上澳大利亚人非常重视保护其农业生态环境，并通过科学地利用农业资源、先进的农业科技创新推广与应用体系，逐步提高农业生态效率以确保农业的可持续发展。澳大利亚优良的农业生态环境质量是全球公认的，这既得益于澳大利亚政府对农业环境保护的重视，构建了完善的环境保护法律、法规体系，并得以贯彻实施；也得益于澳大利亚民众普遍较高的环境保护意识，身体力行自觉保护生态环境。

第一节 澳大利亚生态环境现状

一、整体优良的生态环境

很多到过澳大利亚考察和调研的农业团体都对其农业生产环境质量毫无例外地给予一致高度评价，正如澳大利亚环保部的数据所显示，截至 2015 年，整个澳大利亚 760 万平方公里的国土上仍然有 91%的面积覆盖着原生植被（DFAT，2015），这也充分证明了澳大利亚优良的农业环境质量是不争的事实。澳大利亚总体优良的农业生态环境与其农业开发历史相对较短关系密切，澳大利亚的农业开发始于欧洲移民登陆，但是大规模农业开发总体上发生在20世纪初，因为在这个阶段，国外移民大量涌入，同时大规模的农业机械化使农业生产的规模迅速扩大，这客观上加速了农业生产对环境的影响程度，但是从20世纪的70年代开始可持续发展思想得以在全社会范围内深入贯彻，并迅速影响到农业生产的各个角落，对农业开发的生态环境影响起到了重要的制衡作用。2011年联邦政府对国内环境的评估报告也认为澳大利亚拥有良好的生态环境。

二、大气环境与温室效应

澳大利亚对空气环境质量的关注集中在平流层的臭氧层，因为南极洲上空臭氧消耗已经形成了季节性臭氧空洞，臭氧空洞的规模目前仍在发展扩大，而臭氧层具有吸收过滤紫外线的作用，臭氧空洞的出现使更高强度的紫外线到达地表，对地表生物造成不同程度的损伤。澳大利亚作为南半球为数不多的发达国家，也是距离南极最近的国家之一，尽管臭氧空洞的危害是全球性的，但是澳大利亚将是最直接也是最先受到南极臭氧空洞危害的国家之一。

澳大利亚的主要城市中心的环境空气质量普遍良好。在过去相当长一段时间内，空气质量极少超过国家制定的环境健康标准，偶然性的空气污染，其特征污染物为空气悬浮颗粒物，通常和附近的森林大火和沙尘暴这样短暂极端事件相关联。过去几年里，各城市地区一氧化碳、二氧化氮、二氧化硫和铅的水平持续下降。但是空气中的悬浮颗粒物和二次污染物臭氧并没有明显降低，并且这两种污染物与心血管和呼吸系统疾病密切相关。科学研究证明，包括空气中的悬浮颗粒物、臭氧和二氧化硫等污染物对人体的危害，并没有一个确定的阈值，也就是说对于体质敏感的人群而言，特别哮喘病患者和患有呼吸系统或心血管疾病者，即使污染物的浓度达到环境健康标准，空气中的污染物仍然可以对健康造成危害。

澳大利亚政府报告认为，关注环境空气质量在当前环境下应关注室内环境质量。澳大利亚人 90%的时间是在室内度过的，全社会对室内空气质量的关注非常有限，截至目前，澳大利亚还没有一个评价室内环境空气质量的导则。但是可以肯定的是很多人体过敏反应，呼吸道疾病和癌症风险与室内环境空气质量有关。

三、内陆水体环境质量

澳大利亚的很多内陆河流水体环境质量持续下降，在澳大利亚的南部特别是墨累—达令流域，由于这里相对较高的水资源开发利用率，加上过去十几年（在某些地区更长）澳洲大陆南半部经历了前所未有的持续干旱，这极大地改变了内陆水体环境特征。造成这种影响的直接原因是河流径流减小，导致水体盐度升高。北部澳大利亚和塔斯马尼亚州的内陆水体健康，但是城市周边以及农业发展集约化程度高的农区，水体中的营养成分普遍超过国家规定的标准。

绝大部分澳洲大陆的地表生态过程已经受到不同程度的改变。尽管这种改变在澳洲大陆北部以及一些偏远地区并不明显，地表生态过程的改变还不足以影响到生态系统的功能，但是在澳洲大陆的南部内陆水体生态过程的改变已经造成了本地物种种群萎缩。

四、土地环境质量

尽管澳大利亚在土地环境管理方面取得了多方面的进展，但是土壤环境的很多指标发展趋势仍不尽如人意。就澳大利亚而言，土壤和植被的质量总体尚佳，但是在土地利用强度大的农作区其土地环境质量正在逐渐退化，部分牧区的土壤环境也存在土壤退化问题。过去的几十年里，澳大利亚的农牧业生产，造成土壤中的有机碳含量在降低，土壤酸化问题突出，土壤侵蚀时有发生。

表征土地环境质量和健康的一个重要指标为土壤中有机碳的含量，有机碳在土壤的形成和发展中的很多环节多起着重要的作用，比如：营养物质循环、土壤结构发展以及突然保水性能等，因此对土壤有机碳的监测和管理，具有重要意义。土壤中有机碳的含量不仅对澳大利国内意义深远，同时也极具国际影响，因为土壤作为碳源还是碳汇的问题直接关系到全球气候变化。幸运的是北部澳大利亚拥有大面积的热带稀树草原（Savanna），这些地区将是最重要的潜在碳汇区。但是最终能否有效成为碳汇区，取决于对这些土地的利用和管理方式。

土壤酸化问题涉及澳大利亚大约一半的农区，而且土壤酸化的趋势正日趋加剧，这对澳大利亚农业生产的持续性构成严重威胁。按照现在的发展趋势，未来大面积的澳洲土地其生产力将大幅度降低，土壤酸化是澳大利亚农业可持续发展的重要制约因素，酸化后的土壤环境还直接制约土壤有机碳聚集能力。

五、海洋环境

澳大利亚的海洋和沿海的海洋生态系统整体状况良好，尽管和原生海洋环境质量相比有一定程度的退化。特别是偏远地区的近海区域，因受人类活动干扰少，水体环境条件非常好。但是在澳大利亚西南部、东部和东南地区的近岸海域，由于分布着澳大利亚的主要城市，人口分布密集，工业、农业发展程度高，城市污水和农业退水的汇入改变了近岸水体的营养水平，造成海洋水体环境明显退化，突出表现为水华定期发生。

澳洲海洋环境受影响最大的是其东南部，在这个区域中大约有10%的区域前景不容乐观，也就是说这些区域的正常的生态功能受到损害，而且在未来的50年内仍将持续下去。海洋生物多样性总体状况还很不错，但是历史上过度捕捞使得一些海域的标志性物种（海狮和涉水禽类）不但没有得到有效的恢复，而且还在持续减少。澳大利亚南部海域的蓝旗金枪鱼因过度捕捞，致使种群的生存受到威胁，现已开始受到保护。

六、生物多样性

澳大利亚是世界上极具生物多样性的国家之一，许多澳大利亚的物种还是特有物种，总体上澳大利拥有全球范围内生物物种保有量的7%～10%。在澳大利亚大陆的许多地区拥有大量特有物种和生态系统，这一点与世界上大部分地区不同。澳大利亚的生物多样性程度超过了98%的其他国家，是全球19个生物多样性大国之一。作为一个岛屿大陆，澳大利亚历经6 500万年进化隔离，形成了世界一流、独一无二的物种和生态系统——80%的物种是澳大利亚特有的物种。因为如此漫长的遗传隔离，澳大利亚的生物多样性以惊人的方式适应了世界上最贫瘠的土壤和最恶劣的环境。

澳大利亚的生物多样性发生快速变化始于欧洲移民登陆澳洲时。澳大利亚生物多样性的改变充分体现在基因、物种、群落和生态系统层次上。研究表明，由于影响生物多样性的外界压力持续增加，澳大利亚的生物多样性仍会进一步降低。未来生物多样性的变化将体现在动、植物种群的地理分布，种群的构成和种群质量方面。由于生态环境的变化，未来有些物种能否生存都难以确定。

在地域分布上，澳大利亚的南部人类开发活动密集，生物多样性受影响明显，然而最近调查显示澳大利亚北部鸟类和小型哺乳动物的数量下降明显，这意味着澳大利亚北部的生物多样性也受制于很多不确定性因素。

第二节　农业生产对环境的影响

农业生产是利用光、热、水、土地等自然资源，通过人工投入生产资料和劳动力生产人类所需的农产品的过程。农业生产对自然资源与生态环境的利用，对生态环境造成多方面的影响也是不可避免的。尽管澳大利亚的农业生态环境总体优良，由农业生产造成的生态环境问题也确实存在，这些由农业生产所产生的生态环境问题，有些已经开始对农业的生产形成制约，并对未来农业生产效率的提高和农业可持续发展构成潜在威胁。

一、生物多样性影响

农业生产对生态环境的最直接影响当属对生物多样性的冲击，澳大利亚的现代农业生产是基于机械化和规模化的农业企业或企业群，因此农业生产对生物多样性的影响尤为明显。农业生产对生物多样性的影响主要表现在改变地表植被类型和引进新的动植物品种。

1. 改变植被类型

无论是种植业还是养殖业，为适应农业生产需求都需要对地表植被进行一定程度的改造。澳大利亚的牧业发达，是农业中重要的产业组成部分，在牧场建立之初，大量的乔木被砍伐，以确保草本的快速生长。为了保证牧草质量，牧场上的再生乔木还要根据需要定期进行清理，以便于对牲畜进行管理。为了提高牧草质量，很多牧草的原生草本都被更加适口和营养丰富的牧草品种所取代，进一步改变了植被类型。

耕地的形成过程更是始于对原生植被的清除，基于现代化大型机械设备的规模化种植业，对土地的第一要求就是平整而具有一定规模，因此原生植被清除后还要对地形地貌进行一定程度的修整，以适合机械作业。目前澳大利亚现有从事农作物种植的耕地，其原生植被多为不同类型的林地，当然对林地的清理发生在澳洲移民登陆澳洲后，在开始的一百多年里，由于机械化水平有限，对原生植被的清理速度相对较慢。到了 20 世纪的 20 年代，大型农用机械设备的出现并普及致使农业对植被清理的速度加快，由于人们当时还缺乏环境保护意识，包括政府都积极鼓励农民清理植被并扩大农田规模。植被清理后的土地则根据需要种植不同的经济作物，因此，新的生物物种被引入生态系统。这种由原生生态系统到农业生态系统转变的过程，彻底改变了生态系统的物种成分、结构和功能。

对植被的大规模清除直接造成区域植物物种数量和种类的减少，并造成动物和鸟类的栖息地丧失，因此，农业生产对生物多样性的影响是巨大的。清除原生植被对生物多样性的具体影响很难定量，但是研究表明，在澳大利亚总共有 16 500 种植物和 3 800 种动物的生存是基于森林环境的，这其中又有 1 278 种生物被澳大利亚的濒危物种目录所收录（Pink，2010）。

客观地讲，将原生生态系统转化成农业生态系统的过程是人类从事农业生产必经的过程，现在的问题是如何将现有农业生态系统维持在一个可持续发展的轨道上，并能最大限度上促进区域生物多样性的保护和发展。

2. 物种入侵

生物入侵是指某种生物从外地自然传入或人为引种后成为野生状态，并对本地生态系统造成一定危害的现象。如果一个物种被人为引入一个其先前不曾自然存在过的地区，并具备了在无更多人为干预的情况下在当地发展成一定数量的能力，以至于威胁到了当地生物的多样性成为当地公害，就可称之为“入侵物种”。一般而言，一国主动引进加以培养、种植养殖，以便丰富国人餐桌或用于保护生态、美化环境等，不归类为生物入侵。

澳大利亚重视农田生态保护的生态控制，比如 1966—1986 年期间澳大利亚通过引入不同品种的屎壳郎（Dung Bettle）来分解牧场上大量来不及分解的牛粪，取得了成功，并被广泛传颂为农业中生态治理的典范。但是在澳大利亚也存在引种失败，造成了物种入侵的例子。澳大利亚东北部的昆士兰州盛产甘蔗，蔗田里的一种本地甲虫（Cane Bettle），成年甲虫以甘蔗叶为食，并产卵于地表土壤，蔗田甲虫的幼虫则以甘蔗根为食物，澳大利亚从夏威夷引进了原生南美的蟾蜍（Cane Toad），希望利用蟾蜍捕食蔗田甲虫，实现生物控制的目的。然而当蟾蜍被释放到蔗田后，它们迅速繁殖，但是出乎意料的是蟾蜍数量不断增加，蔗田的甲虫并没有明显减少。据悉目前蔗田蟾蜍的种群数量已经达到 2 亿只，反而蟾蜍自身成了生态灾难，不仅很多当地的昆虫被蔗田蟾蜍吃食，本地野生动物和鸟类甚至包括宠物也因捕食蔗田蟾蜍后通常都被毒死。研究表明大型的动物如淡水鳄鱼数量的减少，也被确认是因吃食了蔗田蟾蜍中毒死亡而导致种群数量下降（Letnic，Webb，et al，2008）。澳大利亚的其他一些入侵物种包括：甘巴草（Gamba Grass）、欧洲野兔（Feral European Rabbit）、欧洲红狐狸（European Red

Fox)、欧洲鲤鱼（European Carp）、老鼠、野猫、狐狸、米诺鱼（Plague Minnow）；入侵植物如刺轴含羞草（Mimosa pigra）；入侵物种也包括一些微生物。

二、土地资源影响

澳大利亚拥有广袤国土资源，土地作为社会经济活动的载体，也为澳大利亚发展农业提供了得天独厚的优势。就发展农业而言，其实澳大利亚的土地质量总体上并不好，主要土壤类型很贫瘠，特别是近二百多年的农业生产历史，已经在很大程度上改变了澳大利亚的土地特征。农业生产引发的土地退化是澳大利亚农业面临的重要环境问题。澳大利亚的土地退化表现在以下几个方面：

1. 土壤盐渍化

澳大利亚土壤极易受到农业活动干扰而退化，土壤退化的一方面表现为土壤盐渍化。澳大利亚的土壤盐渍化，主要是农业生产清除原生植被造成的。也就是说，相对于原生植被，农作物的根非常浅，因此利用水分相对较少，随着时间的推移地下水位逐渐抬升，随着强烈的蒸发作用，地下水中的盐分被带到地表并积聚，当盐分的浓度达到一定的程度，就会对植物生长造成毒害作用（Conacher，1990）。

2000 年澳大利亚 570 万公顷被评定为盐渍化高风险区。预测表明除非实施有效的预防措施，到 2050 年盐渍化的范围可以增加到 1 700 万公顷，这其中大约 1 100 万公顷为农田（NLWRA，2001）。2002 年大约 20 000 家农场和 200 万公顷的农业用地呈现了盐渍化的迹象（ABS，2010）。仅 2000 年土壤盐渍化对农业造成的经济损失估计为 187 亿美元，这对许多农场意味着土壤盐渍化将造成农业生产力降低并带来经济损失（NLWRA，2001）。

土壤盐渍化的影响不仅局限在农业部门。包括道路、住房和供水基础设施都因土壤盐渍化的间接影响而退化。新南威尔士州、维多利亚州、南澳大利亚和西澳大利亚的道路、建筑物以及 70%城镇供水基础设施都会受到盐渍化的影响。横跨澳大利亚约 63 万公顷的原生植被和

80%的湿地，这其中包括若干国际重要湿地将受到盐渍化的影响而退化，最终导致区域生物多样性降低（NLWRA，2001；ABS，2010）。

2. 土壤碳流失

澳大利亚的土壤退化还表现在土壤碳流失，全球的碳库中三分之二以有机物形式存在（Batjes，1996），这一含量是大气中碳含量的三倍多。然而，土壤退化容易引起碳流失，而且土地利用类型的改变和不科学的土地利用和管理方式会导致土壤碳加速分解，向大气排放温室气体。

许多澳大利亚农业系统的土壤碳储存量很低，因为当土地利用类型从原生植被到农业用地的过程中土壤中碳的含量通常会损失20%～70%。土壤碳含量是其健康的重要指标，也是控制许多进程（如养分循环，发展土壤结构、保持水分）的主变量。土壤碳主要来自植物光合作用合成的有机物，这些有机物在土壤循环过程中作为其他有机体的能量和营养素的来源，通过呼吸作用分解成二氧化碳回到大气中（Porteous and Davidson，2006）。对土壤碳的管理和监测已成为一个关系全球的环境问题。因为土壤到底作为碳源或碳汇，不仅直接影响土壤的健康，而且还直接影响大气中的温室气体含量。研究发现，改变土地的管理方式可以减少土壤碳的损失，目前经济有效的方式是对农业用地实行少耕或免耕，则可以增加土壤碳储存。

3. 土壤酸化

土壤酸化是一个自然的过程，农业发展对土地的利用加速了这一过程。澳大利亚土壤酸化是过量使用氮肥，导致土壤中的氢离子浓度增加所致。铵态氮在土壤中很容易转化为硝酸盐和氢离子，即使硝酸不被植物吸收，它在植物根部也会很快被淋洗从而留下氢离子，这样就提高了土壤酸度。与此同时，大多数植物体呈弱碱性，通过放牧或直接收获使这些弱碱性物质被转移到田地外，把聚集根部的氢离子留在了土壤中。随着时间推移，该过程周而复始，土壤中的酸性就越来越强。当种植的农作物为草料（Hay），特别是苜蓿类和豆科作物时，土壤酸化过程最为明显。

土壤酸化不仅是一个重要的环境问题，同时也是经济问题。大约

50%的澳大利亚农业土地或面积超过5 000万公顷的土壤表层pH小于或等于5.5，显然这个酸化程度已经超出底层土壤进一步酸化的pH上限。如果现在不采取有效的治理措施，底层土壤也会被酸化，届时治理土壤酸化将更加困难，成本也会更加昂贵。土壤酸化比较严重的两个州为新南威尔士州和西澳洲，在这两个州内严重酸化土壤即pH小于4.8的土地面积可高达1 200万～2 400万公顷（NLWRA，2001）。土壤酸化致使农作物种植品种严重受限，只能种植少量耐酸性土壤的植物品种，这样一来农业生产的灵活性大大降低，农业生产就会丧失很多有利可图的市场机会。很显然，随着土壤酸度的增加，种植苜蓿和豆科植物的牧场农场就可能无法持续进行生产。

此外土壤酸化还会产生很多外部效应，大面积的土壤酸化会进一步扩大影响范围，致使一些深根植物也无法繁茂生长。土壤酸化还增加突然盐渍化的风险，使土壤中的营养成分流失，特别是加快土壤中有机碳的快速分解。

4. 土壤侵蚀

土壤侵蚀也是澳大利亚土壤退化的重要方面，根据2001年的国家环境质量报告，澳大利亚的所有土地其因侵蚀所流失土壤量平均高于1吨/公顷，也就是说就全国平均而言，流失的土壤量是澳大利亚自然成土能力的两倍。水土流失是风蚀和水蚀两种自然过程共同作用的结果。《2001年土地资源、水资源评估报告》指出，澳大利亚的水土流失76%是发生在原生植被的土地上，其年平均土壤流失量为5.7吨/公顷，这个结果与后来的另外一项系统研究基本一致，即澳大利亚草原地区的年土壤流失量平均为5.5吨/公顷（Loughran，Elliott，et al，2004）。另外，8%的土壤流失发生在天然林地，年平均土壤流失量为4.7吨/公顷。国家公园的土壤流失最为严重，年流失量高达8.9吨/公顷，国家公园土壤流失量仅占全部的6%。数据表明澳大利亚土壤流失最为严重的地区位于澳大利亚北部半干旱地区，那里分布着广袤的草原牧区和林地。平均水土流失最高的耕作区为澳大利亚北部的甘蔗种植区，其年水土流失量高达37.2吨/公顷。

Loughran等（2004）认为澳大利亚全国范围内70%的土地其土壤

流失率是自然状态下土壤流失率的10倍。这就意味着在未来很长的一段时间内，土壤流失将持续进行，土壤退化无法得到有效遏制。入侵动物如欧洲野兔，对土壤破坏严重，加剧了澳大利亚土壤退化和侵蚀。

三、农业病虫害

由于澳大利亚远离其他大陆，很多在其他大陆流行的病虫害，并没有在澳大利亚出现。比如，作为牧业大国，澳大利亚既没有疯牛病，也没有口蹄疫疫情的发生。同样，由于远离其他大陆的原因，在澳大利亚也没有狂犬病毒（Rabies）。

澳大利亚作为农业生产大国与全球的其他国家一样也受到病虫的影响，澳大利亚的农业部分别制定了动物病害、植物病虫害、渔业病害和林业病虫害重点预防和控制清单。以动物病害为例，重点防控的疾病包括：炭疽（Anthrax）、澳大利亚蝙蝠狂犬病病毒（Australian Bat Lyssavirus）、禽流感（Avian Lnfluenza）、蜜蜂疾病与虫害（Bee Pests and Diseases）、疯牛病（Bovine Spongiform Encephalopathy）、猪瘟（Classical Swine Fever）、地方性牛白血病（Enzootic Bovine Leucosis）、马流感（Equine Influenza）、口蹄疫（Foot and Mouth Disease）、亨德拉病毒病（Hendra Virus）、传染性华氏囊病（Infectious Bursal Disease）、约尼氏症（Johne's Disease）、狂犬病（Rabies）、旋丽蝇（Screw-Worm Fly）、苏拉病（Surra）。前面提到的入侵生物也是澳大利亚病虫害防治的重点对象。

四、农业水环境影响

农业是用水大户，全球范围内农业用水占到人类生产、生活用水的70%，其他产业占到20%，而居民生活用水仅为10%左右（Rost，Gerten，et al，2008）。2012年澳大利亚农、林、渔业用水量达到12.9亿立方米，占全国年用水量的65.68%，其中农业部门用水量为12.7亿立方米，占到农业用水的98.5%，在农业部门的用水量中农业灌溉用水占到了93%。林业和渔业的用水总和仅为0.2亿立方米，占到大农业用水量的1.5%（ABS，2014）。农业用水的来源，其中84%来自地表水，15.4%来自地下水，回用水占到0.6%（ABS，2014）。

澳大利亚农业生产对水环境的影响一方面表现在水环境污染，多种农业污染物都会随地表径流进入水体，影响水体环境。首先，农业生产伴随着农业化肥的使用，在雨水的冲刷下由地表径流将化肥农药的残留物带回到水体。其次，地表径流还将部分牲畜的排泄物冲刷到附近水体，澳大利亚畜牧业发达，因而此类污染源分布广泛。另一方面表现为水土流失问题，在降低土壤肥力的同时，流失的土壤最终也进入水体，进一步改变水体的物理和化学特征。总体上，澳大利亚农业对水体的影响使其向水体富营养化的方向发展。在农业发达的沿海地区，比如昆士兰北部凯恩斯附近是澳大利亚的蔗糖生产基地，农田退水对海洋环境的污染直接威胁珊瑚礁（世界自然遗产——大堡礁）的生存。

由于农业用水量的84%来自地表水，大量的农业取水就给供水水体造成了很大的生态压力。比如由于农业取水导致径流减少，很多湿地开始出现退化的迹象。河流水体径流的减少与污染的大量汇入，加剧了水体环境质量的降低。在澳大利亚的墨累—达令流域（Murry-Darling）由于流域内农业发达，作物种植面积广，一方面农业取水量大，另一方面前些年该地区发生持续干旱，流域水体生态环境退化明显，这已经促使澳洲政府颁布法令，强制消减农业用水配额，以缓解水体生态环境压力。

五、农业对全球气候变化的影响

农业部门排放温室气体的来源主要包括：牲畜的肠内发酵、粪肥管理、水稻栽培、农田耕作、烧荒、秸秆焚烧。当然大型机械设备的运行，也不可避免地产生温室气体，但是澳大利亚的统计中，不把农业机械设备作业的温室气体排放计入农业排放。农业部门排放温室气体的种类主要为甲烷和氧化亚氮，这些气体都是由生物过程产生的。由于二氧化碳的排放被视为自然界碳循环的一部分，因此排放二氧化碳不计入澳大利亚农业生产的温室气体排放量（Australian Government，2013）。

农业排放温室气体中60%是由牲畜的肠内发酵产生，澳大利亚的畜牧业发达，盛产牛肉和羊肉，随着国际市场对牛羊肉需求的增加，澳大利亚的牲畜存栏量将会进一步上升，农业部门的温室气体排放量还将进一步上升。2012年农业部门的温室气体排放量为1亿吨二氧化碳当量，预计2020年的排放量将为1.06亿吨二氧化碳当量，到2030年温室气体的排放量则增至123亿吨二氧化碳当量（Australian Government，2013）。2013年澳大利亚国家可持续发可持续发展报告指出，即使是最乐观的估计，到2030年，澳大利亚平均气温将至少再升高1摄氏度，随着气候变暖，干旱发生的频率将增加20%，年均高火灾风险天数也将增加25%，更重要的是风暴等极端天气发生的频率也将大幅增加（National Sustainability Council，2013）。

第三节　农业生态环境保护体系

农业在澳大利亚的经济和社会发展过程中依然发挥着重要的作用。尽管农业对国民经济的贡献度在逐年下降，其根本原因也只在于农业的增长速度落后于其他产业的增长速度而已。统计数据显示，澳大利亚的农产品出口贸易额持续增长，农业发展不仅保障了国家食品供给，为国民提供安全、营养、品质上佳的食物来源，同时农业发展也为社会提供就业机会，推动旅游业的发展。除了为数不多的大城市以外，农业的发展对很多地区社会经济发展发挥着至关重要的作用，因为这些地区的社区经济和社会发展主要是依靠农业发展来维持的（National Sustainability Council，2013）。因此农业仍是澳大利亚区域经济发展和社会文化的重要组成部分，政府也全方位关注农业，并采取措施促进农业可持续发展。

与世界上其他国家一样，促进农业生态环境保护与可持续发展的各项行动只是国家实现可持续发展战略的一个重要组成部分。农业生产系统作为国家宏观系统的子系统，澳大利亚政府始终综合平衡农业经济发展和农业生态环境保护的关系，并积极弘扬农业社区文化，以实现农业社区的综合协调发展。也正是基于这种原因，澳大利亚在保护农业生态环境和推动农业可持续发展的进程中，采取的是全方位的措施，这些措施之间又是相互依托，协同作用。在这些措施的实施过程中，澳大利亚的农业部（Department of Agriculture）和环境保护部（Department of Environment）起着重要的引导和协调作用。本节重点介绍澳大利亚在保护自然资源与生态环境方面的努力，但涉及内容并不是完全的专门针对农业，至少农业生态环境保护和可持续发展是在这样一个大的宏观环境下进行的。

一、定期的全国生态环境现状评估

在联邦政府环境保护部的组织下，澳大利亚定期对全国范围的生态环境现状进行评估，并形成全国环境现状报告。环境评估的主要目的就是以通俗实用语言和形式形成环境评估报告，准确表征生态环境质量现状，明确造成环境压力的因素，并提出科学的治理和管理建议。环境现状报告的内容则是那些关系国计民生、国家可持续发展的环境问题。以最新版本的2011年国家环境现状报告为例，其主要内容包括：2011年国家环境质量概况、环境变化的驱动因子、大气环境、内陆水环境、土地环境、海洋环境、南极环境、生物多样性、遗产、建筑环境、海岸带以及未来展望。

国家环境现状报告汇总了澳大利亚全国范围内重要的关系国家可持续发展的重要环境信息，它为澳大利亚各级政府在资源环境管理过程中制定决策提供了科学依据，特别是每5年一次的定期评估使环境现状报告更具使用价值。澳大利亚的环境现状评估报告，包括其支撑数据都在农业部的网站上对社会公开，自由下载，以便于让民众及时了解环境现状信息，该报告发挥着重要的环境教育功能。公众对环境问题以及环境质量现状的了解，不仅能促进公众环境意识的提高，在客观上也促进了澳大利亚资源与生态环境保护措施及时有效的落实。

定期的全国范围内的环境现状报告也为农业部门的生态环境保护与农业可持续发展提供了宏观基础数据。澳大利亚的农业部也有自己的数据和信息收集网络，一旦农业发生疫情或出现影响区域农业发展的问题，农业部的相关部门就能在第一时间了解情况，因为即使是最为偏远的农区，农业企业也配备了网络和传真等现代通信技术，农业部也在网站上直接提供了系统上报的通道为农业企业上传信息提供便利。更为重要的是澳大利亚独立的农业专业研究机构——澳大利亚农业资源经济局（ABARES）会针对农业资源环境和经济问题及时研究并报告，从而为农业管理决策提供信息和依据，值得一提的是澳大利亚农业资源经济局的独立性，澳大利亚的政治制度保证了它的学术观点基于科学数据而不受政府左右。

简而言之，澳大利亚的政府和机构对农业生态环境和国家宏观环境现状的准确把握，农业生态环境保护以及农业可持续发展的决策提供了保证。

二、农业科学研究综合实力

基于对环境现状的认识以及生态环境问题的识别，如何解决影响农业生态环境问题，实施何种措施来促进农业可持续发展则要依靠农业科学研究活动。澳大利亚的农业科研能力在世界范围受到认可，很多农业机械的发明源于澳大利亚。联邦科学与工业研究组织（CSIRO）作为澳大利亚的国家级科研机构，也是世界上最具声望的科研机构之一，农业是该组织的重点研究领域。联邦科学与工业研究组织拥有四个农业或农业相关的研究领域，处于世界前百分之零点一的领先地位，它们分别是农业科学、动植物科学、环境与生态以及基因科学。澳大利亚的大学作为农业研究的主力军，根据英国泰晤士报 2013 年全球排名，5 所澳大利亚高校进入世界排名前 100 位，全球名列第四，农学研究通常又是这些大学重点学科。

农业科研能力是农业科技创新实践与生产管理效率提高的保障，联邦科学与工业研究组织、澳大利亚的大学、各州和地区的农业厅、农业联合研究中心等研究机构的密切合作，以及这些研究机构与国际农业科研机构的广泛协作是澳大利亚农业可持续发展道路上的又一重要保障。

三、全面的环境意识教育

澳大利亚民众普遍较高的环境意识，得益于澳大利亚全方位的环境意识教育。澳大利亚的环境意识教育包括学校教育、社区教育和社会教育。

澳大利亚的孩子从学前教育就开始涉及如何将垃圾放到指定的地点，培养不乱扔垃圾的好习惯。学校的课程设置中，不少实践课的内容又是关于亲近自然、体验自然、热爱自然和保护自然环境的内容。贯穿于不同教育阶段，以实践活动为主，身体力行的环境教育模式使孩子从小就树立了良好的环境意识。

社区在澳大利亚的环境意识教育中也发挥着重要的作用。以垃圾分类为例，社区居民通常要求将垃圾分为可回收垃圾、不可回收垃圾和绿色垃圾（植物和食物残余）。居民入住每个社区前都会收到一份包含本社区诸多具体规定的小册子，明确规定了不同垃圾的所属类别，社区还为每户提供了配套的垃圾桶，以鲜明的颜色区分其不同用途。社区还以通讯的方式，通报本社区在垃圾分类收集过程中的落实程度，指出分类过程中的错误，内容翔实到位。由于学生在学校接受了系统的环境教育，很多情况下孩子往往成了自觉监督垃圾分类落实的观察员，因此家庭成员在长期的实践中也逐渐接受教育，提高环境意识。社区还定期组织一些环保活动，组织社区居民共同参与这些活动，这类以环境保护为主题的实践活动也不断影响着社区居民的环境意识，将环境保护意识和行为进一步塑造成社区文化的一部分。

澳大利亚的整个社会已经形成了一种崇尚生态环境保护的文化氛围，因此公众普遍具有较高的环境意识，在日常生活中身体力行自觉保护生态环境。在这样一个大的社会环境下，公众之间受到一种潜移默化的示范教育，使重视生态环境保护的文化氛围日益增强。

四、完善的法律保障体系

首先澳大利亚具有完善的法律体系，环境保护和生物多样性保护法

1999（Environment Protection and Biodiversity Conservation Act 1999）是目前澳大利亚资源环境领域的最高法律，是其他环境法律、法规制定必须遵循的基本框架。基于这个资源环境领域的基本法律，很多相关法律得以衍生，内容广泛、涉及诸多方面，例如：土著居民和托雷斯海峡岛民遗产保护法，南极洲的环境保护、自然与文化遗产保护法，清洁能源法，气候变化管理局法，燃油质量标准法，危险废物管理法，水法等。对应具有全国保护意义的区域，澳大利亚也制定相应法律，比如：针对昆士兰北部的大堡礁的保护就制定了大堡礁海洋公园保护法。也有针对具体环境活动的法律，如环境管理法——垃圾海洋倾倒。

澳大利亚的农业部也会根据农业发展的需要，建议并协助联邦议会制定农业相关法律。农业法律范围涵盖农业各个行业及食品行业，具体内容涉及土壤与其他自然资源的保护、自然灾害防治、食品安全、农产品检验检疫、农产品国际贸易、农业和农业经济研究等。澳大利亚的所有资源环境、农业相关的法律文件，都在环保部和农业部的网站上公布供公众自由查询。

农业部负责监督执行的现行法律文件包括：农业和兽医化学品法（Agricultural and Veterinary Chemicals Act 1994）；农业和兽医化学品法典法（Agricultural and Veterinary Chemicals Code Act 1994）；澳大利亚动物健康局（畜牧业）融资法案（Australian Animal Health Council-Live-Stock Industries-Funding Act 1996）；澳大利亚葡萄酒管理局法（Australian Grape and Wine Authority Act 2013）；澳大利亚肉类和畜牧业法（Australian Meat and Live-Stock Industry Act 1997）；奶制品生产法（Dairy Produce Act 1986）；出口管理法案（Export Control Act 1982）；支持农户法案（Farm Household Support Act 1992）；渔业管理法（Fisheries Administration Act 1991 and Fisheries Management Act 1991）；林业营销、科研开发与服务法（Forestry Marketing and Research and Development Services Act 2007）；园艺营销、科研开发与服务法（Horticulture Marketing and Research and Development Services Act 2000）；禁止非法伐木法（Illegal Logging Prohibition Act 2012）；进口食品控制法（Imported Food Control Act 1992）；肉牛疾病

消除基金法（National Cattle Disease Eradication Trust Account Act 1991）；国家残留物调查管理法（National Residue Survey Administration Act 1992）；自然资源管理法（Natural Resources Management-Financial Assistance Act 1992）；澳大利亚作物健康基金法（Plant Health Australia-Plant Industries-Funding Act 2002）；农业研究开发法案（Primary Industries Research and Development Act 1989）；检疫法（Quarantine Act 1908，In Relation to Animal，Plant and General Quarantine）；蔗糖科研开发与服务法案（Sugar Research and Development Services Act 2013）；区域森林协议法案（Regional Forest Agreements Act 2002）；托雷斯海峡渔业法（Torres Strait Fisheries Act 1984）；羊毛国际法（Wool International Act 1993）。

完善的环境法律体系为资源和环境保护提供了法律依据。和其他国家一样，澳大利亚会根据公众的反馈以及新的环境问题的出现及时修订相关法律，修订的法律在生效之前还会向全社会以及专业机构和人士进行咨询。保障法律效用的另一个方面是法律的执行，澳大利亚切实做到了“有法可依、有法必依、执法必严、违法必究”。国际组织都将澳大利亚评为全球最为廉政的国家之一，也从侧面印证了澳大利亚法律体系完善性。

五、多渠道资金支持

资金短缺往往是生态环境保护活动的重要障碍，在澳大利亚生态环境管理和治理的资金短缺矛盾并不十分突出，这主要是由其灵活广泛的税收体系为保障。澳大利亚在全球范围内都是出了名的高税收国家，资源环境类税非常普及，无论是企业、商业还是家庭个人都必须相应地交税。最为明显的例子是澳大利亚曾一度征收碳排放税，该税种于 2014 年下半年取消，充分体现了税种的广泛以及在税种设置上的灵活机动。

得益于公众普遍较高的环境意识，以及鼓励捐赠税收制度，使得澳大利亚的捐赠活动比较普遍，其中的主要原因是任何公益捐赠，哪怕只是很少到几澳元的捐赠额，都可以在年度末的税务结算时，给予相应的税务减免。大的集团公司，往往会把环境保护捐款作为提升公众形象的重要手段，因此在澳大利亚拥有较多的专门的资源环境保护基金，为生态环境保护提供了资金保障。除此之外，澳大利亚的社会文化中，志愿者非常普遍，来自不同领域的志愿者则会无偿地贡献自己的业余时间投身到生态环境保护的行动中，这种志愿者或志愿者团体对生态环境保护的贡献，既是智力贡献，也是财力贡献。根植于社会的志愿者文化，还进一步推动了生活环境保护文化的构建。

六、针对环境问题系统设计预防和治理措施

开展农业生态环境保护与促进农业可持续发展依靠具体的行动和措施，鉴于农业生态环境属于农业与环境的交叉领域，因此在管理和决策方面至少需要两个主要政府部门即环保部和农业部的密切合作。在生态环境保护实践中，澳大利亚的环保部着眼于全国或区域性宏观环境保护和治理，而农业部则集中解决与农业发展关系密切的生态环境问题，为了实现农业的可持续发展，联邦政府环保部和农业部还联合启动了覆盖全澳大利亚，旨在保护土地、水资源等的项目。澳大利亚环保部和农业部近期所采取的环境保护与促进农业可持续发展的一系列措施，将在本章的第四节进行更为详细的阐述。

七、完全开放的信息政策

澳大利亚的资源环境信息涉及公众利益，属于公开开放信息，因此涉及澳大利亚的资源环境信息绝大多数都可以在政府和专业机构的网站查询，资源环境信息对公众开放使公众得以客观了解生态环境现状，使公众参与环境问题的讨论、对资源环境问题管理决策进行信息反馈成为可能。值得一提的是澳大利亚政府信息化建设的完善程度非常高，各级政府已经建成了完善的政府信息网站，通过网站发布信息，征求建议已经是极为普及的方式。笔者曾访问澳大利亚中部偏远的农场，农场主获

取信息以及与外界信息交流的主要方式也已经是互联网。开放的资源环境信息在很大程度上也起到了对公众环境意识教育的作用。

八、监督体系

澳大利亚健全的法制体系，本身就具有完善的监督机制，这为生态环境保护项目和活动落实提供了法律保障。应该说澳大利亚的监督体系是全方位的，民众的监督源于普遍较高的环境意识。资源环境问题关系到人类的生存和发展，和很多国家的媒体一样，澳大利亚的媒体对生态环境保护也极为关注。

和中国的民主党派参政议政不同，澳大利亚有多个政党，但是一直主要由两个主要政党轮流执政。生态环境监督体系差异较大的方面应该在于与澳大利亚不同的政治体制，即在野党对执政党的监督，在野党时时刻刻在关注执政党的政策导向和执行力度，其中资源环境方面的政策也是在野党关注的热点。毫无疑问，在野党对环境问题的关注最直接的原因为政治对抗，通过环境问题指责执政党，借此以获得更多选民的支持。在澳大利亚甚至建立起了独立的“绿党”（Australian Greens），它以关注自然与生态环境的保护与管理为鲜明特色而有别于其他政党。抛开政治因素，这些在野党的政治斗争行为在客观上影响着生态环境保护政策导向，并对生态环境保护措施有效落实起着监督作用。

单独对构成澳大利亚农业生态环境保护体系的每个方面进行评判，似乎并不具有多么显著的优越性，因为各国的生态环境保护体系都在以上几个方面采取具体的行动，但是澳大利亚在全球范围内公认的优良农业生态环境是不争的事实，这一切都应归功于其农业生态环境保护体系的有效性。应该说，澳大利亚在农业生态环境保护实践中，切实做到了相关部门的有效协调和配合，很大程度上应该归功于公众普遍较高的环保意识和严格的法律体系使农业生态环境保护实践活动得以及时有效地落实。

第四节　农业可持续发展具体行动

农业对自然资源利用最为广泛，尤其对土地、水和气候资源的依赖最为直接。在澳大利亚的联邦政府层面，由环保部和农业部所主导的一系列生态环境保护措施，对促进澳大利亚的农业可持续发展发挥着至关重要的作用。澳大利亚的环保部为澳大利亚联邦政府下设最高生态环境保护机构，以构建“更为清洁的自然环境”（A Cleaner Environment）为宗旨，在生物多样性保护、全球气候变化治理、环境保护、遗产保护、土地资源保护、水资源保护、海洋保护、国家公园的建设、可持续发展社区建设以及生态环境保护科研等方面做不懈的努力。而农业部则就农业经济和贸易发展、病虫害防治以及农业资源可持续利用方面采取多方面的行动。本节所介绍的澳大利亚为实现农业可持续发展所采取的行动，主要侧重在对国土资源的保护、土地资源的保护、水资源的保护、对全球气候变化的应对以及对病虫害的防治五个方面。

一、国土资源保护行动

由澳大利亚联邦农业部联合环保部联合发起的保护国土资源项目（National Landcare Programme），实际上是一项综合性的农业自然资源保护项目。该项目源于 1999 年，设立的初衷是通过组织基层民众的积极参与，解决当时面临的农田退化、水体以及其他公共土地资源退化。在随后的 20 多年里，该项目始终得到联邦政府的持续资助，参与该项目的团体持续发展壮大。经过 25 年的发展目前已经拥有大约 6 000 多个团体在从事与该项目相关的活动。遍布澳大利亚的各个团体和成员，基于农业生态保护与生产实践总结了适合区域自然特征的农业资源最佳利用模式，以及区域农业可持续发展的最佳实践方案。特别是为土地资源、水资源和原生植被的保护和利用提供了经验。保护国土资源项目的主要活动包括：探寻农业可持续生产实践；恢复原生植被和原生物种栖息地；杂草与病虫害防治；逐渐积累区域农业生产管理知识与经验并通过区域网络进行共享。其战略发展目标与效应见表 11-1。

表 11-1 国土资源保护行动战略目标与效应

战略目标	战略影响与效应	对国家和国际义务作出的贡献
战略目标 1：社区经济和社会的持续发展直接受益于他们对景观环境的保护	通过对地方和区域景观的可持续管理实现保持和提高生态系统的服务功能	保护和恢复生态系统功能、提高其抗干扰能力和生物多样性；采取适当管理措施来抑制入侵物种对生态系统、生境或当地物种构成威胁
战略目标 2：通过对资源实现有效管理达到农业和渔业持续增产的目标	积极推广农业和渔业基于自然资源保护的生产实践，使农业和渔业可持续发展实践所影响的国土面积持续增加	通过对农业和渔业的有效管理实现生物多样性保护并减少温室气体排放，增加土壤中碳的存储
战略目标 3：社区广泛参与生态环境保护行动	促进包括社区、国土资源保护团体、农民和土著人共同参与的可持续自然资源管理	增强社区对生物多样性价值的认识，提高社区知识和技能并积极培养参与意识，以促进生物多样性保护和利用
战略目标 4：实现社区对保护物种以及自然资产的保护	加快退化自然环境的恢复和修复，保护具有全国和国际意义的物种、生态系统、生态社区以及具有特殊价值的地方	减少自然栖息地的损失、退化和破碎化；保护那些具有国家环境的意义环境要素，包括管理世界遗产地景区，国际重要湿地、国家遗产地等；减少全国受威胁物种的数量，并加大对其保护力度

新的一期保护国土资源项目从 2014 开始，在为期四年的项目期内，联邦政府总投入为 20 亿澳元，其中有 10 亿澳元直接用于农业环境保护与可持续发展中。“保护国土资源”作为一个覆盖全国的大型项目，在执行上又分为国家层面和地方层面。澳大利亚政府充分认识到当地社区和区域的自然资源管理机构的贡献，是确保项目成功的关键。

国家层面的具体行动包括：小额社区基金、植树 2 000 万计划、地方性项目、信息网络建设、入侵动植物治理、参与国家生物安全防护并持续资助并入该项目其他子项目。随着政府简化管理的需要，以前由政府直接资助并管理的项目也并入了保护国土资源项目中，因此这些相关项目也构成了保护国土资源的组成部分，并对这些项目进行持续资助。

1. 小额社区基金

在 2014 经济年度，保护国土资源项目向社区和个人发放了 5 百万澳元的经费，用以资助 291 个小项目，这些小项目的实施将着眼于促进当地生态环境保护和自然资源的持续利用。同时也响应了广大社区民众需求，即为社区参与所在区域自然资源管理提供更为广泛的机会。

2. 植树 2 000 万棵计划

澳大利亚联邦政府还发起并资助了植树计划，直接目的为重建部分绿色廊道并培育城市林地。植树计划的目标是到 2020 年总共植树2 000 万棵，并在林下种植适合生长的林下植物群落。该项目作为保护国土资源项目的重要组成部分，通过植树还能实现广泛的社区参与。树木种植成林后的生态环境保护作用更为明显，一方面林地将大气中的碳固定，减少大气中温室气体的含量，另一方面林地扩展将改善原生物种的生境，提高生物多样性。

3. 地方性项目

当前的保护国土资源行动资助一系列的地方性项目，目的是调动当地社区采取行动，解决威胁当地景观、生态系统功能和物种的生态环境问题。目前所资助的项目包括：

（1）区域垃圾清理项目：重点是清理受影响河道和滨海环境的垃圾，并加强对公众的环境意识教育。

（2）悉尼西部坎伯兰生态廊道建设（Cumberland Conservation Corridor）：通过林地保护改善濒危的生态系统活力，增强抵抗外界干扰的能力。该项目将着眼于植被的保护、恢复，以提高该区的生物多样性。植树也是生态廊道建设的重要部分，它也是“植树 20 万棵计划”的部分。

（3）金伯利地区蔗田蟾蜍清理项目：主要资助位于西澳洲的金伯利地区（Kimberley）蔗田蟾蜍的清理。蔗田蟾蜍是由人为引进的入侵物种，对生态系统的破坏非常严重。

（4）入海河流生态恢复：澳大利亚的五个重要水道的生态治理将直接受益。这些河流包括：维多利亚州的雅拉河（Yarra River）、昆士兰州的托伦斯河（River Torrens）、西澳洲的天鹅坎宁河（Swan-Canning River）、塔斯马尼亚州的泰马河（Tamar River）和新南威尔士州的塔格拉湖入海口（Tuggerah Lakes Estuary）。

（5）丹德农岭地保护项目（Dandenong Ranges）：以提高维多利亚州丹德农岭地区的环境健康，提高对传统土著传统文化的认识为目标，进行入侵杂草清除、按规划减少林地可燃物载量达到防火目的。

（6）鲸鱼和海豚保护计划：其中国家海豚保育计划（National Dolphin Conservation Plan）将通过资助海豚保护科研活动，根据对其生境、威胁因素、种群疾病的监测，确定海豚不同种群受威胁程度，以此确定优先保护次序。鲸鱼回游路线监测计划（National Whale Trail）则通过建立陆地观测站点，监测鲸鱼回游路线以及种群健康，通过信息分享和公众参与来提高公众保护鲸鱼的意识。另一个计划则是鲸鱼和海豚的解救计划（National Strandings and Entanglement Action Plan），通过提供培训、购置设备和资金支持，鼓励当地政府部门对搁浅的鲸鱼和海豚进行营救。

4. 信息网络建设

一方面通过升级网络信息平台，使参与保护国土资源项目的 6 000 个团体和自然资源管理组织能更好地沟通和交流。高效的信息分享进一步确保自然资源管理部门在制定资源管理决策时充分考虑基层各团体的信息反馈。另一方面，环保部和农业部还共同出资，通过委托技术公司为保护国土资源项目的运行提供技术支持，并代替政府开展与项目相关的教育、宣传活动，组织各类社区活动、庆典活动等。

5. 入侵动植物治理

入侵动植物不仅破坏澳大利亚的自然资源，还给农业造成极大损失。入侵植物的危害尤为严重，据估算，仅入侵植物对农业造成的年损失就高达 40 亿澳元，而入侵动物对澳大利亚造成的年经济损失可达 6 千万澳元。入侵植物对自然环境的影响难以精确估算，通常认为造成的损失要远大于农业的损失。植物入侵后，原生植物和动物即被取代，并加速土地退化、减少农场和森林的生产力。保护国土资源项目积极参与到控制入侵动植物的行动中，例如，该项目资助澳大利亚野狗清除，也资助其他入侵植物和动物的清除活动。

6. 参与国家生物安全防护并持续资助并入该项目的其他子项目

澳大利亚是世界上检疫最为严格的国家之一，这主要是因为澳大利亚远离其他大陆，到目前仍免受许多其他国家疾病和虫害困扰。全球化背景下的国际贸易和人口流动给澳大利亚的生物安全检验检疫带来巨大压力，因此澳大利亚的检验检疫工作依靠与其他国家，业界和社会的密切合作，积极预防并做好准备应对疫情发生。保护国土资源项目在澳大利亚生物安全方面的贡献在于建立了生物安全应急响应机制。根据澳大利亚 2011 年政府报告显示，假设 2001 年口蹄疫（Foot and Mouth Disease）在澳大利亚爆发，十年间对澳大利亚畜牧业造成的损失可高达 52 亿澳元。

保护国土资源项目还资助其他以前的与国土资源保护有关的项目，包括目标地区基金（Target Area Grants），世界遗产基金（World Heritage Grants），土著保护区建设（Indigenous Protected Areas），大堡礁保护项目（Reef Programme），环境管理计划（Environmental Stewardship Programme）以及创新基金（Innovation Grants）等。

保护国土资源项目在地方层面的项目主要是与分布全国的 56 个地方自然资源管理机构合作，在本期为期四年的项目期间，联邦政府将向这个 56 个自然资源管理机构投资总计 4.54 亿澳元，实现如下预期目标：

（1）通过与社区、“保护国土资源”项目团体、系统农业实践小组的合作，指导区域自然资源管理规划并确定自然资源管理活动的优先次序，以支持环境保护和可持续农业生产实践。

（2）参与并实践国家重要资源环境项目，协助澳大利亚履行其国家和国际义务。

（3）促进多方合作，利用构建的信息网络协调项目执行者与利益相关者的关系，以促进区域自然资源管理活动得到有效落实。

（4）确保社区和相关产业对保护国土资源活动的参与，围绕自然资源管理与农业可持续发展进行能力建设。

（5）支持澳大利亚土著人积极参与到保护国土资源的行动中。

（6）及时总结并汇报区域自然资源管理成果，为保护国土资源项目的国家层面报告提供依据。

二、土地资源保护措施

由澳大利亚环保部主导的针对全国土壤保护的项目有以下 3 项：

1. 绿色军团项目（Green Army）

绿色军团项目是以实践为基础的基层环境行动方案，该项目的实施是通过在全国范围内招募年龄在 17～24 岁之间的青年，让他们参加到具体的环境和遗产保护行动中，使参与者在实践中既能学习到生态环境保护知识，又能获得相关技能的培训。绿色军团项目由联邦政府通过环保部资助，本期政府预算为 5.25 亿澳元，期间预计资助近四千个小项目。项目执行者以团队形式构成，可由最多 10 个成员构成，其中一名为项目负责人。每个项目为期 20～26 周，项目组的主要任务就是结合当地社区生态保护需求，开展生态保护工作。从以往资助并执行的项目看，项目内容涉及广泛，涉及植被恢复、栖息地保护、生物多样性保护、杂草清除等诸多内容，但是澳洲政府把绿色军团项目作为土地资源保护的重要措施来进行管理。

原生植被保护计划：澳大利亚把原生植被视为构成自然遗产最基本、最多样化的生态要素，这是因为原生植被滋养澳大利亚的古老土壤，为野生动物提供庇护。原生植被还是维护河流、湿地、河口和海岸带等生态功能的重要环境要素，发挥着固碳，造氧调节气候的作用。

目前澳大利亚所面对的土地退化、土壤盐化以及水环境质量下降都跟原生植被破坏存在密切关系，原生植被破坏也是生物多样性丧失的最主要原因。毫无疑问农业开发、牧业发展以及城市的扩展是导致原生植被被清除的主要因素，但是目前仍存在诸多威胁现有原生植被的因素，这些因素包括不合理的放牧方式、虫害、杂草、地下水位抬升、土壤盐化、不科学的森林防火机制、不当的薪柴收集方式等。

2. 自然保护区建设（National Reserve System）

澳大利亚也把自然保护区建设作为土地资源保护的重要途径，基于科学的保护区建设规划，将最为典型的自然景观、典型植被类型和动植物生态系统设定为保护区，保护区的建立为澳大利亚应对未来环境挑战提供了保障。到目前为止，澳大利亚已经建成各类保护区近10 000个，总面积超过1.37亿公顷，占国土面积的17.88%。澳大利亚的保护分为不同级别，既有国家级和州（地区）级的，还有传统土著居住区，也有非营利组织负责管理的保护地，甚至包括农场主在自己农场上预留的保护地。

3. 草场（Rangelands）**和林地**（Forests）**保护**

澳大利亚对土地资源的保护还从保护草场和林地入手。澳大利亚人所说的内陆地区（Outback）分布着为澳大利亚的主要草场，面积占到澳大利亚国土的81%，内陆地区是土著人主要生活的区域，牧业文化已经发展为澳大利亚文化的重要组成部分。这些地区在气候上属于干旱、半干旱区，仅在澳大利亚北部回归线以北的地区，具有较高的季节性降雨，为热带稀树草原。矿业、畜牧业和旅游业为这些区域的主要产业，对澳大利亚经济发展有突出贡献。澳大利亚的草场是受人类活动干扰相对较小的区域，具有丰富的生物多样性。

澳大利亚对林地的保护具体行动包括部分在西澳洲、维多利亚州、塔斯马尼亚州和新南威尔士州的十个林区签订了森林保护协定，一系列为期20年的森林资源利用和保护协定。澳大利亚联邦和各州（地区）达成一致，必须合理利用澳大利亚的森林资源，澳大利亚的森林资源应当服务所有澳大利亚人，包括当代人和未来的子孙后代。为此基于广泛的科学研究和社区咨询，在联邦政府的协调下，签订了一系列协定，这些协定的核心为平衡开发与保护的关系，做到森林资源的可持续利用。

三、水资源保护行动

澳大利亚最具有影响的水资源保护行动当属墨累—达令流域（Murray-Darling Basin）综合治理，墨累—达令流域位于澳大利亚的东南部，是澳大利亚的最大流域，地域上涉及昆士兰州、新南威尔士州、维多利亚州和南澳大利亚州，该流域同时也是澳大利亚社会、经济最为发达的区域也是作物种植最集中的地区。墨累—达令流域综合治理基于2004—2007年开展的全流域河流健康评价，以及联邦科学与工业研究组织于2007—2008年开展的河流可持续产能项目研究（Sustainable Yields Project）。研究发现，墨累—达令流域水资源的开发利用导致河流入海流量减少61%，河口断流时间为40%，而河流的天然断流时间仅为1%。河流流量的减少具有广泛的生态效应，一方面不能保证地表径流对地表土壤的淋洗，另一方面导致河流水体盐度升高，因为河流径流不能正常向海洋输送盐分，导致了河流水体盐度升高。2003年的研究数据表明，流域土壤盐化和水体盐度升高对农业和基础设施造成的年经济损失就高达3.05亿澳元。对流域水资源的过度利用已经对鱼类、动植物种群的生存造成严重威胁，更为重要的是澳大利亚受到生存威胁的物种有95%在该流域生活栖息。在这种背景下，澳大利亚启动了历史上规模最大的流域综合治理项目，并建立流域管理机构（Murray-Darling Basin Authority）协调水资源管理。

针对农村和农业用水的行动（Sustainable Rural Water Use and Infrastructure）：以提高农业用水效率为目标，进行水利基础设施建设，重点是减少农业灌溉用水输送过程的损失，同时提高灌溉用水的效率，在澳大利亚农业灌溉的方式中喷灌或滴灌占主导地位。对农业用水朝着市场化运作的方向发展，优先保证河流生态需水，必要时政府可以将分配给农业的水资源配额购回用于补充河流径流。普及农业科学用水知识，提高节水意识。

南澳大利亚州墨累河可持续发展项目（South Australian River Murray Sustainability Program）：联邦政府投资2.65亿澳元，由南澳大利亚州的政府负责实施，通过综合节水措施，最终实现能够向墨累河每年输送3 600万方生态用水的长期目标。

针对城市用水：一方面提高用水效率，澳大利亚鼓励并资助城镇居民进行各项家庭节水措施。这包括全面改造厕所、洗浴系统和更换节水龙头；也包括水价调节，用户用水量越多，单位水价就越高。另一方面扩大水源建设。如建立雨水收集系统，政府资助家庭安装雨水收集罐，收集屋顶的雨水用于灌溉和卫生清洗，澳大利亚联邦政府还在新的建筑标准中强制规定房屋建设必须包括雨水收集系统用以厕所冲洗。污水回用也是开拓水源的重要方式，澳大利亚的主要城市污水普遍采用三级处理，并对处理后的水进行再利用。政府投资建立海水淡化设施，比如南澳大利亚的阿德莱德就建立了年淡化能力为1亿立方米的海水淡化工厂，海水净化能力可以解决阿德莱德市50%的城市供水，从而进一步缓解河流生态用水压力。

澳大利亚的城市供水中，大约20%为工业所利用，政府在工业界也积极推行节水技术，并鼓励中水回用。除此之外，政府还有一套完善的水环境监测网络，及时了解水环境状况，并适时对管理政策和用水配额进行及时调整。

四、大气环境保护

澳大利亚的大气环境保护主要针对全球气候变化而开展，减少对温室气体的排放是大气环境保护的主要目标。澳大利亚鉴定了京都协议书（Kyoto Protocol），履行国际减排责任，因此在具体行动上采取了如下主要措施。

（1）农业举措：根据2008年澳大利亚对温室气体排放的核算，农业排放温室气体大约占澳大利亚排放总量的16%，其中58%的甲烷（Methane）和76%的一氧化二氮（Nitrous Oxide）来自农业，分别占到全国排放总量的9.6%和2.5%。牲畜特别是牛、羊消化道微生物发酵，是产生甲烷排放的主要来源，占到农业甲烷排放总量的70%，全国排放总量的11%。一氧化二氮主要来自土壤生化过程，特别是氮肥的生物降解，另外农作物秸秆燃烧也释放一氧化二氮，在澳大利亚，小麦烧茬和甘蔗收割前进行火烧以利于收割。在草原地区因防火需要或杂草控制需要而进行的撂荒，也是二氧化亚氮排放的来源之一（De Klein and Eckard，2008）。在这方面，澳大利亚采取的措施为，针对甲烷排放实行缩短存栏期，提前使牲畜出栏，因为畜龄越大排放温室气体的强度就越高。在农作方面，积极推广免耕技术、少耕技术，减少秸秆焚烧（Eckard，Grainger，et al，2010）。

（2）科研举措：建立国家级以适应气候变化为目的的研究设施，该研究设施肩负开展全球气候变化相关的科学研究，整合、集成现有最佳实践、工具和信息为制定应对全球气候变化决策服务。

（3）设立减排基金（Emissions Reduction Fund）：用以资助提高能源利用效率，开发再生能源的活动，包括新设备、装置和建筑等。

（4）可再生能源开发：澳大利亚设定了到2020年可再生能源占全国能源消耗量20%的目标。大力开发太阳能是其中一项重要的举措。

（5）种树以补偿碳排放：前面所提高的2 000万棵树木种植项目、绿色军团项目也是减少温室气体排放的重要举措。2015年澳大利亚启动大堡礁保护项目（The Reef 2050 Long-Term Sustainability Plan），该项目将通过对澳大利亚大堡礁进行一系列科研和综合保护和治理实现生物多样性保护，同时实现碳汇的目的。

五、生物安全防治

澳大利亚2/3的农产品出口国际市场，确保生物安全是澳大利亚农业和经济持续发展的保障，也是农产品在国际市场竞争中的重要优势之一。在确保生物安全方面，澳大利亚的独特地理位置使其已经具有得天独厚的优势，这些优势既包括远离其他大陆，与邻国没有陆地接壤，切断了病虫害直接扩散到澳大利亚的可能；又包括澳大利亚本土至今还没出现其他国家和地区已经普遍存在的对农业具有毁灭性的病虫害。但是，日益增加国际贸易规模、大规模的国际人员流动、全球气候变化的影响以及澳大利亚农业所涉及的主要物种都是以引进物种为主，这些因素综合起来给澳大利亚的生物安全防治带来重重压力。因此，澳大利亚采取多方位的措施对生物安全进行防治，这些措施包括在境外预防措施、边防检验检疫和国内综合防治。

（1）境外措施：以切断生物风险进入澳大利亚为主要目的，加强与国际贸易伙伴的密切合作，进行联合生物风险防治；基于科学研究与多方咨询充分认识生物风险因素的具体危害；进行宣传教育使国际游客和广大私营企业充分了解澳大利亚生物防治的具体要求。具体的活动涉及举行生物安全多方论坛，对进口产品进行全面生物风险评价，进行相关情报收集以及开展专项审计等。

（2）边境预防措施：在机场、港口、邮件处理中心以及澳大利亚的海岸线实施拦截措施，即边防检验检疫。包括对进口许可进行审计验证，对乘客、货物、船只、邮件进行检查、检验和检疫。

（3）境内措施：一旦病虫害进入澳大利亚，澳大利亚的机构迅速采取措施，力图将病虫害的危害降到最低。澳大利亚已经建立了覆盖全国的动植物疾病疫情监测、信息上报网络，并建立了系统的病虫害应急方案和措施，做好了时刻应对突发病虫害疫情的准备。澳大利亚联邦政府还把整个国土资源特征、农业产业结构和病虫害现状特征划分成五个生物安全控制区，并在各区边界进行例行检查，预防病虫害已经在全国范围内扩散。

澳大利亚在农业生态环境保护方面有不少经验非常值得我们学习，澳大利亚作为人均农业资源如此丰富的国家，尚且重视对农业生态环境的保护，对我们这样一个人口众多、人均农业资源贫乏的国家来说，农业生态环境保护的任务则更加紧迫。澳大利亚民众普遍很高的环境意识，根植于民众心中的生态防治理念和可持续发展观念也是澳大利亚各项环境保护措施得以成功实施的关键，相对比而言，我国民众平均环境意识水平与生态环境保护实际要求还有很大一段距离，这在很大程度上制约了生态环境保护措施的实施。认真研究澳大利亚如何依靠科技进步、完善政策法律体系、客观评估生态环境现状的诸多方面开展农业生态环境保护的成功经验，将有利于综合提高我国农业生态环境保护的效率。

在我国，减少对农业的污染，防止土地的沙漠化、贫瘠化、盐碱化，有效治理水土流失，保持生态平衡、促进植被的恢复和提高，加强农产品和食品进口的检验、检疫，是农业可持续发展的迫切要求。我们必须清醒地认识到，做到农业资源合理配置、确保良好农业生态环境，不仅对提高农业的国际竞争力，而且对我国整个经济和社会的发展，都是十分必要的，并且具有长远的战略意义。

参 考 文 献

丁志宏 . 2010. 国外农民的职业培训 .

中国质量新闻网 . 2015. 发达国家农业标准化经验漫谈 . http：//www. cqn. com. cn/news/zgzljsjd/41162. html.

中国驻布里斯班总领事馆 . 2013. 澳大利亚肉牛产业的情况 . http：//brisbane. mofcom. gov. cn/article/ztdy/201301/20130100018200. shtml.

安徽农网 . 2006. 澳大利亚的农业标准体系 . http：//www. ahnw. gov. cn/2006zcfg/html/200606/%7B07F032E7-FA83-41EA-A950-C398D4912522%7D. shtml.

官涛 . 2008. 世界各国农业机械化的路径及对我国的启示 . 科学新闻（24）：35 - 36.

徐中意 . 2013. 澳大利亚职业技术教育师资培训模式的特色与启示 . 职业教育研究（9）：175 - 177.

新华国际 . 2012. 澳大利亚：合作社促进社会公平发展 . http：//news. xinhuanet. com/world/2012-05/30/c _ 123211211. htm.

新华网 . 2015. 澳大利亚概况 . http：//news. xinhuanet. com/ziliao/2002-06/23/content _ 453206. htm.

朱闻军 . 2007. 澳大利亚职业技术教育对我国农民培训的启示 . 北京农业职业学院学报（05）.

李平 . 2002. 澳大利亚农民联合会及其对我国农业合作组织的启示 . 农业经济问题（6）：61 - 63.

李晓俐 . 2012. 新西兰和澳大利亚农业发展的特点及做法 . 世界农业（10）：109 - 111.

梅特国际肉类咨询网 . 2015. 十分钟透彻了解澳洲牛肉 . http：//meatnews. cn/68. html.

王平 . 2013. 美国、澳大利亚、加拿大的农业机械化发展 . 东方城乡报，2013 - 10 - 29.

陈玛琳，赵芝俊，席桂萍 . 2014. 澳大利亚蜂产业发展概况 . 世界农业（3）：142 - 146.

陈百明．2006. 澳大利亚的农业资源与区域布局．中国农业资源与区划，27（4）：55－58.

周章跃．2006. 澳大利亚农业．北京：中国农业出版社．

ABS. 2006. The Australian wheat industry in the 2006 Year book Australia. Canberra，Australian Bureau of Statistics.

ABS. 2010. Measures of Australia's Progress 2010. Canberra，Australian Bureau of Statistics.

ABS. 2012. Year book Australia 2011－12 Canberra，Commonwealth of Australia.

ABS. 2013. Agricultural Commodities，Australia. A. B. o. Statistics. Canberra.

ABS. 2014. 3101. 0－Australian Demographic Statistics. A. B. o. Statistics，Australian Bureau of Statistics.

ABS. 2014. 5220. 0 － Australian National Accounts：State Accounts，2013 － 14，Australian Bureau of Statistics.

ABS. 2014. Water account Australia，2012 － 13. Water account Australia. A. B. o. Statistics. Canberra，Australian Bureau of Statistics.

ABS. 2014. Water Use on Australian Farms，2012 － 13. Water Account Australia 2012－13. A. B. o. Statistics. Canberra，Australian Bureau of Statistics.

ABS. 2015. 4610. 0 － Water Account，Australia，2013 － 14. Canberra，Australian Bureau of Statistics.

ABS. 2015. 5249. 0 － Australian National Accounts：Tourism Satellite Account，2013－14. A. B. o. Statistics. Canberra，Australian Bureau of Statistics.

ABS. 2015. Business Use of Information Technology，2013 － 14. Retrieved 16 January，2016，from http：//www. abs. gov. au/ausstats/abs @ . nsf/latestproducts/8129. 0main%20features32013－14.

Australia Government. 2004. Securing Australia's Energy Future. Canberra ACT，Department of Communications，Information Technology and the Arts.

Australia Government. 2009. Services Sector：Overview of structural change Industry brief 2007 － 08. I. Department of Innovation，Science and Research. Canberra，Commonwealth of Australia 2009.

Australia Government. 2015. Biosecurity Legislation. Retrieved 24 December，2015，from http：//www. agriculture. gov. au/biosecurity/legislation.

Australian Government. 2013. Key facts Australian industry 2011－12. Canberra Australia，Department of Industry，Innovation，Science，Research and Tertiary Education.

Australian Government. 2015. About Australia. Retrieved 16，2015，from http：//www. australia. gov. au/about-australia/our-country.

Australian Government. 2015. Australia at a glance. Retrieved 16 January，2015，from http：//www. australia. gov. au/about-australia/australian-story/australia-at-a-glance.

Australian Government. 2015. Energy White Paper. D. o. i. a. Science. Canberra ACT，Department of industry and Science.

Australian Gvoverment. 2013. Australia's Abatement Task and 2013 Emissions Projections，Department of the Environment.

Australian Gvoverment. 2014. Australia in Brief. Department of Foreign Affairs and Trade. Barton ACT，Australia Unlimited.

Australian Meat. 2015. Australian beef：Packaging of Australian Beef. Retrieved 22 November，2015，from http：//www. australian-meat. com/Foodservice/Proteins/Beef/Packaging _ of _ Australian _ Beef/.

Australian Seed Federation. 2010. National code of practice for the use of seed treatments. Canberra，Australian Seed Federation.

Australian Workers Heritage Centre. 2003. The Great Shearer's Strike of 1891. Retrieved 22 December，2015，from http：//www. australianworkersheritagecentre. com. au/10 _ pdf/shearers _ strike. pdf.

Barley Australia Ltd. 2013. Industry information：Barley. Retrieved 18 December，2013，from http：//www. barleyaustralia. com. au/industry-information.

Batjes，N. H. 1996. Total carbon and nitrogen in the soils of the world. European journal of soil science 47（2）：151－163.

BGGA. 2015. Welcome to the Bowen Gumlu Growers Association. Retrieved 18 December，2015，from http：//www. bowengumlugrowers. com. au/home.

BREE. 2014. Australian Energy Projections to 2049-50. Canberra，Bureau of Resources and Energy Economics.

Breedplan editor. 2015. Breedplan Overview. Retrieved 18 November，2015，from http：//breedplan. une. edu. au/.

Canegrowers. 2015. Sugarcane：from paddock to plate. Retrieved 18 November，

2015, from http: //www. canegrowers. com. au/page/archived-pages/about-sugarcane/.

Cary, J. 1993. Changing foundations for government support of agricultural extension in economically developed countries. Sociologia Ruralis 33 (3 - 4): 336 - 347.

Cawood, M. 2010. Our neglected gene banks. Retrieved 26 November, 2015, from http: //www. farmonline. com. au/news/agriculture/cropping/general-news/our-neglected-gene-banks/1923620. aspx.

Climate Kelpie. 2015. Decision-support tools for managing climate. Retrieved 26 December, 2015, from http: //www. climatekelpie. com. au/manage-climate/decision-support-tools-for-managing-climate.

Colebatch, T. 2012. Our economic irrationalism. The Sydney Morning Herald.

Conacher, A. J. 1990. SALT of the EARTH. Secondary Soil Salinization in the Australian Wheat Belt. (cover story) . Environment 32 (6): 4 - 9.

Cooper, K. , T. Green and P. Tregilgas. 2013. Co-poeratives in Australia: A Manual-Understanding the purpose, start-up process, planning and running of a co-poerative in Australia, Co-operatives Federation of New South Wales.

Core, P. 2009. A retrospective on rural R&D in Australia, 2009 Australian Government Department of Agriculture, Fisheries and Forestry.

Cotton Australia. 2015. A year of achievement: annual report 2014-15. Cotton Australia, Cotton Australia.

Coutts, J. , K. Roberts, F. Frost and A. Coutts. 2005. The Role of Extension in Capacity Building: What works and why. BARTON ACT 2600, Rural Industries Research and Development Corporation.

CRC Australia. 2013. CRC program guidelines. Canberra ACT, Department of Industry, Innovation, Climate Change, Science, Research and Tertiary Education.

CSIRO. 2013. CSIRO Annual Report 2012 - 13. CSIRO. Campbell, ACT Australia, The Commonwealth Scientific and Industrial Research Organisation.

CSIRO. 2015. Sustainable farm management: Decision support tools. Retrieved 26 December, 2015, from http: //www. csiro. au/en/Research/AF/Areas/Sustainable-farming/Decision-support-tools.

DAFF. 2013. National Primary Industries Research Development and Extension Framework. Retrieved 18 December, 2013, from http: //www. daff. gov. au/agriculture-food/innovation/national-primary-industries.

DAFF of Queensland. 2013. Chickpea-overview. Retrieved 18 of December, 2013, from http://www.daff.qld.gov.au/plants/field-crops-and-pastures/broadacre-field-crops/chickpeas/overview.

Dairy Australia. 2013. The Australian dairy industry. Retrieved 15 December, 2013, from http://www.dairyaustralia.com.au/Industry-overview/About-the-industry.aspx.

De Klein, C. and R. Eckard. 2008. Targeted technologies for nitrous oxide abatement from animal agriculture. Animal Production Science 48 (2): 14-20.

DFAT. 2015. Australia's environment at a glance. Retrieved 12 of Jan, 2015, from http://www.dfat.gov.au/facts/env_glance.html.

Eckard, R., C. Grainger and C. De Klein. 2010. Options for the abatement of methane and nitrous oxide from ruminant production: a review. Livestock Science 130 (1): 47-56.

Fitt, G., L. Wilson, D. Kelly and R. Mensah. 2009. Advances with integrated pest management as a component of sustainable agriculture: the case of the Australian cotton industry. Integrated pest management: Dissemination and impact, Springer: 507-524.

GO8. 2014. Nternational students in higher education and their role in the Australian economy. Retrieved 16 January, 2015, from https://go8.edu.au/publication/international-students-higher-education-and-their-role-australian-economy.

Government of Western Australia. 2013. Lupin in Western Australian farming. Retrieved 18 of December, 2013, from http://www.agric.wa.gov.au/PC_93318.html.

Government of Western Australia. 2015. Livestock management: Genetics & selection. Retrieved 24 December, 2015, from https://www.agric.wa.gov.au/livestock-animals/livestock-management/genetics-selection.

Henzell, T. 2007. Australian Agriculture: Its History and Challenges. [electronic resource]. Melbourne, Melbourne: CSIRO PUBLISHING.

Hunt, W., C. Birch, J. Coutts and F. Vanclay. 2012. The many turnings of agricultural extension in Australia. The Journal of Agricultural Education and Extension 18 (1): 9-26.

IEA. 2014. World energy outlook 2014. Paris, International Energy Agency.

IP Australia. 2015. Get the right IP. Retrieved 22 December, 2015, from http://www.ipaustralia.gov.au/get-the-right-ip/.

Kondinin Group. 1995. Research Report: How good are farm consultants? Farming Ahead (46): 37-47.

Letnic, M., J. K. Webb and R. Shine. 2008. Invasive cane toads (Bufo marinus) cause mass mortality of freshwater crocodiles (Crocodylus johnstoni) in tropical Australia. Biological Conservation 141 (7): 1773-1782.

Loughran, R., G. Elliott, D. McFarlane and B. Campbell. 2004. A survey of soil erosion in Australia using caesium - 137. Australian Geographical Studies 42 (2): 221-233.

Maize Association of Australia. 2013. Maize in Australia. Retrieved 18 December, 2013, from http://www.maizeaustralia.com.au/austoverview.html.

Malik, K. 2014. Human Development Report 2014: Sustaining Human Progress: Reducing Vulnerabilities and Building Resilience. New York: United Nations Development Programme. (http://hdr.undp.org/sites/default/files/hdr14-report-en-1.pdf)

Mallawaarachchi, T., J. Walcott, N. Hughes, P. Gooday, L. Georgeson and A. Foster. 2009. Promoting productivity in the agriculture and food sector value chain: issues for R&D investment, ABARE and BRS report for the Rural R&D Council. ABARE and BRS report for the Rural R&D Council. Canberra.

Mandel, R., R. Lawes, M. Robertson, H. Dove and R. Culvenor. 2010. Farmer perspectives of precision agriculture in Western Australia: issues and the way forward. Food Security from Sustainable Agriculture. Proceedings of 15th Agronomy Conference 2010, 15-18 November 2010.

Marsh, S. P. and D. J. Pannell. 2000. The New Environment for Agriculture Fostering the relationship between public and private extension. RIRDC Publication No 00/49. RIRDC: Barton, ACT.

McCarthy, M., C. Hough, H. Renault, C. Brown, C. McKillop, E. Rogers and Z. Margolis. 2014. Biosecurity: Queensland horticulture poor cousins to livestock in pest and disease funding. Retrieved 17 July, 2015, from http://www.abc.net.au/news/2014-11-27/queensland-biosecurity-is-it-safe/5918944.

Meat & Livestock Australia Limited. 2015. Animal health，welfare and biosecurity：Diseases. Retrieved 18 November，2015，from http：//www. mla. com. au/Research-and-development/Animal-health-welfare-biosecurity/Diseases.

Meat & Livestock Australia Limited. 2015. Meat safety and traceability：Off-farm food safety. Retrieved 20 November，2015，from http：//www. mla. com. au/Meat-safety-and-traceability/Off-farm-food-safety.

MLA. 2013. Australia's sheepmeat industry：fast facts 2013. M. L. Australia，Meat & Livestock Australia.

MLA. 2013. fast facts 2013：Australia's beef industry. Fast facts Meat & Livestock Australia Limited. North Sydney，Meat & Livestock Australia Limited.

MLA. 2014. How MLA is funded Retrieved 28 April，2014，from http：//www. mla. com. au/About-MLA/Who-we-are/How-MLA-is-funded.

Nason，J. 2015. Which diseases have the biggest impact on Australia's beef cattle industry? Retrieved 16 December，2015，from http：//www. beefcentral. com/production/which-diseases-have-the-biggest-impact-on-australias-beef-cattle-industry/.

National Sustainability Council. 2013. Sustainable Australia Report 2013，Conversations with the future. Canberra：DSEWPaC，National Sustainability Council.

NLWRA. 2001. Australian dryland salinity assessment 2000：extent，impacts，processes，monitoring and management options，National Land and Water Resources Audit.

Nossal，K.，S. Zhao，Y. Sheng and D. Gunasekera. 2009. Productivity movements in Australian agriculture. Australian Commodities. Canberra，ABARE. 16：206－216.

NSW Department of Primary Industry. 2015. Primary Industries：Fishing and aquaculture. Retrieved 26 November，2015，from http：//www. dpi. nsw. gov. au/fisheries/aquaculture/publications/species-freshwater/barramundi-aquaculture-prospects.

NSW Government. 2015. Co-operatives and associations. Retrieved 18 Febuary，2016，from http：//www. fairtrading. nsw. gov. au/ftw/Cooperatives _ and _ associations. page.

PC. 2005. Trends in Australian Agriculture，Research Paper. Productivity Commission. Canberra，Productivity Commission.

PC. 2011. Rural Research and Development Corporations. Productivity Commission. Canberra，Productivity Commission.

Pink, B. 2010. Australia's environment: issues and trends. Canberra, Australian Bureau of Statistics.

Porteous, J. and S. Davidson. 2006. Saving the life of farmland soils. Ecos (134): 22-27.

Protected Cropping Australia. 2015. About Protected Cropping Australia: Industry Overview. Retrieved 26 December, 2015, from http://www.protectedcroppingaustralia.com/About.

Pulse Australia. 2013. Faba bean. Retrieved 18 of December, 2013, from http://www.pulseaus.com.au/Fababean.aspx.

Pulse Australia. 2013. Field pea. Retrieved 18 of December, 2013, from http://www.pulseaus.com.au/Fieldpea.aspx.

Pulse Australia. 2013. Lupin. Retrieved 18 of December, 2013, from http://www.pulseaus.com.au/Lupin.aspx.

Ricegrowers' Association of Australia. 2013. About The Rice Industry. Retrieved 18 December, 2013.

Ricegrowers'Association of Australia. 2013. Overview of the Australian Rice Industry. About rice. R. A. o. Australia. Leeton NSW, Ricegrowers' Association of Australia.

Rost, S., D. Gerten, A. Bondeau, W. Lucht, J. Rohwer and S. Schaphoff. 2008. Agricultural green and blue water consumption and its influence on the global water system. Water Resources Research 44 (9): 1-17.

Rowe, J. 2010. The Australian sheep industry - undergoing transformation. Animal Production Science 50 (12): 991-997.

Schroeder, B., J. Panitz, T. Linedale, C. Whiteing, B. Callow, P. Samson, A. Hurney, D. Calcino and P. Allsopp. 2009. SmartCane Harvesting and Ratoon Management, BSES Limited, CANEGROWERS and the State of Queensland.

Seednet. 2015. Seed Processors. Retrieved! 6 November, 2015, from http://www.seednet.com.au/seed-processors-200.html.

SKM. 2012. Benefit of the Renewable Energy Target to Australia's Energy Markets and Economy: Report to the Clean Energy Council, SINCLAIR KNIGHT MERZ.

Special One Grain. 2015. CREATING VALUE FOR GRAIN GROWERS SINCE 1987. Retrieved 25 December, 2015, from http://specialonegrain.com.au/

about-us/history/.

Statista. 2015. Principal sugar exporting countries in 2014/2015 Retrieved 18 November，2015，from http：//www. statista. com/statistics/273437/exported-amount-of-sugar-in-leading-countries/.

The Australian Wine Research Institute. 2015. Information Packs：Environment and Sustainability. Retrieved 18 November，2015，from http：//www. awri. com. au/information _ services/information-packs/.

The world Bank. 2015. Australia. Retrieved 16 January，2015，from http：//data. worldbank. org/country/australia.

Wine Australia. 2015. Resources：Winery wastewater management and recycling. Retrieved 18 November，2015，from http：//research. wineaustralia. com/tools-resources/winery-waste-water-online-resource-kit/.

后　　记

本书是中国农业出版社的《发展中的世界农业》丛书之一。中央财经大学的于爱芝教授和澳大利亚阿德莱德大学孙道玮博士担任本书编著的负责人，负责策划和组织编著工作。

全书的结构和各章节的撰写提纲由于爱芝按照系列丛书要求并结合澳大利亚农业发展的自身特点设计，孙道玮协助设计和组织编著工作。全书共分十一章，各章的初稿由以下人员完成：于爱芝撰写了第一章、第三章、第四章、第六章和第九章，硕士研究生高强、齐思洋、贾春秋、孙青莲协助收集和准备素材；孙道玮撰写了第二章、第七章、第八章、第十章和第十一章；农业部对外经济合作中心张倩博士撰写了第五章。于爱芝和孙道玮负责对各章初稿进行全面的修订，并对本书进行统稿和定稿。

参与本书撰写者均有在澳大利亚学习、工作和考察的经历，对澳大利亚的农业有较为全面和深入的了解。其中，于爱芝教授曾于2007—2008年在昆士兰大学从事为期一年的农业经济访学研究，并参加了澳大利亚政府和昆士兰州农业厅组织的系列农业培训项目；孙道玮博士在澳大利亚定居并获昆士兰大学农业经济学博士学位，目前在阿德莱德大学商学院从事农业系统研究；农业部对外经济合作中心张倩博士2009年随农业部代表团对澳大利亚农业政策进行深入考察。

在写作过程中，我们也参考了大量文献资料，这些文献资料既包括国内公开出版的研究论文、书籍和网站资料，又包括大量的英文文献，包括期刊论文、澳大利亚政府相关网站及其他国际机构的工作报告和工作论文。本书编著者尽可能对引用的文献进行了标注，但仍然会有遗漏。编著者对所有已标注和未标注的引用文献的作者表示感谢。丛书编委会和中国农业出版社为本书的出版做了大量的工作。

《澳大利亚农业》全面介绍了澳大利亚农业经济的历史、现状和发展趋势，力争让读者能够对澳大利亚农业有一个比较全面的认识和理解。本书使用了大量新、细、全的数据力求全面揭示和反映澳大利亚农业经济的运行、农业产加销、农产品消费、贸易、农业竞争力与农业政策等情况。中国和澳大利亚同属世界农业大国，但由于农业资源禀赋差异巨大，两国的农业发展之路截然不同，这本书也为读者比较两国农业经济的运行状况提供了一个参考。

由于本人和其他作者经验和水平有限，难免有疏漏和不足之处，敬请专家学者和广大读者指正。

于爱芝　孙道玮

2016年6月

AFTERWORD

This book is one volume of the book series-The Progressing World Agriculture. It was designed and mainly written by Professor Aizhi Yu from the Central University of Finance and Economics in China, and Dr Daowei Sun from The University of Adelaide, Australia.

The designing of the book structure was based on the guidelines of the book series by taking of the characteristics of Australian agriculture into full consideration. Professor Aizhi Yu led the designing of the book with the help of Dr Daowei Sun. This book consists 11 chapter in total. Professor Aizhi Yu contributed Chapter 1, Chapter, 3, Chapter 4, Chapter 6 and Chapter 9. During the writing process of above mentioned chapters, the following postgraduates helped in searching literatures and collecting data, they are Qiang Gao, Siyang Qi, Chunqiu Jia and Qing Sun. Dr Daowei Sun contributed chapter 2, chapter 7, chapter 8, chapter 10 and chapter 11. The chapter 5 was written by Dr Qian Zhang from International Economic Cooperation Center, Ministry of Agriculture of China. The editing and final proof reading of this piece of work were done by Professor Aizhi Yu and Dr Daowei Sun.

It is fair to say that all the authors are knowledgeable about Australian agricultural industry. Professor Yu was a visiting scholar in agricultural economics at the University of Queensland, Australia for a whole year during 2007—2008. Since then she has been continually collaborating with colleagues from different Australian Universities in the broad agriculture discipline. Dr Daowei Sun earned his PhD from The University of Queensland in agricultural system, while he is now a research fellow at The University of Adelaide Business School. Dr Qian Zhang has also been to Australia to investigate Australian agricultural policies in 2009 being a key member of Chinese government delegation.

This book is based on literatures, government reports, published data by Statistic Bureaus, websites, and working papers from different international organizations. The authors of this book have tried their best to cite all these literatures either in the book or in the literature section. We would like to express our appreciations the people and organizations that we drew data from. In some case, if we unfortunately overlooked citing certain references the generous forgiveness from related authors will be highly appreciated. Nevertheless, we would like to give our appreciations to both the editors and the publisher for their full support.

The key aim of writing this book is to present a whole picture of Australian agriculture to the audience, which covers its history, the current status and its development towards future. Therefore, special attentions were paid to the structure of Australian agricultural industry, the trading of agricultural commodities, research development and extension, the standardization of production and processing, agricultural policies and the sustainability of Australian agriculture. Considering both China and Australia are the key players in the arena of world agriculture, the experiences of achieving a developed Australian agricultural industry will surely be valuable to the transformation of Chinese agricultural industry. However, full awareness of the differences between Chinese and Australian agricultural production systems should be constantly embraced.

The authors welcome all advice and critiques from the audience, because we are fully aware of our limited knowledge in this topic. We will take all comments as encouragement to our commitment in this important topic.

Aizhi Yu and Daowei Sun

June 2016